덜
소비하고
더
존재하라

덜 소비하고 더 존재하라

에코페미니스트의 행복혁명

1판 1쇄 펴낸 날 2016년 6월 15일
1판 5쇄 펴낸 날 2020년 5월 29일
지은이 여성환경연대 기획
      강남순, 김연순, 김현미, 김혜정, 김정희, 김신효정, 이경아, 나영,
      라봉, 이보은, 이상화, 이안소영, 이윤숙, 장우주, 장이정수
삽화 박정은
펴낸이 송영민
교정교열 문해순
디자인 DesignZoo
인쇄 성광인쇄
종이 타라유통
펴낸곳 도서출판 시금치
주소 서울시 마포구 잔다리로7길 18 문지빌딩 502호
전화 02-725-9401
전송 02-725-9403
등록 2002년 8월 5일 제300-2002-164호
전자우편 7259401@naver.com
페이스북 www.facebook.com/spinagebook
ISBN 978-89-92371-40-7 03330

* 이 도서의 국립중앙도서관 출판시도서목록(CIP)은 서지정보유통지원시스템 홈페이지(http://seoji.nl.go.
kr)와 국가자료공동목록시스템(http://www.nl.go.kr/kolisnet)에서 이용하실 수 있습니다.(CIP제어번호:
CIP2016013718)

덜 소비하고 더 존재하라

에코페미니스트의 행복혁명

여성환경연대 기획

강남순
김연순
김정희
김현미
김혜정
김신효정
나영
라봉
이경아
이보은
이상화
이안소영
이윤숙
장우주
장이정수 지음

시대의창

지금
여기에서
행복한
삶으로서의
행복혁명

우리는 지금, 그리고 미래에 행복할 수 있을까?

수십 년 동안 우리에게 행복은 더 많은 것을 소유하고 더 과시적으로 소비하는 것을 의미했다. 걷기보다는 자동차를, 집밥보다는 외식이나 맛집 탐방을, 입고 버리는 패스트 패션을, 이웃을 얻기보다는 끊임없는 이사를 통한 부동산 투기를 선호했다. 우리는 사회적 지위의 수직 상승을 향한 열망, 더 가지려는 욕망, 쉼 없는 추진력을 삶의 원동력이자 존재의 가치라고 믿으며 한국 사회의 압축적 근대화 과정에 적극 동참했고, 당연히 발전과 개발의 안락한 수혜자가 될 줄 알았다. 그러나 경제적·물질적 풍요로움을 얻은 지금, 우리는 미세먼지로 가득한 회색 도시와 불안과 좌절이라는 문화적 풍토병에 시달리고 있다. 공기, 물, 식량 등 인간 삶에 유용한 자원들이 점차 고갈되고, 주거, 안전, 건강, 교육 등 기본적인 사회 제도가 상품화되면서 주관적으로 느끼는 삶의 질은 오히려 낮아지고 있다. 신자유주의의 '승자독식'이라는 게임의 규칙 아래에서 1퍼센트의 승자가 되기 위해 연대하고 협력하고 공생하는 인간됨의 가치를 우리 모두가 상실하고 있다. 이렇게 살아가기 어려운 시대, 우리는 어느새 희망마저도 포기하고 있는 것은 아닐까.

그러나 한편으로는 '지금, 여기에서 행복한 삶'에 대한 기대 역시 그 어느 때보다 간절해지고 있다. 그 행복이 물질의 양에 비례하지 않는다면, 그리고 행복을 유예하지 않으려면 우리는 무엇을 어떻게 해야 할까? '포스트 개발 시대'의 행복은 자연과 인간 모두의 '삶' 능력을 회복하는 것이며, 이것은 삶의 좌표를 이동하는 '혁명'을 통해서만 가능하다. 돈이나 경제적 성취가 아닌 인간됨의 여러 가치를 복원하고, 그 가치들에 시간과 에너지를 쓸 수 있는 감각을 회복하는 것이 이러한 '행복혁명'의 첫걸음이 될 것이다. 그리고 우리가 진정으로 원하는 것이 무엇인지, 우리의 삶에서 진정으로 중요한 것이 무엇인지에 집중한다면, 삶을 더욱 단순화해 덜 소비하고 더 존재할 수 있을 것이다. '행복혁명'은 위기를 느끼는 사람들 누구나가 시작할 수 있다. 그러한 시도는 바로 우리 자신뿐 아니라 사회를 위해 삶의 '선택지'를 결정하는 일이기도 하다. 이러한 시도의 첫걸음으로 우리는, 에코페미니즘을 삶의 좌표로 선택한 여러 여성들의 생각과 실천을 담은 글들을 한 권의 책으로 담아내고자 했다. 이 책에서 만날 수 있는 새로운 삶을 향한 열망이 앞으로 더 모이고 더 커진다면, 사회 변화의 방향과 속도를 결정하는 일도 가능하리라 믿는다.

이 책의 출판은 2014년 가을, 여성환경연대의 활동가인 필자들과 또 다른 몇몇 필자들이 함께 '에코페미니즘학교'를 기획하고 강연을 하면서 싹트기 시작했다. 소비와 노동, 삶과 사회에 대한 새로운 전환을 상상하기 위해 마련된 강좌가 진행되는 동안, 우리는 수강생들의 열띤 기대와 설렘을 느끼며 한껏 고무되었다. 자연과 여성, 제3세계를 희생양 삼아 쌓아올린 성장과 개발 신화는 이제 수명이 다했고 지금 이 세계는 너나 할 것 없이 살기 힘들고 행복하지 않다는 성찰에 우리는 크게 공감했다. 또 이 막다른 길에 고독하게 남은 여성들에게 희망적인 '선택지'는 에코페미니즘이라는 생각에 우리는 공명했다. 그래서 생태 파괴적인 국가 자본주의 체제에 균열과 틈새를 만들기 위해, 더불어 행복하게 사는 법을 고민하고 실험하며 실천해온 우리가 저마다 나름대로 '애쓴' 흔적을 책으로 엮어보자고 의기투합하게 되었다.

이 책의 필자들은 30대부터 60대까지 다양한 연령대의 여성들로, 환경단체나 여성단체의 활동가이거나 농부, 교수, 연구자, 직장인 등 제각각 다른 배경과 이력, 경험을 가지고 있다. 그러나 모두가 '페미니즘'과 '에콜로지'라는 실천적 철학을 바탕으로 다양한 시공간에서 대안적인 삶을 일구면서 색다른 풍요로움을 느끼며 살아가고 있다. 당연한 일이겠지만, 열다섯 명이 모여서 한 권의 책을 쓰기 위한 작업은 결코 쉽지 않았다. 단순히 개인의 활동과 경험을 기록하는 것만이 아니라, '성찰적 거리두기'를 통해 자신을 객관화하고 타인과 공유하기 위한 마음을 활자로 표현하기가 녹록치 않았다. 무엇보다 필자들 대다수가 여전히 왕성하게 현장에서 일하고 있는 사람들이라 자신의 활동을 성찰하며 글로 풀어낼 시간을 충분히 내기가 어려웠다. 부족한 시간을 틈틈이 쪼개어 마지막까지 함께해준 모든 필자들, 우리들 자신에게도 박수를 보낸다. 덕분에 우리는 한국에서 에코페미니즘을 이야기하는 방식과 사례를 담은 한 권의 책을 얻었다.

이 책은 크게 네 개의 장과 마무리 글로 구성되어 있다.

1장은 '생명'이라는 키워드로 한국 사회의 현재를 비판적으로 성찰한다. 강남순은 세월호 사건을 통해 '생명돌봄' '함께−살아감'의 의미와 실천에 대한 깨우침을 우리에게 다시금 상기시킨다. 김현미는 도시의 에코페미니스트로서 '괴로운 중간 지대'에서 벗어나 소비가 아니라 자급의 관점으로 삶의 좌표를 이동시키고, 생활정치를 복원하자고 제안한다. 이윤숙은 성형 산업으로 대표되는 몸을 둘러싼 전쟁터에서 다양성과 순환이 내재하는 몸을 알고 느끼는 법에 대해 이야기를 건넨다. 이안소영은 돌봄이 '희소해진' 시대에 지치고 불행한 도시인들에게 돌봄 노동의 새로운 정의를 제시하며, 향후 공동체적 돌봄을 기획할 것을 제안한다.

2장은 다른 시공간에 존재하는 타자들에게 적극적으로 손을 내밀고 어울려 살아가는 도시 태생의 젊은 여성들 이야기로, '연대'라는 키워드가 관통하는 글들이다. 제주도로 귀농하여 스물네 계절을 보내고 있는 라봉의 글은 정착과 유목 사이를 오가며 1인 비혼 여성으로 살아가는 이야기를 전해준다. 또한 나영의 글은 밀양 '할매들'에게서 가부장제의 틈을 메우는 울력과 자립을 배워 도시에서 맷집 있는 성소수자로 살아갈 힘을 얻었음을 고백한다. 그런가 하면 뼛속까지 도시인이던 김신효정은 농촌 할머니들을 찾아가 토종씨앗과 토착농사지식을 기록하며 연구하는 동안 자신의 밥상은 물론 먹거리 전반을 에코페미니즘의 관점에서 새롭게 인식했던 경험을 들려준다. 장우주는 사회적으로 배제되어 있는 '의미있는 타자'들과 연대하는 에코페미니즘을 통해 인간과 인간, 인간과 자연 간의 연결성을 복원하는 대안 사회를 만들자고 제안한다.

3장은 '모성'이라는 키워드로 연결된 글을 모았다. 이경아는 모성(性)을 어머니 노릇에만 한정시키며 가정에 가두거나 개인화하지 않고 사회를 변혁시키는 힘과 에너지로 사고해야 한다고 강조한다. 즉, 성과주의 사회에서 '이러지도 저러지도 못하는' 모성을 다시 사유하며 문명 전환적 가치로서 모성(性)의 가능성을 통찰한다. 장이정수는 자기가 사는 동네에서 10여 년 간 운영해온 마을모임이자 활력 공간인 '초록상상'을 통해 공동체가 가져야 할 보편적인 가치인 환대와 우정이 있는 마을살이를 고찰한다. 탈핵운동가 김혜정은 지역 여성들과 함께 맛본 탈핵운동의 기쁨과 성취를 절절한 자기고백과 함께 독자들과 공유하고자 한다. 시작은 모두 '내 아이'를 위해서였던 여성들의 반핵운동이 어떻게 사회적 모성으로 조직되어 사회적 변화까지 이끌어낼 수 있었는지를 잘 보여준다.

4장 '살림'이라는 키워드로 모인 글들에서는 대안적인 생산과 소비를 통한 공동체 경제의 사례들을 다룬다. 이보은은 서울이라는 대도시 한복판에서 농부와 요리사, 수공예가와 소비자가 물건 혹은 화폐만이 아니라 서로의 꿈과 삶에 관한 대화를 주고받는 시장, '마르쉐'를 만들어낸 과정을 소개한다. 김정희는 남도 할머니들이 간직해온 '살림예술'을 소개하며, 공동체 구성원들의 힘겨운 삶을 달래주고 희망을 나누어 공동체를 유지하게 하고 삶의 품위를 지킬 수 있게 하는 살아 있는 예술의 힘을 이야기한다. 김연순은 시장경제의 대안으로 부상한 사회적 경제를 소개한다. 자신이 직접 협동조합을 조직한 경험을 풀어놓으며, 앞으로 사회적경제가 여성들에게 희망이 되기 위해 더 고민해야 할 사안들을 제시한다.

마지막으로 이상화의 〈에코페미니즘을 삶의 철학으로!〉에서는 앞의 글들을 관통하는 에코페미니즘의 역사와 현재 지형을 짚어본다. 또한 서구의 에코페미니스트를 비판하는 데 머물지 말고 아시아 에코페미니스트들이 더 적극적으로 사유할 것을 제안한다.

이 책이 나오기까지 함께한 여러 분들에게 진심으로 감사드린다. 여성환경연대는 에코페미니즘학교에서 시작된 이 일이 하룻저녁의 수다로 끝나지 않도록 단행본 기획의 전 과정을 챙겨주었다. 어려운 출판 환경에서도 새로운 사회를 상상하는 필자들의 열망을 믿어주고 흔쾌히 출판을 맡아주신 도서출판 시금치의 송영민 대표님께도 마음 깊이 감사드린다. 마지막으로 성평등사회조성사업 공모를 통해 에코페미니즘학교와 단행본 초고 작성을 지원해준 한국여성재단에도 깊은 감사의 마음을 전한다.

2016년 5월
단행본 기획팀
이안소영, 장이정수, 김현미

1

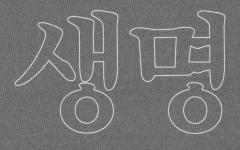

생명

에코페미니즘과 생명돌봄의 의미

세월호
사건을
중심으로

강남순 미국 텍사스크리스천대학교 브라이트신학대학원 교수

    21세기를 살고 있는 우리는 이 세계의 다양한 위기들을 경험하고 있다. 세계 곳곳에서 전쟁, 폭력, 분쟁, 기아가 끊이지 않고 벌어지면서 무수한 생명을 위협하고 있으며, 기후변화가 초래한 이상기온, 종의 멸종 같은 생태계의 위기는 또 다른 생명에 대한 위협과 경각심을 불러일으키고 있다. 에코페미니즘은 이러한 생태계의 위기가 단순히 자연 파괴라는 외적인 문제만이 아니라 인간 중심주의적 인식, 더 나아가 남성 중심적인 가부장제적 사유 방식의 문제와 연계되어 있다는 인식에서 출발하는 담론이자 운동이라는 점에서 독특한 특성을 지닌다. 인간-자연, 남성-여성을 대립적인 우열의 관계로 인식하면서 자연과 여성을 열등한 정복의 대상으로 인식하는 인간 중심주의와 남성 중심적 가부장제는 지배-종속, 우월-열등이라는 인식 체계를 '자연스러운 것'으로 만들어왔다.

    여성들이 생태학적 혁명을 주도하여 지구를 생태계의 위기로부터 구하자는 뜻을 펼치기 위해 등장한 에코페미니즘이라는 이론과 운동은 1970년대 이후 본격적으로 그 모습을 드러냈다(d'Eaubonne, 1980: 64~67). 여성과 자연에 대한 억압을 '쌍둥이 억압(twin oppression)'(Merchant,1992: 185)이라고 부르며 등장한 에코페미니즘은 여성과 자연의 관계를 어떻게 보는가, 또 생태계 위기를 넘어서기 위한 인식론적 변화와 실천적 변혁은 어떻게 가능한가 하는 대안 제시를 놓고 상이한 입장을 보이며 차츰 다양한 양상으로 전개되었다. 이제 우리는 인간 중심주의와 남성 중심주의의 폐해가 자본주의와 결탁하여, '자연 생명'뿐 아니라 '인간 생명'을 담보로 하면서 이윤 확대라는 자본주의의 최고 목표가 '자연스러운 것'으로 받아들여지는 사회에서 살아가고 있다. 이러한 현실에서 이전보다 더 복합적이고 은밀한 방식으로 진행되는 생명 파괴의 경험을 피하기 어렵게 되었다. 에코페미니즘이 제기한 이러한 문제들을 전제로 삼아, 나는 이 글에서 에코페미니즘의 핵심 가치인 생명 중심주의적 돌봄의 관점을 가지고 세월호 사건의 의미를 짚어보고자 한다.

'사건'으로서 세월호

우리는 다양한 종류의 '사건들(events)'과 조우하며 21세기를 살아가고 있다. 이 '사건들'의 대다수는 사회적으로 커다란 충격을 주는 폭력이나 테러에 의해 야기되곤 한다. 그래서 어떤 이론가들은 21세기를 '테러와 폭력의 시대'라고 규정하기도 한다. '사건'은 단지 어떠한 일이 일어났다는 '사실(fact)'로서만 의미가 있는 것이 아니다. 그 '사실'이 하나의 '사건'이 되는 것은 그 '사건-이전'과 '사건-이후' 사이에 관점의 변화가 분명히 존재하는 경우이다. 즉, 한 사회나 개인이 어떤 특정한 사건 '이후'에 그 '이전'과는 전적으로 다른 눈으로 인간, 사회, 세계를 보게 되었음을 의미할 때 그러하다. 우리 주변에서는 무수히 사건이 일어나고 있지만, 그 사건들을 통해 사건의 당사자만이 아니라 그것을 간접적으로 경험한 이들에게도 타자와 사회를 보는 시각에 변화가 온다면, 그것은 개인적인 사건에 그치지 않고 '사회적 사건'이 된다.

예를 들어 사건으로서의 홀로코스트는 단지 독일 나치의 참혹한 말살 정책으로 희생된 유대인, 성적 소수자, 장애인, 그리고 그 가족들에게만이 아니라 '인류의 사건'으로서 의미를 갖게 되었다. 그 사건은 사건 '이전'과 '이후' 사이에 인간과 신에 대한 우리의 관점에 근원적인 변화를 가져오는 계기가 되었기 때문이다. 홀로코스트라는 사건은 '인류에 대한 범죄'라는 중요한 개념을 태동시킨 역사적 의미를 지니게 되었다. 또 미국에서는 2001년 9월 11일이 역사 속에서 잊힐 수 없는 '9·11사건'이 되었다. 9·11사건은 단순한 사고나 사실로서의 의미를 넘어서서 미국 국민의 국가에 대한 의식이나 미국의 대외 정책에서 9·11 '이전'과 '이후' 사이에 분명한 변화의 획을 그었으며, 결과적으로 세계의 여러 정책에 직간접적으로 지대한 영향을 미쳤기에 '역사적 사건'의 의미를 갖게 되었다. 이러한 맥락에서 보자면 이 세계에서 일어나는 사건들은 사회적이기만 하거나 정치적이기만 한 것이 아니라 언제나 윤리적이며 종교적인 것으로서 의미를 지닌다.

최근 한국 사회에서 이러한 역사적 사건으로서 의미를 지닌 것이 있다면, 그것은 '세월호 사건'이라고 할 수 있다. 홀로코스트라는 말이 유대인에게 일어난 참사만을 의미하는 것이 아닌 것처럼, '세월호'라는 단어는 이제 어느 특정한 선박 회사의 소유물이었던 배의 이름이 아니게 되었다. 세월호 참사는 단순히 자동차 사고처럼 우연히 일어난 사고가 아니라, 사회정치적·종교적 '사건'으로서 의미를 지닌다는 말이다.

세월호 사건은 한국의 정치적 책임성의 문제에 대하여, 사회적 연대의 의미에 대하여, 종교적 실천의 의미에 대하여, 더 나아가 신의 현존과 역사함, 가령 교회의 역할 등에 대하여 기독교인들 사이에서조차 크게 상충하는 여러 가지 이해 방식을 드러나게 했다. 따라서 세월호 사건은 하나의 고유명사로서 역사적 사건인 동시에 사회적·정치적·윤리적·종교적 사건의 의미를 지니게 된 것이다. 세월호 참사는 공공의 선보다는 개인의 이득을 최대의 덕목으로 삼는 자본주의적 사고가 생명 파괴와 얼마나 깊이 연계되는지를 적나라하게 드러냈다. 그 배에 탄 사람들의 생명보다 회사의 이득을 더 우선시하는 정부 정책이 야기한 안전 규제의 완화는 생명 중심이 아닌 이득 중심의 국가적 가치의 민낯을 드러냈다. 또한 사고가 난 후, 모든 이의 생명을 우선시해야 할 선장을 비롯한 선원들이 보인 책임 의식의 부재와 이기주의, 더 나아가 모든 구조에 책임을 지는 정부 관료들과 여러 조직의 수장들이 행한 무책임한 행정은, 구조되었을 수도 있었을 생명들이 처절하고 고통스러운 죽음을 무참히 겪게 하는 '참사'를 초래했다. 그 생명들이 두려움과 고통 속에서 서서히 죽어가는 것을 지켜보아야 했던 가족들의 고통과 절망 앞에서 우리는 무엇을 해야 하는가. 2016년 현재, 세월호 참사 이후 2년이 넘었지만, 정부는 '세월호특별법' 제정에 대한 유가족들의 요구들을 여전히 외면하고 있다. 세월호 사건은 생명돌봄에 대한 우리의 이해와 그 실천에서 중요한 점을 시사하고 있다. 우선 개인에게 일어난 일이 사실상 정치적이고 제도적인 문제와 깊숙이 연결되어 있다는 사실을 보게 했다. 더 나아가 생명돌봄이란 감상적이거나 탈역사적인 것이 아니라, 치열한 정치사회적 기획이라는 사실을 적나라하게 보여주었다.

진도 팽목항, 죽은 자들의 현존

내가 진도 팽목항을 찾아간 때는 2014년 7월 말이다. 주로 미국에서 지내고 있어서 세월호 참사가 일어난 지 3개월이나 지나서야 방문할 시간을 낼 수 있었다. 늦은 오후, 팽목항에 도착하니 뜨거운 여름 햇살이 잠시 자취를 감추고 짙은 먹구름이 하늘을 덮고 있었다. 세월호 사건 이후 미디어를 통해서만 보던 팽목항이 내 눈앞에 나타났는데도 그 바다가 실제로 무수한 생명을 앗아간 공간이라는 사실이 실감나지 않았다. 그 검푸른 바닷물 속에 삼켜진 생명들, 그 생명들이 혹시 살아 있을지 모른다는 희망을 부여잡고 무수한 밤을 잠 못 이루며 지새웠을 가족들은 이곳에서 무엇을 느끼고 무엇을 경험하고 있었을까.

주차장을 지나, 아직도 찾지 못한 이들을 기다리는 가족들이 머물고 있는 텐트들을 지나가는데, '신원확인소 가는 길'이라는 팻말이 나타났다. 신원확인소는 생존에 대한 한 줄기 기대감과 죽음의 확인에 따른 처절한 절망감이 교차하는 공간이었다. 그 지독한 역설적 슬픔의 공간을 드나들던 가족들, 친구들은 한평생 지울 수 없는 슬픔의 응어리를 가슴 깊이 품고 살아갈 것이다. 노란 리본들, 이름이 쓰인 종이들이 매달려 나부끼고 있는 부둣가에 이르니, 내 마음에 자리한 아픈 응어리를 치밀어 오르게 하는 장면이 보였다. 부둣가 곳곳에 놓여 있는 신발, 라면, 쌀, 소주, 과자, 김, 콜라, 귤, 옥수수. 그 칠흑 같은 차가운 바닷물에 빠져 돌아오지 못하는 이들을 위해 살아 있는 이들이 가져다 놓은 그 물건들은 '죽은 자들의 현존'을 절절히 느끼게 했다. 죽은 자들의 현존. '죽었지만 죽지 않은 그들'은 살아 있는 이들이 가져다 놓은 신발, 라면, 쌀, 소주, 과자, 김, 콜라, 귤, 옥수수 들 속에서 살아 있는 이들을 바라다보고 있는 것만 같았다. 이 지극히 평범한 음식들과 물건들만으로도 환하게 웃으며 살아갈 수 있었을 무수한 생명들이, 이 검푸른 바닷물 속에서 끔찍한 죽음 대신 구조를 받을 수 있었다면, 세월호와 진도 팽목항이라는 이름이 주는 의미는 지금과 전적으로 달랐을 것이 아닌가. 구조될 수도 있었을 생명들이 죽어간 세월호 사건 앞에서 살아남은 우리는 무엇을, 어떻게 해야 하는가. 사치스러움이라고는 조금도 찾아볼 수 없는 너무나 조촐한 이 일상의 물건들이 우리에게 건네는 말은 무엇인가.

세월호 사건과 생명돌봄이 의미하는 것

대부분의 사람들은 '생명돌봄'이라는 개념을 매우 단순하게, 즉 개인적인 것으로, 낭만적인 것으로 받아들인다. 그러나 이 말은 '생명'과 '돌봄'이라는 두 중요한 개념이 지닌 매우 복합적인 의미를 이해하지 않으면 진정한 생명사랑의 문화를 창출하는 데 아무런 기여도 할 수 없다. '모든 생명은 아름답고 귀하다'라는 모토가 단지 낭만적인 구호로만 남을 때, 인간 생명이든 동물 생명 또는 자연 생명이든, 모든 생명이 정치적·경제적·사회적·종교적 가치 체계 및 구조와 구체적으로 얽혀 있다는 사실을 간과하고 만다. 또한 돌봄이라는 개념도 지극히 개인적으로만 이해될 때에는 그것이 지닌 사회정치적·제도적 차원과의 연관성을 간과함으로써 사실상 생명돌봄이라는 소중한 의미를 구체적인 현실 세계 속에서 실천하지 못하게 된다. 따라서 생명이 생명 되게 하기 위하여 필요한 다양한 삶의 조건에 관심을 갖는 것이 진정한 생명돌봄이라고 규정할 때, 이 개념은 인간 삶의 여러 측면인 종교, 정치, 경제, 사회, 문화 등 다양한 차원의 문제에 관심을 가져야 함을 뜻한다. 이러한 맥락에서 보자면 세월호 사건은 생명돌봄에 대하여 다음과 같은 네 가지 중요한 인식을 우리에게 가져다주었다고 하겠다.

1) 시혜가 아닌 책임으로서 생명돌봄

생명돌봄에 관심을 갖는 이들이 종종 빠지는 오류 중 하나는 자신이 약자들에게 구제 행위나 시혜를 베푸는 사람이라고 이해하는 것을 들 수 있다. 그러나 생명돌봄이란 어떤 약자들에게 '시혜'를 베푸는 것이 아니라 인간으로서 '책임'을 수행한다는 의식이 전제되어야 한다. '돌봄'을 다른 약자에게 시혜나 구제를 베푸는 것으로 이해할 때, 거기에는 돌봄의 대상과 돌봄을 시행하는 사람 사이에 '윤리적 위계주의'가 형성된다. 즉, 베푸는 이는 윤리적으로 우월하고 시혜를 받는 이는 윤리적으로 열등하다는 생각이 암암리에 깔려 있다. 경제적으로 부유하여 기부를 많이 하는 사람들이 경제적으로 그렇지 못한 사람들보다 마치 윤리적으로도 우월한 위치에 있다는 착각을 하는 경우를 우리는 종종 목격한다. 그러나 생명돌봄은 이 세계의 구성원, 한 사회의 구성원으로서 다른 생명들에 대한 책임을 수행한다는 차원에서 이해되어야 한다. 또한 이 책임성이란 현재만이 아니라 과거의 생명들과 다가올 미래의 생명들에게도 그 범주를 확장해야 함을 의미한다. 이러한 생명돌봄이 제도적으로 확보되고 사람들의 의식 속에서 자신들의 책임 문제로 자리 잡을 때, 진정한 생명돌봄이 가능할 것이다. 세월호 사건의 희생자들에 대한 애도, 진실을 밝히고자 하는 세월호 유가족들과의 연대를 통한 생명돌봄은 그들을 위하여 베푸는 시혜가 아닌 동료 인간으로서 가져야 할 책임이라는 말이다.

2) 개인적·사회정치적–종교적 문제로서 생명돌봄

무엇인가를 또는 누군가를 '돌보는 것'은 다양한 요소가 요청되는, 매우 복합적인 문제다. 진정한 의미의 생명돌봄은, 생명이 생명으로서 삶을 영위하도록 해주는 제도적 보호 장치는 물론이고 그 생명이 이 사회에서 수행하는 다양한 역할, 잠재성 혹은 가능성을 활짝 꽃피우게 하는 사회정치적 조건들이 마련되도록 지속적으로 관심을 가지고 헌신하는 것을 의미한다. 그러한 다차원적 이해의 가치 체계를 마련해주는 종교적 가치 역시 생명돌봄의 의미에 인식론적 전거를 제공한다.

이러한 맥락에서 볼 때 생명돌봄의 행위란 참으로 복잡한 주제라는 것을 알게 된다. 인간의 삶이 정치, 경제, 교육, 문화, 종교 등 다양한 영역과 매우 긴밀하게 연결되어 있는 현대 사회에서 생명돌봄을 개인적인 것, 낭만적인 것으로만 이해하는 것은 매우 위험하다. 왜냐하면 생명돌봄이라는 것은 총체적 의미에서 볼 때 한 개인의 사적인 감정이나 행위에만 의존할 수 없기 때문이다. 예를 들어 빈곤으로 어려움을 겪고 있는 생명을 돌보기 위해서는 가장 기본적인 생존 조건인 거주와 질병, 식량의 문제를 근본적으로 해결할 수 있어야 하는데, 이러한 차원에서 필요한 장기적 대책은 한 개인이 해결할 수 있는 성질의 것이 아니다. 한 개인의 돌봄의 역량을 벗어난 이와 같은 일들은 국가가 운용하는 건강보험제도, 교육 혜택, 주거 정책 등을 포함한 다양한 사회보장제도를 통한 효과적이고 장기적인 돌봄이 따라야 비로소 해결할 수 있다. 한마디로, 한 개인이나 집단이 '불쌍한' 사람들을 도와주고 돌보는 것은 명백하게 한계가 있다. 이러한 의미에서 생명돌봄이란 사회정치적 차원의 문제와 항상 긴밀하게 연결되어 있다고 할 수 있다.

또한 인간 생명뿐 아니라 동식물의 생명을 파괴하는 생태문제, 핵 문제, 전쟁 문제 등은 개인적인 생명돌봄 행위로만 해결될 문제가 아니다. 생명돌봄의 이러한 복합적인 차원을 이해하면 생명돌봄이 정치적 문제와 직결되어 있음을 인식할 수 있다. 예를 들어 개인들은 자신이 선택하는 정치가들이 생명돌봄에 대하여 어떠한 포괄적인 인식을 하고 있는지, 어떤 구체적인 정책을 제시하는지를 면밀하게 점검하여 참정권을 행사해야 한다. 다시 말해 정치가들이 다양한 이유로 사회의 주변부에 속하게 된 생명들을 보호하는가, 아니면 그들을 외면하는가, 생태적 정의를 인식하고 있는가, 인류 생명의 보존을 위협하는 핵 문제 등에 대한 이해나 정책을 어떻게 제시하고 있는가 등에 관심을 가져야 한다. 또한 종교인들이라면, 자신의 종교 지도자가 이러한 생명돌봄을 제대로 인식하고 있는지도 살펴보아야 한다. 예를 들어서 신을 '정복적인 신'으로만 이해할 때, 그러한 신을 가르치는 종교 지도자는 생명돌봄이라는 예민한 문제에 관심을 가지기 어려울 것이다.

따라서 진정한 돌봄이란 개인적인 것이기만 한 것이 아니며, 종교적·사회정치적 문제에 매우 예민한 감각을 지녀야만 가능하다. 인간 생명을 돌보는 차원에서는 젠더, 인종, 종교, 성적 성향 등으로 차별받고 소외되는 생명들에 대한 사회문화적·종교적 돌봄의 의미까지 생각해야 한다. 성적 소수자와 같은 특정한 집단에게 가해지는 지독한 편견과 차별과 희롱은 결국 인간 생명을 파괴하는 행위이기 때문이다.

3) 생명의 위계주의에 대한 저항으로서 생명돌봄

사람들은 종종 '모든 생명은 귀하다'라는 말을 하곤 한다. 그러나 이 보편적 정언이 인간의 구체적인 현실 세계에서 어떻게 외면되고 파괴되고 있는지를 아는 것은 매우 중요하다. 예를 들어서 전체 생명계를 살펴보면, '인간 생명 → 동물 생명 → 식물 생명'이라는 커다란 위계주의가 이미 고착되어 있다. 또한 좀 더 구체적으로 인간 생명의 테두리 안에 들어가 보면 성별, 인종, 국적, 언어, 피부색, 성적 성향, 육체적·정신적 능력, 나이 등에 따라 다양한 위계주의가 이미 설정되어 작동하고 있다. 세월호 사건은 같은 국가에 속한 국민들 사이에서도 위계와 등급이 엄연히 존재한다는 것을 알려주었다. 만약 진도 팽목항 앞바다에서 처참하게 죽거나 실종된 304명이 정부 고위 관료들이었거나 부유층이었다면, 그러한 지위와 특권과 부를 가진 이들의 아들딸과 어머니, 아버지,

친척이었다면, 300명이 넘는 이들이 구조될 수 있는 골든타임에 무참히 외면당하고 결국에는 처절한 죽음을 맞이했겠는가. 무고한 죽음을 비롯해 크고 작은 사건들이 개인적인 문제에 그치지 않고 사회정치적 문제가 되는 것은 그것들이 언제나 개인적·집단적·제도적 차원에서 다양한 종류의 권력 구조와 연계되어 있기 때문이다. 그 권력이 정치권력이든, 경제 권력이든, 종교 권력이든 상관없이 다양한 종류의 권력은 언제나 생명돌봄의 제도적 장치와 실천의 문제와 직결되어 있다.

　　이러한 의미에서 보면 생명돌봄은 우리 사회 속에서 '자연적인 것'처럼 받아들여지는 크고 작은 생명 위계주의에 대해 비판하고 저항해야 함을 의미한다. 가난한 집안의 생명이 부유한 집안의 생명보다 덜 가치가 있다든가, 이주 노동자의 생명이 한국 국적을 가진 한국인의 생명보다 덜 가치가 있다든가, 육체적·정신적 어려움을 지닌 이들의 생명이 이른바 '정상적'인 몸과 정신을 가진 사람들보다 덜 가치가 있다고 무의식적으로라도 생각하는 생명 위계주의를 비판하고 저항하는 것이 요청된다는 말이다.

　　4) 연대의 정치학으로서 생명돌봄

　　세월호 사건은 생명돌봄이라는 거대한 모토를 추상적이거나 낭만적으로만 생각하지 말고 구체적인 정황과 반드시 연계시켜야 한다는 것을 우리에게 구체적으로 보여주었다. 생명돌봄의 의미를 구체적으로 이해하기 위해서는 우리의 인식의 전환을 가능케 하는 '인식론적 상상력'을 통한 연대의 행위가 요청된다. 이 인식론적 상상력이란 '나(우리)-너(그들)'라는 이분법적인 방식을 넘어서서, 나와 너, 우리와 그들의 불가결한 관계성에 대한 인식을 가능하게 하는 장치다. 만약 그 죽은 아이들 중에 꽃같이 화사한 모습으로 결혼식을 올린 나의 조카가 있었다면, 바로 그 조카가 점점 차오르는 물속에서 표현할 수 없는 극도의 공포와 두려움을 겪으며 고통스럽게 몸부림치다가 죽어가야 했다면, 나의 언니와 그 가족들에게서 세월호 '이전'과 '이후'의 삶이 어떻게 달라졌겠는가. 세월호가 구조될 수 있을 거라는 한 가닥 희망의 줄을 서서히 놓으며 극도의 두려움과 고통 속에서 나의 부모님, 나의 아들과 딸이, 나의 가족과 친척이 그 처절한 죽음을 인정할 수밖에 없었다면, 생명돌봄의 의미를 어떻게 생각하게 되겠는가. 그리고 이제 자식의 죽음을, 가족의 죽음을 매 순간 떠올리며 살아가야 할 운명에 놓인 살아남은 이들이 바로 '그들'이 아닌 '우리'라면 팽목항이 어떤 의미로 자리 잡겠는가. 구조될 시간이 충분히 있었는데도 도대체 왜 그들이 구조되지 못했는지를 알아내기 위한 특별법을 제정하기 위해 자신의 생명을 담보로 단식하며 농성하는 유가족이 된 '우리'에게 광화문광장은 어떠한 의미로 다가올까. 이러한 상상은 우리에게 인간으로서의 연대 의식을 강화시킬 것이다.

세월호 참사로 죽어간 그 295명의 얼굴 속에서, 그리고 시신조차 찾지 못하고 실종된 아홉 명의 얼굴 속에서, '그들'이 아닌 '우리'의 아들, 딸, 부모, 조카, 가족의 얼굴을 보아야 하는 것은 동료 인간으로서 가져야 할 엄숙한 책임이며, 이러한 책임 의식이야말로 종교의 존재 이유일 것이다. 동시에 이러한 상상력을 통한 진정한 연대의 마음과 행위야말로, 극도의 이기주의와 물질 만능을 지향하는 생명 파괴로 우리의 삶이 황폐해지지 않고 인간으로서 따스함과 연민을 유지할 수 있는 행위, 즉 생명돌봄의 세계로 남아 있도록 해주는 진정한 종교적 행위이다.

생명돌봄의 궁극적 목표: 함께–살아감의 사회를 향하여

생명돌봄이 지닌 의미란 결국 다양한 생명의 '함께–살아감'에 있다. 함께–살아감이란 물리적으로 사람들이 모여서 산다는 말이 아니다. 진정한 의미의 함께–살아감이란 생명들 사이에 정의롭고 평화로우며 평등한 관계가 가능한 방식으로서 함께–살아감이다. 이러한 의미에서 보면 생명돌봄에는 다양한 양태를 보이는 생명 파괴적 제도·가치·구조에 적극적으로 저항할 것이 요청된다. 더 나아가, 생명이 생명답게 살아가기 위한 조건들을 만들어내고, 지켜내고, 강화하는 구체적인 실천적 헌신을 거쳐야 비로소 가능할 것이다. 만약 다양한 제도를 만들고 법적 강제력을 행사하고 있는 한 국가가 국민의 생명을 돌봐야 한다는 가장 중요한 의무와 책임을 제대로 수행하지 못하고 있다면, 그리고 그러한 국가가 무책임한 정치가들을 뽑고 있다면, 개인이 아무리 강하게 생명돌봄을 실천하려는 의지를 가진다 해도 생명돌봄의 실행이 불가능하다는 것을 이번 세월호 사건은 우리에게 분명히 보여주었다. 나는 세월호 사건이 담론과 운동으로서 에코페미니즘이 한국 사회에서 이제 어떠한 과제를 안고 치열한 작업을 해야 하는지 단서를 제시해주었다고 본다.

　　21세기 에코페미니즘은 생물학적 본질주의를 주장하는 일부 에코페미니스트의 주장에서 유래한 생물학적 여성에 대한 낭만적 이해를 경계해야 한다. 여성은 남성보다 더 자연 친화적이고, 생명을 사랑하는 존재이며, 평화를 지향하는 존재라는 이상화된 낭만주의적 이해 말이다. 초기 에코페미니즘이 비판적으로 제기한 세 가지 문제, 곧 가치 위계주의, 이원론적 사유 방식, '지배의 논리(logic of domination)'라는 문제를 겨냥한 비판은 매우 중요하다(Warren, 1995: 174). 이제 에코페미니즘은 젠더만이 아니라, 그 분석적 틀을 더욱 복합화해야 한다. 즉, 현대의 자본주의와 상업주의가 결탁하여 '이득의 극대화'라는 목표 아래에서 어떻게 가부장제적 여성 지배와 종속, 그리고 자연 생명을 포함한 다양한 형태의 생명 파괴의 현실을 자연적인 것으로 만들어가고 있는가에 주목하는 비판 이론으로서 자리매김을 해야 한다.

　　이러한 맥락에서 볼 때 흔히들 차용하는 '어머니 자연(mother nature)'과 같은 메타포가 암시하는, 여성에 대한 낭만적이고 이상적인 이해는 다음의 두 가지 이유에서 문제가 있다고 나는 생각한다. 첫째, 매우 역동적인 자연을 제한적으로 바라봄으로써 왜곡된 이해를 가져오며, 둘째, 다양한 층을 지닌 인간으로서 여성에 대한 본질주의적 이해를 고착시킴으로서 결국 매우 복합적인 역할과 욕구를 지닌 한 인간으로서 여성에 대한 이해를 제한하고 왜곡시킨다. 인간이 거하고 있는 현실의 복합성을 단순화하거나 총체화하는 기능을 하는 낭만적이며 이상화된 메타포는 매우 심각한 인식론적 오류를 지속적으로 재생산한다. 자본주의, 상업주의, 정치적으로 이용되는 폐쇄적인 민족주의, 뿌리 깊은 가부장제가 종교, 정치, 교육, 미디어, 문화 등 우리 삶의 모든 영역을 지배하고 있는 21세기 한국 사회에서, 새로운 세계를 꿈꾸는 에코페미니즘이 지향하는 생명 존중과 생명돌봄의 가치가 담론과 운동으로서 한국 사회에 확산되기를 바란다. 그러기 위해서는 낭만화되고 이상화된 여성 및 자연 담론을 넘어서서 치열한 비판 의식을 가지고 현대 사회를 복합적으로, 이론적으로 분석하여 담론의 기반을 구축하는 작업이 절실하게 필요하다.

　　다시 세월호 사건으로 돌아가 보자.

　　2014년 9월 19일 광화문광장에서 전영관 시인은 〈밥이라도 한 그릇〉(《슬퍼할 권리》, 삶인, 2014)이라는 자작시를 낭독한다.

휘청거리는 오월이다 뒷산 비탈에서 아까시 향기가 흘러내린다 첫새벽에 퍼 담은 향기로 쌀을 씻어 안친다 푸른 불꽃이 파도의 몸짓으로 솥을 어루만진다 펄펄 끓는 오월, 까무룩 혼절하듯 잦아지며 뜸 드는 오월이다 햇살보다 잘 퍼진 이밥 한 그릇 고봉으로 담아 올린다 안산에서는 오월도 가난하다 저녁상의 빈자리가 채워지지 않는 오월이다 다 끝내고 삼우제 치르느라 지어 올린 고봉밥만 혼자 식는다

부모가 유명을 달리해도 삼일을 기다리다 염을 하는데
시신이 행여 숨을 되찾아 움직이면 쉽게 풀리도록 결박하는데
젖어 돌아온 목숨
혹시 모르니 기다리자고 울부짖지도 못하게 망가져 돌아온 목숨

서두르지 않아도 서두른 셈이어서 남은 자는 서럽고
돌아와도 서럽고 다시 또 보내려니 참혹한 목숨

그날 이후로 기울었던 달도 차오르는데 너는 없다 서둘러 왔어도 늦어버린 이팝꽃이
죄 없이 죄스럽다고 만발했다 고봉밥, 고봉밥, 끼니를 제때 때워본 적 없는 영혼들의
고봉밥이 노제(路祭)도 없이 지나간 길가에 혼자 뜨겁다 상에 올린 밥이 식었으니
대신하라고, 식지는 않을 밥이라고 이팝꽃 만발했다
고봉밥, 고봉밥 그득한데 남은 자도 떠난 자도 숟가락을 들지 않는다

　　　전영관 시인의 시는 죽은 자들에 대한 애도와 그 죽음을 가슴에
끌어안고 살아가야 하는 이들의 연대가 중요한 생명돌봄의 요소임을 보
여준다. 더 나아가, 죽은 자들은 사라진 것이 아니라 살아 있는 이들 속
에서 고통스럽고 처절하게 '현존'하고 있음을, 즉 '죽은 자들의 현존'을
이 시는 참으로 아프게 드러낸다. 생명의 출생과 죽음은 우리의 일상 세
계에서 언제나 일어난다. 그런데 서로 상반되어 보이는 출생과 죽음에
공통점이 있다면, 그것은 그 '반복성'과 '유일회성'이다. 매일 어디에선가
생명이 태어나고 죽음을 맞이한다는 '사실'은 반복되지만, '사건'으로서
출생과 죽음은 그것과 연계된 사랑하는 가족들에게는 그 무엇과도, 그
누구와도 대체될 수 없는 유일회성의 의미를 갖는다. 그래서 죽음은 반
복성을 지니고 있음에도 '매 죽음마다 세계의 종국(the end of the world)'인
유일무이한 사건이 되는 것이다.
　　　이러한 의미에서 죽음에 대한 불감증은 우리의 사유와 감성의
세계를 마비시키고 타자들의 죽음과 고통에 무관심한 삶을 살게 하는,
위험한 생명 파괴라는 질병과도 같다. 또한 타자의 죽음에 대한 개인적·
사회적 무관심과 불감증은 한 사회가 지켜야 할 가장 중요한 가치 가운
데 하나인 생명돌봄의 중요성과 복합적인 의미를 알지 못하게 하여 결
국 그 사회에 총체적 위기를 초래한다. 국가는 물론이고 정치, 경제, 교

육, 종교와 같은 제도와 체제가 존재하는 궁극적 이유는 '함께−잘−살아감'이다. 진정한 생명돌봄을 통한 함께−잘−살아감은 과거와 현재의 생명뿐 아니라 미래의 생명에 대한 살아 있는 자들의 엄숙한 책임이며 의무다. 세월호 참사로 죽음을 당한 생명들, 그리고 그 가족들이 경험하는 형언하기 어려울 정도로 고통스러운 상실감을 함께 애도하고 그들과 연대하는 것은 지금 살아남은 자들이 먼저 간 사람들의 삶까지 '살아내야 함'을 의미하며, 동시에 '그들'을 '우리'로 끌어들임으로써 이 생명돌봄의 의미를 확장하고 실천하는 것을 의미한다. 이러한 생명돌봄의 포괄적인 의미가 바로 세월호 사건이 우리에게 주는 소중한 깨우침이며, 이러한 깨우침을 끊임없이 우리 자신에게 상기시키고 그 깨우침을 구체적 현실 세계 속에서 '살아내는 것', 이것이 바로 세월호 참사에서 살아남은 자들이 져야 할 책임이다.

참고문헌

• d'Eaubonne, Françoise (1980), "Feminism or Death," in *New French Feminism: An Anthology*, (ed.), Elaine Marks and Isabelle de Courtivron, Amherst: University of Massachusetts Press.
• Merchant, Carolyn (1992), *Radical Ecology: The Search for a Livable World*, New York: Routledge.
• Warren, Karen (1995), "The Power and the Promise of Ecological Feminism," in *Reading in Ecology and Feminist Theology*, (ed.), Mary Heather MacKinnon and Moni McIntyre, Kansas City: Sheed & Ward.

소비에서
자급으로
좌표
이동

도시
에코페미니스트로
살아가기

김현미 연세대학교 문화인류학과 교수

괴로운 '중간 지대'에서 벗어나기

도시에서 에코페미니스트로 사는 것이 가능할까? 도시에서 나고 자라고 계속 도시에서 살아온 나는 에코페미니즘의 시각에서 도시인의 삶을 사유해보고자 한다. 이 글은 '피로 사회'가 강요했던 일 중심의 삶, 또 이런 삶과 깊이 관련이 있는 '보상 심리'로서 소비 지향의 삶에서 크게 벗어나지 못했던 나 자신의 반성이기도 하다.

인간은 완벽하게 자연 파괴적인 종(Homo Devastans, 호모 데바스탄스)도 아니고, 그렇다고 숭고하게 자연 친화적이지도 않다. 사람들은 자연을 사랑하고 그 혜택을 받으며 살고 싶어 하지만 여전히 자연을 파괴하고 개발하여 얻은 인공물들을 소비하고 탐닉한다. 우리는 꿀벌의 실종, 미세먼지로 잠식된 대기, 살균과 살충으로 위생 처리된 무생명의 도시 환경 변화에 경각심을 갖는다. 하지만 이것이 돌이킬 수 없는 '재앙'의 모습으로 현실화되기 전까지는 어떻게 행동해야 할지, 무엇을 해야 할지 몰라서, 또는 나만 나서서 해결될 일이 아니라는 생각으로 아무 일도 하지 않는다. 대부분의 도시인들은 이것도 저것도 아닌 괴로운 중간 지대에서 하루하루를 보낸다. 사실 도시에서 에코페미니즘을 지향하며 산다는 것은 쉽지 않은 일이다. 맹목적 소비만 하는 자연 파괴자로서의 자신을 상상하는 것은 괴로운 일이다. 그렇다고 도시 문명이 제공하는 혜택을 유보하기에는 이미 몸에 각인된 편리함의 유혹을 견뎌내기가 힘들다. 결국 지식으로는 생태적 삶의 중요성을 알면서도 몸과 욕망, 감각은 자본과 개발의 무차별한 증식에 힘을 보탠다. 그렇다면 우리는 평생 거대한 구조를 문제 삼고 파괴자를 성토하며 괴로운 중간 지대에서 머무르다가 생을 마감할 것인가? 어떻게 해야 우리는 괴로운 중간 지대에서 조금이라도 이동할 수 있을까? 생태 지향적 삶을 살기 위해 당장 도시를 떠나 귀촌이나 귀농을 할 수도 없는 '뼛속 깊이 도시인'인 사람들은 어떻게 생태 중심적 삶으로 좌표를 옮길 수 있을까?

우리는 불필요한 것을 너무도 많이 가지고 있고, 더 이상의 소비는 행복을 가져다주지도 위신을 드높이지도 않는다. 못살던 과거와 결별했다는 것을 과시하기 위해 외식을 하고 외모를 치장하는 것을 소위 세련된 중산층의 삶이라고 믿었던 때가 있었다. 그러나 지금은 소박한 밥상, 몸을 써서 생명체를 가꾸는 일, 자신의 몸과 외모를 그대로 인정하며 만족감을 갖고 사는 것이 진정 '쿨한' 삶이 되고 있다. 각종 쇼핑몰에 둘러싸인 소비 중심의 삶에서 덜 파괴적인 '자급'의 관점으로 삶의 좌표를 이동하는 사람들이 증가하고 있다. 신자유주의적 경쟁에 뒤처지지 않기 위해 과시적으로 치장하고 자신의 존재를 확인받기 위해 '낭비'를 즐겼던 삶과 결별할 때다.

삶은 먹고사는 문제다. 파괴적인 개발과 숫자놀음으로 삶의 질 향상을 약속했던 정치인과 거대 자본가들이 우리 삶의 주체가 될 수는 없다. 이들과의 거리 두기를 통해, 낙오와 고립의 불안에서 벗어나 우리 자신의 삶을 돌봐야 한다. 모든 생명체와의 평화로운 공존을 위해 덜 파괴적인 라이프스타일을 추구하는 것이 궁극적으로는 자신을 돌보는 길이다. 도시에서 에코페미니스트가 된다는 것은 자기돌봄을 통해 결국 지속가능한 삶이라는 '공동의 책무'를 함께 지는 것이고, 이 과정에서 친구와 동지를 만나는 과정이다. 우리는 어떻게 일하며 인생을 보내야 할까? 우리가 왜 불행한 소비자가 되었는지, 자급의 관점으로 이동한다는 것이 무슨 의미인지 한번 생각해보자.

공모적 소비자와 착한 소비자 사이에서

지난 30년간 세계 경제를 주도했던 신자유주의는 시장 주도의 정치경제적 질서를 형성하며 모든 인간을 '노동자'나 '생활인'의 위치에서 '소비자'나 '투자자'의 위치로 바꿔가고 있다. 신자유주의는 인간의 생존과 좋은 삶을 위협하는 실업, 빈곤, 각종 위험에 대처하는 사회안전망을 포기하거나 시장에 맡기도록 함으로써 '사회'의 의미를 삭제해버리는 독특한 형태의 자본주의다. 다양한 국가들이 다양한 버전의 신자유주의적 기획을 채택하고 있지만, 자본주의적 질서에 담긴 세계관이 신자유주의라는 점은 공통적이다. 신자유주의 경제가 지배하는 도시에서 일상은 '일하는 시간'과 '소비하는 시간'으로 구획되기 일쑤다. 즉, 도시인들은 대부분 소비하기 위해 일을 한다. 물건, 서비스, 경험을 구매하는 소비자 정체성이 내가 누구인가를 확인하는 조건이 되고 있다. 신자유주의적 논리가 전 사회 영역으로 확장되면서 '공동의 삶'이나 '비시장적 가치'는 점차 힘을 잃고 있다. 사회적 존재인 인간 삶의 대부분이 '시장'으로 '아웃소싱'되고 있다. 상품이 아닌 것은 마치 존재하지 않는 것처럼 느끼며, 시장을 통해 구매될 때만 안전성과 품질이 보증된다고 느낀다.

이런 경향은 도시 여성들의 삶을 더욱더 시장에 의존하게 만들고 있다. 여전히 대부분의 가정 살림을 책임지고 있는 여성들은 모든 가족 구성원의 욕구를 수집하며 그 욕구를 충족시켜주기 위한 대규모 상품 구매자이자 중개인이 된다. 직장 여성들은 일터에서 받은 인격적 모욕을 보상받기 위해 '소비'를 택한다. 외모, 능력, 사회적 예의를 인정받기 위해, 혹은 과도한 스트레스를 풀기 위해 소비자가 된다. 휴대전화 속 각종 쇼핑몰을 빠른 속도로 이동하고 스캔하는 인지 능력은 감탄스러울 지경이다. 컴퓨터 화면에 해외 직구 사이트 몇 개를 동시에 열어놓고 남보다 조금 더 싼 가격으로 명품, 액세서리, 고급 조리 기구를 구입할 때, 자신이 꽤 기민하고 능력 있는 여성이라고 느낀다. 외모를 가꾸기 위해 피트니스, 체질 관리, 마사지 등에 투자하면서 일해서 번 돈을 고스란히 '까먹는다.' 내가 아는 어느 30대 전문직 여성은 소비를 통해 잠시 심리적 안정을 얻곤 하지만 결국 저축도 없고 궁극적인 해결책도 없이 부채만 늘어나는 삶이 두렵다고 말한다. 많은 중산층 가족들 또한 은행과 금융권으로부터 '빚'을 얻어 삶을 지탱해간다.

나 자신도 한때 티브이나 인터넷 쇼핑으로 제빵 기계, 홍삼 제조기, 요구르트 제조기, 슬로 쿠커, 식품 건조기, 각종 믹서 등을 구입하여 부엌을 홈쇼핑 전시장으로 만들었다. 노동 강도에서 오는 피로감을 티브이 리모컨과 자판 두드리기로 해결했다. 이렇게 미친 듯이 일하는데, '돈'도 못 쓰냐는 마음으로 마구 사들였던 것 같다. 그러나 나 같은 소비자가 반짝 쓰고 내팽개친 다양한 기계들, 가령 휴대전화, 컴퓨터, 전자제품 등이 중국의 평화로운 농촌 마을 구이유를 산업 폐기물과 전자 제품 쓰레기장으로 바꾸어버렸다. 그곳 아이들과 주민들은 각종 유해물질에 중독되어 평생 갈 질병으로 고통스러워한다. 환경문제는 우리와 멀리 떨어진 곳에 사는 빈곤한 사람들에게 전이되므로 우리는 여전히 '살 만하다'. 밀양 할머니들이 오랜 삶터를 빼앗긴 것도 서울과 수도권 사람들의 풍요로운 소비를 위해 벌어진 일이 아니던가.

　　문제는 소비가 개인적 차원의 문제가 아니라는 점이다. 도시인 두 사람 이상이 모이면 무엇을 어떻게 구매할 수 있는지가 중요한 정보로 유통된다. 여성들은 자녀 교육, 물건, 여행, 경험과 관련된 정보를 교환하면서 다른 여성들과의 '연대'를 확인하고 회복하는 데 익숙해진다. 도시 소비를 연구하는 스티븐 마일스(Steven Miles)는 '공모적 공동체성'이라는 개념을 통해 소비자는 자본주의 확장의 희생자가 아니라 공모자라고 주장한다(Miles, 2010). 소비라는 자유로운 선택을 통해 기쁨을 추구하며, 모든 사람이 소비주의에 연루되어 있다는 이데올로기 안에서 적극적으로 소비주의에 가담한다는 것이다. 왜냐하면 소비는 불확실한 세상에서 어느 정도 확실성을 제공해주는 통로이기 때문이다. 믿고 의지할 만한 국가나 공공 영역의 부재로 우리 모두는 예측 가능한 소비의 세계에 의존하고 싶어 한다. 결국 소비할 능력을 입증함으로써 '소비 시민권'을 획득해간다고 믿는다. 소비자로서 상품을 평가하고, 업체에 무언가를 요구하고, 불매운동을 벌여나가는 것은 의미 있는 권리운동이다. 하지만 이 과정에서 좀 더 근본적인 문제는 회피하는 경향이 있다. 즉,

도시인들은 상품을 생산하고 유통하고 소비하는 전 과정에 깊이 연루된 문제들, 자연과의 공존, 안전, 건강, 돌봄을 지켜나가야 할 사회적 책임으로부터 자유로워진다.

심지어 정치적 행위조차 소비주의와 연루된다. 도시인들의 소비지향적 성향은 쉽게 다른 가치들과 접목되면서 기업 논리를 확장하는 데 동원된다. 페미니스트 학자인 칸톨라(Kantola)와 스퀴어스(Squires)는 여성운동이 '대중성'을 확보하기 위해 기업이나 시장과 결합되는 것을 '마켓 페미니즘(market feminism)'이라 지칭한다(Kantola & Squires, 2012). 이들의 주장에 따르면, 여성운동의 어젠다가 대중에게 매력적으로 다가가려면 고도로 세련된 기업 홍보 및 광고 전략에 의존해야 하고, 기업 역시 자사의 사회적 이미지를 개선하기 위한 브랜드 전략으로 여성운동을 끌어들인다는 것이다. 기업은 이른바 '좋은 가치'와 '의미 있는 변화들'을 만들어내는 데 자신들이 기여하고 있다고 홍보함으로써 소비자들의 흥미를 끈다. 예를 들면 영국의 여성 단체 '위민스에이드(Women's Aid)'가 '보디샵(Body Shop)'을 파트너로 삼아 여성에 대한 폭력을 없애는 운동을 벌이는 식이다. 또한 기업은 여성 소비자를 의식하고 기업의 사회적 책무를 행하는 일환으로서 자사 제품이나 홍보에 '여성 친화적'이거나 '성평등을 위한 실천'과 같은 문구를 집어넣는다. 소비자들은 소비 행위를 통해 사회를 변화시킬 수 있다는 착각을 하게 된다. 이처럼 근본적인 변화를 모색해야 하는 정치가 소비의 장으로 이동하면서, 우리는 소비주의에 더 깊이 종속된다. 특정 브랜드의 비누를 사면서 매 맞는 여성이 줄고 소녀들이 폭력에 덜 노출되기를 바라는 식이다. 소비를 통해 사회적으로 의미 있는 일을 할 수 있다는 신념이 강화되면, 역으로 소비는 넘쳐나지만 궁극적으로 정치는 실종되는 현상이 생겨난다.

물론 인간은 누구나 사회적으로 의미 있는 일을 하면서 자신의 라이프스타일을 구성하고자 하는 욕구가 있다. 독일 사회학자인 게르하르트 슐체(Gerhard Schulze)는 '체험 사회'라는 개념을 통해, 후기 근대의 개인들이 체험 지향적 생활양식을 통해 '아름답고, 재미있고, 주관적으로 보람 있다고 느껴지는 삶'을 만들어가고자 한다고 지적한다(쉬만크 외, 2011). 체험 지향적인 사회에서는 소비자 정체성을 가진 개인들에게 모든 것을 체험 가능한 영역이나 장소로 만들어주어야 하므로 시장의 중요성도 덩달아 증대된다. 돈을 내고 서비스를 받을 준비가 된 여성들 역시 체험적 소비라는 방식으로 환경, 평화, 안전한 먹거리 등의 사회운동에 참여한다. 도시 여성을 대상으로 한 체험적 소비 활동은 생태운동이나 글로벌 연대 활동이란 이름으로 각광을 받고 있다. 그린(Green) 소비, 윤리적 소비로 불리는 것들이 바로 그런 예다. 하지만 이 또한 넓은 의미에서 소비라는 행위 양식에 대한 근본적인 재고 없이 소비를 통해 사회가 바뀌고 자연이 회복될 수 있을 것이라는 낙관적인 전망에 의존하고 있다. 결국 도시 여성들은 파괴적 소비자와 착한 소비자 사이를 모호하게 횡단하며 살고 있다.

시간과 감정의 재배열: 자활과 자율노동을 향하여

도시에서 에코페미니스트로 산다는 것은 소비라는 조건화된 집단적 감각으로부터 이동하는 것을 의미한다. 사실 소비라는 공동의 감각은 일상을 긍정적으로 변화시키지도 못하고 삶을 이동시키지도 못하는 폐쇄 회로에 모든 개인을 가두어버린다. 소비를 위한 돈을 벌기 위해 수행해야 할 노동의 양이 늘어날 뿐 아니라 모든 시간을 돈을 버는 데 투여하게 되면 삶의 자율성도 사라지기 때문이다. 우리의 삶의 좌표를 이동하기 위해서는 생태주의적 관점에서 '노동'을 분석한 앙드레 고르의 관점을 살펴볼 필요가 있다. 고르는 소비문화는 개인화, 특이화, 경쟁 관계, 질투 등 반사회적 사회화를 조장하여 사람들을 분리시키고, 자율성과 실존의 안전을 확보하는 것으로부터 멀어지게 한다고 말한다.

그렇다면 어떻게 하면 우리의 시간과 노동을 창의적으로 재배열하고 '소비 중심적 삶'에서 벗어나 삶의 중심을 잡을 수 있을까? 에코페미니스트인 문순홍은 고르가 생태주의를 지향하고 자본주의에 덜 연루된 삶을 살기 위해 제창한 자율노동과 자활노동을 강조한다(문순홍, 2001). 고르는 인간의 삶에는 세 차원의 활동이 존재한다고 설명한다.

첫째, 사회적 필요에 의해 명령된 경제적으로 합리화된 노동으로서의 타율노동, 즉 임금을 얻기 위해서 하는 노동이 있다. 두 번째로 개인 욕구와 일치하는, 스스로 명령한 활동인 자율노동이 있다. 자신이 하고 싶어 하며 사회적으로도 의미 있는 활동에 참여하고 사람들과 관계를 맺으면서 능동적인 존재성을 회복하는 것이다. 세 번째로 생물학적 존재이기도 한 인간이 생명과 성장, 유지를 위해 필요한 자활노동이 그것이다. 자활노동은 가령 육아, 청소, 가계 유지 등으로, 사적 노동으로 간주해온 활동을 가리킨다. 인간의 자율성을 회복하고 자존감을 회복하기 위해서는 타율노동에 매이는 삶에서 탈피해야 한다. 대신 자신이 선택한 자율노동 시간을 늘리고, 그로 인한 소득 감소 등은 그동안 물건과 서비스의 구매를 통해 해결했던 자활노동을 스스로 수행함으로써 메울 수 있다는 것이다. 소박한 일상을 유지하기 위한 요리, 청소, 동식물 가꾸기, 돌봄은 개개인의 노동, 감정, 지성을 결합하여 해볼 수 있는 가장 원초적인 일이지만, 자본주의 사회에서는 돈이라는 보상이 따라오지 않기에 모두가 기피하는 활동이 되고 있다. 그러나 이 노동은 남녀, 세대, 계층과 상관없이 인간이 수행해야 할 필수 노동이기도 하다. 어린 나이부터 요리와 청소, 동식물 돌보기 등의 일을 훈련받으면 지식과 지혜가 쌓이고 시장에 덜 의존적인 삶을 살 수 있다. 이런 노동은 경제적 보상은 없지만 기쁨과 활력을 주는 인간 활동이기도 하다.

사실 도시의 많은 여성들은 타율노동 측면에서 심각한 자기착취를 경험하고 있다. 점점 더 많은 여성들이 비정규화된 직종에 취업함으로써 업무가 불명확하며 일상적으로 주어지는 일들을 닥치는 대로 해내면서 경제적으로 생존한다. 그 결과 이들은 단기간에 소모 및 탈진 상태가 되고, 자발적이거나 비자발적으로 직장을 그만두고 또 다른 직장으로 이동한다. 고르가 주장하는 '타율노동–자율노동–자활노동의 창의적 재분배'라는 개념은 '합리적이지 못한' 합리성에 근거한 자본주의 노동 문제의 폐해를 지적하여, 이에 대항하여 타율 영역에서 소비되는 강제 노동 시간을 최소화하고 창조적 잠재력을 실현하기 위한 자유 시간을 늘려나가야 함을 강조하는 것이다. 타율노동에 의해 잠식된 사람은 '소비'를 통해 존재감을 확인하며, 외식이나 주문 음식, 파출부 고용 등을 통해 자활노동을 해결하면서 다른 사람을 '타율노동자'로 만든다. 고르가 볼 때 타율노동 중심의 삶은 자본에 모든 인간을 구속시키는 것이므로 행복이나 삶의 질 향상, 자존감 등과는 무관한 삶이다. 이 때문에 타율노동에 얽매이면 얽매일수록 인간은 불행해질 수밖에 없고 자연 파괴도 더 심해질 수밖에 없다. 고르는 최소한의 생존을 보장하는 기본소득이 제공된다면 타율노동을 덜하게 될 것이고, 자활과 자율노동에 참여하면서 자연 파괴적인 자본주의의 확산을 제어할 수 있을 것이라고 주장한다. 이제까지 여성의 일로 간주되었거나 무시되었던 살림의 자활 및 자율노동에 모든 이가 평등하게 참여한다면 경제 제일주의가 만들어내는 삶의 식민화에 저항할 수 있다는 것이다. 고르는 자활이나 자율노동이 일어나는 영역은 그저 단순히 개인적인 영역이 아니라 개인들이 협력적인 지식과 기술을 발전시킬 수 있는 영역이라고 주장한다. 즉, 자활과 자율의 영역을 경제적 합리화와 상업화에서 본래의 목적으로 재탈환하는 것이 생태 중심의 삶으로 이동하는 첫걸음이라는 것이다.

'생태도시' 상상하기

그렇다면 우리는 모두 도시를 떠나 이상적인 생태마을을 저 먼

곳에 건설해야 하는가? 지금 바로, 여기에서 생태도시를 상상하기는 불가능한가? 사실 경쟁적이고 물질 지향적이며 자유로운 도시와, 목가적이고 자생적이며 전통적인 농촌이라는 이분법적 공간 이해는 이제 더는 유효하지 않다. 향후 세계 인구의 80퍼센트가 도시 거주자가 될 것이며, 자연 친화적인 삶을 살기 위해 이주할 수 있는 이상적인 전원도 더는 존재하지 않을 것이다. 결국 도시에서 에코페미니스트로 산다는 것은 자신이 사는 바로 이곳을 '생태도시'로 상상하고 현실화하는 것이다.

생태도시란 물, 공기, 흙 등이 단순한 외부 환경이 아니라 인간이 자신과 세상을 이해하는 '사유 대상'이자 삶의 중요한 일부가 되는 것이다. 그러나 최근 유행하는 '도시재생사업'은 자연을 장식품처럼 활용하면서 마치 우리가 여전히 자연 친화적인 삶을 살고 있는 듯한 이미지를 만들어낸다. 관광객을 끌어들이고 유흥과 오락적 소비를 촉진시키기 위해, 거대한 '인공 온실'을 만든다. 또한 거액의 투자로 랜드마크가 된 초고층 건물과 쇼핑센터 사이에 간간이 '환경 친화적'이라는 명분으로 물길과 산책로를 만든다. 이렇게 재탄생한 도시의 미학을 '생태도시'라고 찬양할 수는 없다. 고강도의 소비 지향적 라이프스타일을 촉진하기 위한 값비싼 화장술을 이용해 변신한 도시가 결코 생태도시가 될 수는 없다. 생태도시란 도시 공간이 생산의 거점이 되고, 도시인들이 공유와 교환을 통해 사회적경제를 활성화시키면서 모든 이의 삶의 가능성을 확장시켜주는 공간을 의미한다. 예를 들어 자원 부족에 대항하기 위해 도시 농업을 활성화해, 도시인들을 소비자가 아닌 생산자-시민으로 바꾸어낸 쿠바의 아바나가 대표적인 경우다. 자기가 직접 기르거나, 자라는 모습을 본 수확물을 먹는 행위는 그 자체로서 총체적인 만족감을 준다. 생산 과정을 직접 지켜보기 때문에 소외 현상이 없고, 노동 과정의 엄숙함과 자연의 풍요로움을 함께 섭취하기 때문에 그러하다. 또한 흙을 만지고 생명을 기르는 자활과 자율노동의 경험을 통해 육체적 건강을 회복할 수 있을 뿐 아니라, 농업 생산물을 생산·유통·판매·소비하는 전 과정에서 새롭게 생겨나는 공동체가 결국 마을과 지역의 사회안전망으로서 기능할 수 있다.

　　마리아 미즈 외(2013)가 역설하는 자급의 관점에서도, '생산'의 역할이 격하되고 비가시화된 역사를 되짚으며 생산의 중요성을 강조한다. 이때 생산은 소비를 위한 생산이 아닌, 필요에 의한 생산이다. 자신이 필요한 만큼만 생산하기에, 자기 자신과 환경에도 부담을 덜 준다. 자급 관점은 환경 파괴와 노동력 착취를 부추기는 과소비를 지양하며, 필요한 것을 직접 생산하여 공동체와 나누는 사회를 꿈꾼다. 즉, '소비하는 인간'에서 '생산하는 인간'으로의 전환을 꿈꾼다. 새것을 구매하기보다는 물물교환을 하고, 공동체 안에서 사정이 힘든 사람을 배려해주고 지원해주기도 한다. 자율노동에 참여하는 사람들이 많아지면 모두가 서로를 아는 사이가 되므로 이런 삶이 가능해진다. 여기에서는 서로의 자립을 도와주는 일도 어렵지 않을 것이다. 도시농업, 물물교환, 공동밥상 등의 활동은 이러한 공동체 경제의 기반이 된다.

　　또 도시의 자연 환경을 개선하면 미학적 경관이 만들어지고 도시가 아름다운 삶의 장소가 될 수 있다. 최근 서울 도심 곳곳에서도 물길을 복원하는 작업이 한창이다. 성북동이나 서촌 같은, 과거에 하천이 흘렀던 동네들에서 다시 시냇물 소리를 들을 수 있게 되었다. 물길이 복원되면 길을 따라 산책하고 운동하는 사람들이 모여들게 되면서 자연스럽게 수변 공원이 생겨난다. 물길은 흩어졌던 사람들을 다시 모으고 삭막한 도시의 건조함을 녹여낸다. 가장 중요한 것은 물 환경을 그것의 본성에 맞게 구축해줌으로써 우리가 장기적으로 얻는 이익이 극대화될 수 있다는 점이다. 물 환경을 원래의 모습으로 지키거나 복원해내는 것은 한국의 해묵은 발전주의 패러다임에서 벗어나는 일이며 생태적 가치를 추구할 수 있는 감각을 되찾게 해준다. 매일 동네에서 보는 물의 상태를 점검하면서, 도시인들 또한 무조건적인 경쟁과 개발보다는 심미적 안정감을 얻거나 자연과의 공존에 자연스럽게 관심을 기울일 것이다. 물의 생태적 전환은 물과 사람들 사이의 '거리'를 좁히는 문화를 통해 실현될 수 있다. 자연이 제공하는 깨끗한 물이 복원되어 심미적 만족감뿐만 아니라 식수로 사용할 수 있는 수원이 되면 환경을 크게 변화시킬 수 있다. 최근 엄청난 돈을 주고 구매해야 하는 생수가 환경 파괴의 주범이며 동시에 안전한 물이 아니라는 인식이 확산되면서 생수 반대 운동이 유럽과 미국, 캐나다를 중심으로 빠르게 확산되고 있다(글렉, 2011). 프탈레이트라는 물질로 만들어진 페트병 중에 재활용되는 종류는 다섯 가지 중 하나고, 나머지는 폐기되는 과정에서 다이옥신과 중금속을 내뿜으며 소각되어 환경에 피해를 입힌다. 무엇보다 그곳에 사는 주민들이 일상적으로 써야 할 물을 고갈시켜서 주민들에게 고통을 주면서 우리에게 상품이 되어 오는 생수는 결코 '깨끗하다'고 할 수 없다. 생수를 소비하면서 자신의 위생과 건강을 지키고자 하는 시민들이 증가하면 공평하고 안전하게 제공되어야 할 공공재인 물에 대해 정부가 져야 할 책임을 회피하게 만든다. 거대 자본에 의해 독점된 상업적 생수, 안전한 물을 제공해야 할 의무를 점점 회피해가는 정부 사이에서 상업화된 생수 소비자로 전락하여 심각한 공기 오염의 주범이 되어가는 도시인들은 이러한 악순환에서 벗어나야 한다. 도시에서 에코페미니스트로 산다는 것은 결국 자족적 순환경제를 위한 자원을 자연 속에서 복구해가며 인간과 자연의 공존을 적극적으로 상상하고 실현하는 것이다.

마치며

요컨대 도시에서 에코페미니스트로 산다는 것은 지속적인 자연 파괴와 자원 고갈을 촉진하는 소비라는 집단적 감각으로부터 이동하는 것이다. 소비는 일상을 긍정적으로 변화시키지도 못하고 삶을 이동시키지도 못하는 폐쇄 회로에 모든 개인을 가둔다. 그러나 에코페미니즘의 정책적 영향력이 전 세계적으로 증대하고 있는데도 불구하고 여전히 남성 중심적인 개발 패러다임이 지배적인 우리 정부, 학계, 시민사회 등에서 이 관점은 특별한 관심을 받지 못하고 있다. 주요 정책 결정 과정에서 에코페미니즘의 관점은 의도적으로 배제되고 있고, 환경 재앙의 희생자이며 새로운 대안 창시자로서 여성주의적 사유는 사소하거나 과도하게 '이상적인' 관점으로 취급된다. 에코페미니즘을 '모성애'로 잘못 이해하는 사람들은 '아기를 많이 낳아 한국 사회에 기여나 하라'라고 조롱한다. 환경운동에 참여하는 여성들 또한 정치적 올바름이라는 강박에 빠지면서 과도한 규칙만 넘쳐나는 억압을 경험하게 된다. 그 결과 페미니스트로서 함께 누려야 할 공동체적 기쁨과 삶의 미학이 퇴색하고 있다. 생태적 삶이란 삶의 불확실성 때문에 우리 모두가 맨몸으로 남겨진 시대에 여전히 소통 능력을 지닌 '감정 있는 개인'으로 살아가느냐 마느냐의 문제다. 에코페미니즘은 감각, 정치성, 실천을 통합함으로써 도시 여성들의 삶의 좌표를 이동시키는 하나의 방법론이다. 이 과정에서 젠더 평등은 도달해야 할 목표가 될 수 있다. 마리아 미즈는 "여성들의 힘은 스스로 삶을 생산하고 재생시키며 자기 힘으로 서고, 자신의 목소리로 말할 수 있는 데서 나온다"라고 말한다(미즈 외, 2013). 가부장적 위계질서가 지배하는 경제 중심의 사회 구조에서 성별이나 지위 등의 경계가 무뎌지고 서로가 동등하게 생산과 교환에 참여하는 구조를 만들어가기 위해서는 맹목적 소비자의 삶에서 벗어나야 한다.

결국 도시에서 에코페미니스트로 살아간다는 것은 도시를 생활정치의 현장으로 바꾸어내는 것을 의미한다. 생활정치는 '생존 가능한 삶의 가능성을 증가시키는 데 기여하는' 정치적 행위로 규정될 수 있다(버틀러, 2008: 200). 우리 모두의 생존 가능성을 높이기 위해 이제 우리는 새로운 질문을 해야 한다. '어떻게 사는 것이 성공적인 삶인가'라는 질문에서 벗어나, '어떻게 사는 것이 좋은 삶인가'라는 질문을 던져야 한다. 다시 말해 삶의 질과 행복, 즐거움의 미학을 살려내는 생태공동체를 도시 속에서 상상하고 현실로 만들어가야 한다. 괴로운 중간 지대에서 한 발짝 벗어나 인류가 자연과 맺어온 오랜 관계를 기억하고, 이것을 우리의 삶에서 복원하는 작은 실천이 필요한 때다.

참고문헌

- 글렉, 피터 (2011), 《생수, 그 치명적 유혹》, 환경운동연합 옮김, 추수밭.
- 문순홍 (2001), 〈앙드레 고르−현대 자본주의 비판과 사적 영역의 재탈환 정치〉, 《문화과학》 27, 236~240쪽.
- 미즈, 마리아, 베로니카 벤홀트 톰젠 (2013), 《자급의 삶은 가능한가?−힐러리에게 암소를》, 꿈지모 옮김, 동연.
- 버틀러, 주디스 (2008), 《불확실한 삶》, 양효실 옮김, 경성대출판부.
- 쉬만크, 유배, 우테 폴크만 (2011), 《현대 사회를 진단한다》, 김기범 외 옮김, 논형.
- Kantola, Johanna and Judith Squires (2012), "From State Feminism to market feminism," *International Political Science Review* 33(4), pp. 382~400.
- Miles, Steven (2010), *Spaces for Consumption: Pleasure and Placelessness in the Post-Industrial City*, LA: Sage.

몸산업 전쟁터가 된 여성의 몸에 치유와 평화를!

에코페미니스트
몸의
정치학

이윤숙 한국YWCA연합회 운동국 부장

불안의 일상화 ─ 소비사회의 전쟁터가 된 여성의 몸

금융 대란, 핵과 방사능의 공포, 기후변화와 빈번한 거대 재앙, 불안한 고용, 사회보장제도의 파탄 등 이 시대를 사는 우리들은 수면 아래에서 유동하다가 언제 개인을 덮칠지 모르는 불안과 공포 속에서 살아간다. 이제 개인은 노년의 삶과 죽음을 가족과 공동체의 보살핌이 아니라 철저히 '돈'으로 준비해야 하고, 언제 어떻게 해고될지 모르는 개인은 스펙과 능력을 쌓고 투잡을 뛰어서라도 불확실한 미래를 대비하려 기를 쓴다. 고용 없는 삶, 병고와 사고에 대한 공포와 불안 등은 신자유주의 무한경쟁 시대를 살아가는 개인들의 일상을 지배한다. 그래서 사회학자 리처드 세넷(Richard Sennett)은 '불안정성과 불안은 신자유주의 경제 체제에 내재된 필언적 프로그램'이라고 말하였다.

이제 개인들은 이러한 불안과 공포를 저마다 알아서 해결해야 한다. 국가가 그 불안을 해결해주거나 안전을 보장해주거나 지원해줄 것이라는 믿음은 점점 희박해져 간다. 우리는 세월호 참사에서 여실히 보지 않았던가. 대신에 그 불안을 잠재우는 역할은 거대한 소비시장이 감당한다. 개인들은 수많은 종류의 보험과 연금에 가입하고 빈번히 건강검진을 받으며 스펙을 높이기 위해 몇 개의 학원을 다니고, 지금 우리 사회에서 너무나 중요해진 행위인 '외모 바꾸기' 프로젝트를 위해 다이어트, 성형, 미용에 엄청난 돈을 투자한다. 개인은 단지 자유로운 구매 행위가 펼쳐지는 소비시장에 내던져져 소비시장이 부추기는 끝없는 욕망에 휘둘린 채 '각자 알아서 책임지고 위험을 비껴가는 삶', 이른바 각자도생(各自圖生)의 삶을 모색하지 않을 수 없게 되었다. 특히 IMF 구제금융 사태 이후에 청소년기를 보내고 또다시 전 지구적 금융 위기를 겪은 지금의 젊은 세대에게는 이것이 어쩔 수 없는 생존 전략이 되고 말았다.

이런 여러 가지 불안을 해소하기 위해 선택한 생존 전략 중에 특히 한국 여성들에게 가장 일상화된 실천 프로젝트가 있다. 바로 수많은 종류의 다이어트와 성형, 피부관리와 치장 등 '외모 가꾸기' 혹은 '몸 개조 프로젝트'가 그것이다. 물론 남성들도 그 프로젝트 수행에서 예외는 아니지만, 여성의 몸에 대한 압박은 아직도 견고한 가부장제 사회문화 속에서 더 근본적이고 집요하다.

이른바 '44사이즈' 혹은 '55사이즈'를 소화하지 못하는 몸은 불안하다. 그런 몸은 '나쁜 몸매'의 소유자로서 취업 시장에서 낙오자가 된다. 그래서 젊은 여성들은 좁은 취업의 관문을 뚫는 필수 작업으로써 다이어트에 죽기 살기로 매달린다. 반복되는 다이어트는 결국 거식증과 폭식증을 반복하게 하여 서서히 몸을 망친다. 이렇듯 다이어트라는 '몸 개조 프로젝트'를 일상적으로 수행하지만, 그 과정에서 여간해선 만족감을 얻기는 어렵다. 더 날씬해지고 예뻐지려는 욕망은 이제 전문 산업들이 신속하게 처리해준다. 수많은 성형외과, 한의원 들이 얼굴과 몸을 바꿔서 자신감을 가지고 당당하게 살라고 지하철역에서, 길거리 전광판에서 외쳐댄다. 이제 취업도 하고 결혼도 해야 하는 젊은 여성들에게 '몸'은 이 냉혹한 무한경쟁의 각자도생 사회에서 최고 우선순위의 투자 대상이 된다. 그리하여 여성의 몸은, 그 불안으로 인한 몸 변형의 욕망과 수요를 노리고 달려드는 성형과 미용, 다이어트 산업의 격렬한 전쟁터가 되고 있다.

여성의 몸에 대한 공격과 파괴를 이대로 용인할 것인가

한국은 통계로 보나, 세계인의 인식으로 보나 세계 제1의 성형대국이다. 영국 BBC의 한국 성형 열풍 보도를 계기로 외국에선 한국 소녀 절반 이상이 성형을 한 것으로 알려졌다(《경향신문》 2005년 2월 4일자, 〈BBC "한국, 외모지상주의에 성형 열풍"〉). 성적을 올리면 그 보상으로 쌍꺼풀 수술이나 '앞트임' 혹은 '뒤트임' 등 이른바 '쁘띠 성형'이라는 선물을 받거나,

피부미용 관리숍 이용권을 받는 일은 이제 중산층 청소년들에게 흔한 일상이 되었다. 경제적 여력이 없는 젊은 여성들은 몇 개의 부업을 뛰어서라도 '미용성형'을 위한 돈을 마련하는 데 주저함이 없다.

성형을 한 사람들은 이제 예전처럼 성형 사실을 애써 감추려 하지 않는다. 다이어트와 성형·미용 산업, 헬스 산업 등 이른바 몸을 전쟁터로 삼는 육체 산업은 '몸에 대한 불안과 불만'을 해소하여 만족할 만한 몸을 성취하는 것이 자기창조와 자기관리의 핵심 프로젝트라고 여기도록 끊임없이 메시지를 던지기 때문이다. 심지어 그것은 자기위안이 되고 힐링이 되기도 한다. '양악수술'로 인기와 명성을 되찾고 우울증에서 벗어났다고 주장하는 탤런트들이 화면을 누빈다. 〈리얼뷰티〉〈렛미인〉 등의 프로그램에서 몸 가꾸기 전후 과정을 드라마화한 몸 프로젝트의 성공적 수행자들은 달라진 인생을 설파한다. 이렇게 외모 변신·개조 프로그램이 속속 만들어지고 인기를 끄는 현실 속에서 몸 바꾸기는 이제 강요가 아닌 것처럼 여겨진다. '나도 할 수 있고, 해야 하며, 하고 나면 달라질 수 있다'는 자기확신에 의해 수행되는 프로젝트다. 몸 바꾸기 프로젝트를 주체적으로 내면화하지 않더라도, 현실의 고용 시장에서 차별받고 배제되지 않으려면 다이어트쯤은 감내해야 한다는 강요와 압박이 사회로 갓 진출하려는 여성들의 몸에 생생하게 작동한다.

그러나 자발적인 것이든 강요된 것이든, 여성의 몸에서 일어나는 '몸 개조·변형 프로젝트'들은 필연적으로 고통과 또 다른 불안을 수반하고 몸의 위계와 서열을 만든다. 이른바 육체 산업과 이미지를 파는 미디어와 광고 시장에서 선전하는 '맞춤육체'가 '착한 몸' '바른 몸', 심지어 '건강한 몸'이라고 강요될 때, 그것과 다른 몸들은 '나쁜 몸' '관리되지 못한 게으른 몸'으로 비난받고 '바람직하지 못한 몸'으로 배제되기 때문이다. 그리하여 '나쁜 몸'이라고 욕먹고 차별받는 몸이 되지 않도록 사람들은 '알아서' 살을 빼고 관리해주고 개조하느라 고단하고 지치고 좌절하며 고통스러워한다.

자기 육체에 대한 불안은 어느새 적대감으로 바뀌기도 하고, 여성들을 거식증과 폭식증 사이를 왔다 갔다 하게 만들고, 우울증과 저체온증, 골다공증 환자로 만든다. 몸 개조를 위해 애쓰는 많은 여성들은 공통적으로 생리불순과 변비, 스트레스로 인한 어깨 결림과 요통, 저체온증과 우울증에 시달리고 있다. 결혼한 여성들 사이에서도 난임과 중도유산이 계속 늘고 있는 것은 주지의 사실이다. 칼로리가 낮은 식품 중심으로 이른바 원푸드 다이어트를 하는 동안 대사 활동이 떨어지고 이뇨 작용을 주로 하는 음료 섭취는 신체 내 수분을 항상 부족하게 만든다. 이것은 모든 면역 기능과 신체 대사 활동을 떨어뜨리는 저체온증과 우울증을 동반한다. 더구나 몸에 영양이 불균형한 상태에서 살 빼는 운동까지 죽을힘을 다해 병행하는 운동중독증은 심장마비 등 여성의 몸에 심각한 위험을 초래하기까지 한다.

대체 여성들은 언제까지 자신의 몸에서 벌어지는 이 전쟁과 같은 상황을 견뎌내야 할까? 언제까지 자연-몸-여성을 한편에, 문명-이성-남성을 또 한편에 놓고 자연과 여성, 몸에 대한 지배를 정당화하는 가부장제 사회에서 늘 육체로 판단되어야 할까? 언제까지 이 만족스럽지 못한 몸을 개조하기 위해 이 거대한 자본시장에서 돈을 쓰고 자신을 부정하면서 죽도록 애를 써야 할까?

여성의 몸에 대한 이 집요하고 지속적이며 다양한 형태의 공격은 물론 전 세계적으로 이루어지고 있다. 로마 교황청마저 "여성들이 꼭 필요하지 않은 성형수술을 받는 것은 신체를 부정하고 여성으로서의 정체성을 훼손하는 것"이라고 언급하며 여성의 삶을 위협하는 중요한 문제로 부각시키기도 했다. 하지만 아름다운 외모, 멋진 몸을 가져야 살아남을 수 있다는 이 시대의 사회적·문화적 압박을 아무리 비판적으로 바라본다 해도, 이 집요한 권유와 압박에서 자유롭기란 쉽지 않다. 사실 우리들은 내 몸은 무엇이고, 나는 내 몸과 어떻게 관계를 맺고 있으며, 자연과 사회 속에 어떻게 위치하고 있는지 성찰할 여유조차 없다. 오히려 시시각각 내 몸에 가해져오는 가부장제적 시선에 대응하며, 이 무시무시한 각자도생의 생존 전략 속에서 몸을 어떻게 바꿔야 할 것인가 하는 고민 속에 일상적으로 내몰려 있다.

　　현실이 그렇다고는 하지만, 성형과 다이어트를 우리 일상에서 집착적으로 수행하는 것이 과연 여성의 삶을, 여성의 몸을 더 풍요롭게 만들고 있다고 말할 수 있을까? 실제 의료 기술에 의해 만들어진 획일적인 아름다움으로 얻은 자신감과 기회가 대체 얼마나 지속될 수 있을지 의문이 아닐 수 없다. 그 지난한 실천의 대가로 회복되지 못할 만큼 망가지고 상처받고 고통을 겪는 수많은 몸들을 보라. 많은 여성들이 소비자본의 유혹에 부응하여 자기관리라는 최면 속에서 끊임없이 자신을 파괴하고 학대하는 현실을 언제까지 그냥 놔두어야 할 것인가.

몸과 자연을 바라보는 에코페미니즘의 시각

　　서구의 위계론적인 이원론 철학은 몸을 열등하고 거추장스럽고 무언가 초월해야 할 것으로 보았고, 여성은 자연-몸의 영역에 귀속되었다. 몸은 동물적인 것, 순수하지 않은 이질적인 것, 이성의 활동을 방해하는 야만적이고 물질적인 껍데기이며, 영혼의 감옥으로 인식되었다. 에코페미니스트들은 무엇보다도 이러한 이원론 철학이 여성과 자연, 몸을 한 세트로 묶어서 열등하고 통제해야 할 것으로 보는 가부장제의 기반을 이룬다고 비판한다.

　　여성의 몸을 소비사회의 전쟁터로, 신자유주의 지배 전략이 집요하게 작동하는 도구로, 가부장제의 시선과 통제가 여전히 작용하는 대상으로 취급하는 것은 자연을 지배하고 정복하는 대상으로 보고 자연의 개조와 파괴를 정당화하는 자본주의의 세계관과 근원적으로 연계되어 있다. 여러 의학적 위험성이 있음에도 불구하고 뼈와 살을 깎고 보형물을 집어넣어 획일화된 미(美)를 추구하는 것은, 강의 흐름을 막고 강이 품어온 생명의 죽음을 가져온 '4대강 사업'의 폭력적 추진 및 그 비참한 결과와 놀랍도록 일치한다. 또한 몸을 착취하고 괴롭히면서 바람직한 몸, 도달해야 할 몸의 사이즈를 추구하는 일상화되고 의료화된 다이어트와 성형은, 단기적 이익과 생산 효율화를 위해 수많은 화학비료와 농약을 집중 투여하고, 몬산토 등 거대 다국적 농업자본의 GMO 기술을 결합하여 만든 세계적 규모의 단일경작과 같다. 커피, 콩, 옥수수 같은 단일 환금작물 재배는 엄청난 규모로 대지의 사막화와 염분 축적, 숲의 파괴와 물의 오염을 불러일으킨다. 이렇게 생태 위기에 신음하는 자연은 곧 거식증과 저체온증, 생리불순과 불임에 시달리는 젊은 여성들의 몸과 같다. 여성의 몸에 대한 폭력은 놀랍도록 지구 생태계에 대한 폭력과 같은 방식으로 이루어지고 있다. 생태적 다양성이 사라지고 거대 농업자본의 대량 이윤을 위해 획일적으로 통제되고 착취당하는 자연의 모습과, 다양한 몸이 부정당하고 획일적인 몸을 위해 성형 산업과 미용 산업의 전쟁터가 된 여성의 몸은 별개의 것이 아니다.

자연이 생명을 품고 기르고 순환하는 것은 곧 상호 연결된 수많은 관계의 망과 역사적으로 만들어져온 살아남기를 위한 협동 과정이기도 하다. 인간의 몸 또한 뼈와 근육, 뇌와 장기, 수많은 핏줄과 신경, 60조 개 이상의 세포가 서로 긴밀히 연결되어 있다. 인간의 생명 과정은 그 모든 것이 상호 연결되어 이루어낸 기적적인 협동의 결과물이다. 몸에 대해 배우면 배울수록, 느끼면 느낄수록 온전히 숨 쉬고 움직이는 매 순간이 이런 생명의 그물망과 협동이 낳은 기적과 같은 일이라는 것을 깨닫게 된다.

유례없이 빠른 시간에 고도 경제성장을 이루며 물질적 풍요를 이루어냈지만, 행복이나 자존감, 안정, 다양성과 존중, 협동이나 우정, 환대, 보살핌과 같은 우리의 삶을 지탱하는 기본 가치는 무한경쟁과 고립, 불안과 공포를 조장하는 후기 자본주의의 위력 앞에서 위협받고 있고, 그 한가운데에서 자연은, 여성의 몸은 상처입고 있다.

　　나는 여성의 몸에 대한 지배를 자연에 대한 가부장제의 지배와 연결시켜 파악하는 에코페미니즘적 관점과 저항적 실천이야말로, 상처와 고통으로 신음하는 여성의 몸을 치유하고 회복할 수 있는 시작이라고 믿는다. 그렇다면 자연 세계를 파괴하는 것과 같은 방식으로 이루어지는 여성의 몸에 대한 공격에 어떻게 저항해야 할까? 또한 그렇게 상처입은 우리의 몸을 회복하고 치유하기 위해 어떤 일들을 할 수 있을까?

다양성과 순환성이 내재하는 몸 알기, 느끼기

　　자본주의 소비사회 전쟁터에 내몰린 여성을 구출하기 위해서는, 우선 내 몸이 상품이나 기계가 아니라 역동적 존재로서 자연이라는 자각이 필요하다. 그것은 자연 세계, 생명과 순환 주기와 연결되어 있는 우리 몸을 바로 보고, 그 안에서 일어나는 순환과 변화를 알고 느끼는 일에서부터 시작된다. 그것은 곧 몸의 전일성(wholeness)에 대한 깨달음이다. 그러나 우리는 우리 몸에서 일어나는 생명의 역동성에 대해 둔감하고, 그 힘을 두려워하며, 그것을 통제하는 문화 속에서 살고 있다. 이렇게 몸을 통제하고 지배하는 문화에 대해 푸에블로 인디언 선주민이며 에코페미니스트 작가인 폴라 건 앨런(Paula Gun Allen)은 이렇게 묻는다(앨런, 1996: 100~101).

　　생각해 보라: 당신은 하루 몇 번씩이나 습관적으로 당신의 몸, 육체성 안에 있는 그녀를 부인하고 박탈하는가? 얼마나 자주 의도적으로 그녀를 움직이거나 쉬도록 하는 데서, 그녀가 먹고 마시고 싶어 하는 데서 폐기물을 제거하거나 숨을 쉬고자 하는 일에서 방해하는가? …… 얼마나 많은 그녀의 풍요로움을 거부하는가? 얼마나 자주 질병을 그릇

된 것으로, 고통을 비정상적인 것으로, 육체적 필요를 귀찮은 것으로, 간절한 갈망을 실패로, 식욕을 부정하는 것과 박탈을 정당한 일로 해석하는가? 얼마나 많은 방법으로 당신의 연약한 상처와 부드러움, 한계를 경험하기를 부인하는가? …… 얼마나 자주 당신 스스로 병약함과 나약함, 늙어가는 것, 뚱뚱해지는 것 등의 육체적 변화를 가엾고 경멸스럽고 피할 수 있는 것으로 해석해왔는가?

앨런이 말한 것처럼 외모 중심주의의 소비시장에 우리 몸을 내맡기는 것은, 바로 이런 육체에 대한 경멸과 학대, 육체를 관리하고 초월하려는 시도, 포르노그래피의 관음주의적 시선을 비판적으로 받아들이지 않고 그것을 용인하는 문화에서 기인한다. 최근 들어서는 육체의 자연적 변화를 수용하지 않고 뛰어넘으려는 '안티에이징'을 향한 욕망이 미디어 산업과 미용·성형 산업의 중요한 기반이 되고 있다.

또 다른 에코페미니스트인 수전 그리핀(Susan Griffin)은 이렇게 말하였다. "우리는 곧 자연이다. 우리는 자연을 보고 있는 자연이다. 우리는 자연이라는 개념이 있는 자연이다. 울고 있는 자연이고 자연에게 자연을 말하는 자연이다"(Griffin, 1978: 226). 여기서 '우리가 곧 자연'이라는 말은, 우리를 자연에만 고정시키고 자연에 꼼짝없이 순응해야 한다는 뜻이 아니다. 자연과 긴밀히 연결된 존재로서 그 생명의 힘을 느끼고 자연의 주기에 참여하는 자신을 인식하라는 것이다. 젊은 페미니스트들이 대안생리대운동을 하며 월경하는 몸이 당당하다고 주장하는 것은, 우선 여성의 몸을 불결하게 여기는 가부장제의 시선에 저항하기 위함이다. 그런데 에코페미니스트의 관점에서 한 걸음 더 나아가 보면, 그것은 달마다 생리를 하고 자연의 주기에 참여하며 변화하는 우리 몸을 긍정하고, 그것이 새로운 생명을 잉태하고 낳을 수 있는 몸의 창조적 과정임을 느끼는 일이다.

많은 페미니스트들이 제시하는 대로, 성형 및 다이어트 산업의 폭력에 맞서는 방법이 저마다의 몸을 긍정하고 나다운 모습에서 안정을 찾으며 나 자신을 사랑하는 것이라면, 그 전제로서 우리의 몸이 자연, 생태계와 긴밀히 연결되어 있다는 각성이 필요하다. 또한 생태계의 개성과 풍요로움과 아름다움을 이해하고 느끼는 지식과 감수성을 키워야 한다. 무엇보다 우리 여성 자신의 몸에 관한 지식을 구체적으로 배우고, 몸과 관련된 다양한 활동(다이어트, 화장, 옷 입기, 운동, 스포츠, 명상, 양생, 치료 등등)을 여성 주체의 시각에서, 생태적 시각에서 곰곰이 성찰해봐야 한다. 그것은 또한 장애를 갖게 된 몸, 쇠약해지고 늙어가는 몸 등, 우리 삶의 한계와 제약, 변화, 재생 과정에 있는 몸을 인정하고 소중히 여기는 일이 포함된다.

몸 치유와 양생 ― 스스로 보살피기

우리가 자연적인 동시에 역사적으로 형성된 몸 그대로를 받아들이고 주체적으로 몸을 느끼고 몸의 메시지를 듣는 일은 너무나 중요하다. 그것이 바로 여성의 몸과 여성의 삶이 지닌 창조성과 역동성을 회복하고 치유하는 중요한 출발점이다. 하지만 우리 자신의 몸에 대한 구체적인 지식을 배우는 것, 몸으로 하는 활동들, 특히 건강을 돌보는 활동 역시 의료 산업과 미용 산업에 의해 주체적이 아니라 대상화된 활동이 되고 있다.

요즘엔 초등학생 시절부터 내 몸을 '관리해주는' 산업에 얼마나 돈을 쓰는지가 부와 위신의 척도가 되었다. 연 회비 1억 원 이상을 호가하는 피부관리를 받았던 국회의원이 부러움과 질타를 받기도 했고, 몇천 만 원을 지불하는 종합정밀건강진단과 관리가 강남 부자들의 당연한 일상이 되었다.

원래 '관리받는다'는 말은 누군가의 지시와 통제를 받는다는 부정적인 뉘앙스가 강했는데, 요즈음엔 '어떤 의도와 요구에 부응하는 전문적 지식과 기술이 동원된 서비스를 받는다'라는 긍정적인 의미로 쓰일 때가 많다. 이렇게 '관리받는' 일에 대한 대중의 인식은 단순히 외모 가꾸기 열풍으로만 끝나지 않고 '몸'에 대한 총체적 관리로 한층 더 확대된다. 2012년 국민건강보험공단이 '관리받는 남과 여'라는 제목으로 만든 국가건강검진 캠페인 광고는 '관리받는다'는 대중적 유행을 모티프로 삼아, 건강검진을 받는 것이 시민의 상식이고 권리임을 알리려고 했다. 그렇게 '몸'을 둘러싼 담론들, 몸이 개조와 관리의 대상이 되고 '건강' 또한 전적으로 관리의 대상임을 호소하면서 몸, 특히 여성의 몸에 대한 과도한 의학적 개입을 사람들 스스로가 용인하게 만든다.

우리 몸을 관리받고 치료받는 기술, 즉 서구 의료 기술은 눈부신 발전을 이루었다. 평균 수명이 연장되었고 영유아 사망률도 낮아진 것은 사실이다. 하지만 한편으로는 현대 의학을 무기력하게 만드는 수많은 난치성 질환들, 암, 신경 질환이나 대사성 질환, 만성 퇴행성 질환 들이 늘고 있는 것도 사실이다. 각자도생의 경쟁사회는 높은 강도의 스트레스를 불러왔고 이것이 몸의 회복력과 치유력을 떨어뜨리고 있다.

현대 의료는 그 바탕을 이루고 있는 서구의 이원론에 따라 육체와 정신이 분리된 것으로 보고 육체의 질병을 국소적인 문제로 본다. 따라서 환자 또한 질병 치료의 내재적 힘과 지혜를 소유한 주체가 아니라 질병을 제거해야 할 대상으로서 기계적으로 파악해왔다. 이에 따라 우리는 건강을 살피고 지키는 주체가 아니라 고도의 의료 기술이 펼쳐지고 경연되는 대상이 되는 몸, 즉 의학적 처치가 이루어지고 '관리되는 대상'이 되어버렸다. 그래서 의료 기술이 발전할수록 의료에 의존하는 현상이 심각해진다. 몸에 이상이 오면 즉시 병원으로 달려가서 의사에게 치료를 부탁하지만, 정작 내 몸에서 일어나는 일의 원인과 질병의 정체는 제대로 알지 못한다. 마치 고장 난 부품을 교체하듯 몸을 내맡기는 데 익숙해졌고, 의사들로부터 질병에 대해 친절하고 자세한 설명을 들기란 쉽지 않기 때문이다.

　　몸에 대한 열정과 건강에 대한 관심은 어느 때보다 뜨겁다. 하지만 정작 우리는 내 몸속에서 일어나는 일들, 그리고 우리를 둘러싸고 우리에게 많은 영향을 미치는 환경의 위험 요인들, 우리 몸과 분리될 수 없는 정신과 몸의 상관관계, 우리의 몸을 규정하고 평가하고 영향을 주는 사회적 관계에 대해 깊게 성찰하지 못한다. 건강하게 잘 먹고 잘 살기 위한 '웰빙' 열풍이 불고 피곤한 사회에서 위로받기를 꿈꾸는 '힐링'이 대세이긴 하지만, 그 바탕에 깔려 있는 것은 '전문가의 관리'를 받기를 요구하는 소비주의. 웰빙을 위협하는 현실이나, 피곤과 스트레스로 우리를 아프게 하고 지치게 하는 몸을 둘러싼 환경에 대해 성찰하기보다는 전문적 기술의 힘을 빌려 어떤 상태나 결과를 빨리 획득하고자 하는 성급한 욕망이라는 것이다.

　　그렇다면 관리받는 여자, 관리받는 남자는 과연 건강한가? 관리받는다는 것이 곧바로 건강을 담보하는 길일까? 관리받는 몸이 의료와 미용 산업의 트렌드이자 슬로건이 될 때 그것이 곧 건강과 아름다움으로 가는 길이며 수단이라 여기는 태도를 이쯤에서 한번 되짚어봐야 한다.

　　1970년대 페미니즘의 물결 속에서 여성들은 그동안 여성의 몸을 열등하고 불완전한 것으로 여기고 여성의 몸을 부정하거나 남성을 위한 수단으로 보아왔던 가부장제 사회에 저항하면서, 여성의 몸을 대상화하는 병원 중심의 의료 시스템에 문제를 제기하고 여성이 전통적으로 가졌던 몸에 대한 경험과 지식, 지혜, 자율성을 알리고 존중하는 운동을 전개해왔다. 그 운동의 대표적 조직이었던 '보스턴 여성 건강서 공동체(The Boston Women's Health Book Collective)'의 대표적 구호는 "너의 몸을 알라(Know Your Body!)" "우리 몸, 우리 자신(Our Bodies, Our Selves)"이었고, 이를 통한 여성건강운동은 에코페미니즘을 문화운동으로부터 더욱 확장시키는 계기가 되기도 했다.

　　자본주의 소비사회, 남성 중심의 가부장제 사회에서 우리의 몸은 언제나 주체이기보다는 대상이었다. 그러나 우리는 스스로 상업화된 의료 기술에 우리의 몸을 내맡기거나 의존하지 않고 자연치유력을 발휘하게 하는 민중적·여성적 지혜, 예컨대 침뜸, 요가, 기수련, 약초 요법, 온열 요법 등을 찾아 실천할 수 있다.

생명이 원래의 모습을 온전히 드러내고 생기를 한껏 뿜낼 수 있기 위해서는 먼저 여성인 나 스스로가 자연과 연결되어 있는 존재라는 사실을 자각하는 일부터 시작해야 한다. 그리고 무엇보다 관리받는 사람이 되기보다 내 몸을 사랑하고 부지런히 보살피고 돌보는 일, 몸에 대한 경험과 지식, 지혜를 나누는 일, 그리고 그러기 위한 시간과 환경을 확보하는 일이 중요하다. 그것이 몸을 관리하고 개조하기 위한 수많은 몸 담론과 건강 담론, 그리고 그 실천 방법이 난무하는 이 소비주의 시대에 정말로 필요한 일이다.

대안 사회의 새로운 전망과 함께 상상하는 여성의 몸

거식증으로 고통스러워했던 고(故) 다이애나 영국 왕세자비의 심리치료사였던 수지 오바크는 저서 《몸에 갇힌 사람들》에서 이렇게 역설한다(오바크, 2011: 271~272).

우리는 몸을 당연한 것이자 즐거운 것으로 여길 수 있어야 한다. 몸에 새로운 육체성을 부여함으로써, 몸을 달성해야 할 열망이 아니라 우리가 깃들여 사는 장소로 바꿔야 한다. 몸에 대한 상업적 착취와 신체적 다양성의 격감을 막아야 한다. 그래서 우리와 아이들이 자신의 몸, 취향, 신체적 특징, 섹슈얼리티를 즐기도록 해야 한다.

그렇다. 지금과 같은 소비 전쟁터로 자신의 몸을 더는 내몰아서는 안 된다. 우리들은 저마다 다른 자연으로서 다양한 몸의 특징과 취향과 섹슈얼리티를 즐기고 축복하며 살아야 할 존재들이며, 그럴 권리가 있다.

우리 몸이 곧 자연이라 느껴지고 어떤 한 사람이 아름답고 사랑스럽게 여겨지는 것은, 보이는 순간의 외모가 아니라 그 속에 깃들인 시간과 관계맺음의 결과이다. 그리고 그것을 깨닫기 위해서는 내 숨을 느낄 시간, 나의 공들임과 관계맺기에 대해 자각하고 생각할 수 있는 절대적 시간이 필요하다. 획일적인 외모로 어필하는 것이 아니라 관계맺음 속에 자기 고유의 지식, 감성, 용기, 타인을 배려하고 사랑하는 능력이 곧 아름다움이라는 것을 알 수 있는 교양이 필요하다. 무엇보다 욕망과 아름다움, 친밀한 사랑을 추구하는 것이 자본주의 소비시장의 요구에 부응한 몸과 외모개조를 통해서는 궁극적으로 실현되기 어렵다는 것을 자각해야 한다.

이와 마찬가지로, 상처받은 여성의 몸과 파괴된 자연을 회복하기 위해서는 그것을 생각하고 돌보는 시간이 필요하고, 몸이 관계 맺고 살아갈 생태 자연과 구체적인 장소가 필요하다. 도가 지나친 지금의 소비문화와 경쟁사회에서 그 시간은 아득히 실종되어 있고, 우리가 긴밀히 관계 맺어야 할 '자연'은 레저와 관광 산업, 웰빙과 힐링 산업의 이윤을 위한 대상이 되고 있다. 또한 일상적 삶의 터전인 구체적인 장소들은 불안정한 일상 속에서 늘 유동적이지만, 더 이상 우리의 몸을 미칠 듯한 속도로 폭주하는 소비자본주의의 고속도로 위에 방치할 수는 없다.

수많은 이들이 전 지구적으로 이루어지는 자연에 대한 파괴와 그로 인한 기후변화, 증가하는 자연재해와 물, 토양의 오염으로부터 인간의 삶이 지속가능하려면 지금과 같은 소비자본주의 사회에서 벗어나 완전히 새로운 생태적 대안 사회를 고민해야 한다고 말한다. 그 새로운 사회에 대한 전망은 다양하지만, 마리아 미즈를 비롯한 에코페미니스트들은 '자급 중심의 사회'를 대안 사회의 모습으로서 제시하고 있다. 즉,

자연에 대한 지배와 여성에 대한 지배를 공고히 하는 지금의 약탈적 소비자본주의 사회로부터 벗어나 여성과 자연이 자신에게 내재된 풍요로움을 발현하는 사회, 이윤의 축적을 위한 경제가 아니라 삶을 지속시키고 순환시키기 위한 경제가 핵심이 되는 사회 말이다. 다시 말하자면 그 대안 사회란 여성들이 획일적인 몸 개조 프로젝트를 죽도록 수행해야만 살아남는 사회가 아니라, 몸이 가진 다양성과 창조성이 인정되고 실현되는 사회라 할 수 있다. 따라서 여성의 몸이 해방되고 치유되는 길은 결국 대안 사회에 대한 다양한 전망과 시도 안에 있을 수밖에 없다.

그렇다면 그 새로운 대안 사회를 꿈꾸면서 지금 우리가 할 수 있는 일은 무엇인가? 소비자본주의 사회가 강요하는 획일화된 몸에 자기를 맞추는 허망하고 어리석은 일을 과감히 하지 않는 것부터 시작해볼 수 있을 것이다. 그리고 교묘하고 집요하게 여성의 몸을 다이어트와 성형 산업의 전쟁터로 내모는 미디어를 향해 그 선동을 그만두라고 저항할 수도 있다. 연극이든 강좌든 토론회든, 다양한 몸들이 가진 아름다움을 표현하고 이야기할 수 있는 시간과 장소를 여기저기서 마련할 수도 있다.

여성의 몸에 대한 불안을 잠식시키고 상처 입은 내 몸에 치유와 평화를 가져오기 위해서 우리는 끊임없이 묻고 또 물어야 하며 다른 삶, 다른 사회를 상상해야 한다. 지금의 무한경쟁의 소비사회에서 벗어난 다른 삶이란 무엇인가, 그것을 위해 우리들은 우리의 몸을 어떻게 바라보고 어떻게 대해야 하는가, 대체 내 몸은 무엇인가, 하고 말이다.

참고문헌

• 앨런, 폴라 건 (1996), 〈내가 사랑하는 여성은 별; 내가 사랑하는 별은 나무〉, 아이린 다이아
  모드 외 편저, 《다시 꾸며보는 세상》, 황혜숙–정현경 옮김, 이화여대출판부.
• 오바크, 수지 (2011), 《몸에 갇힌 사람들》, 김명남 옮김, 창비.
• Griffin, Susan (1978), *Woman and Nature: The Roaring Inside Her*, Haper & Row.

좋은
삶을 위한
돌봄과
노동

사회적
살림을
위한
몇 가지
제안

이안소영 여성환경연대 정책국장

돌봄 빈곤의 시대

한국의 부모들은 하루에 고작 48분 동안 아이와 시간을 보내고, 그중에서도 아빠가 할애하는 시간은 겨우 6분에 불과하다. OECD에 가입한 34개 회원국의 평균인 '여성 151분'과 '남성 47분'에 크게 못 미쳐 맨 꼴찌다. 세계 어디서나 하루는 24시간인데 한국의 부모들은 어디에다 시간을 쓰고 있는 것일까? 어려울 때 의지할 친구나 친척이 있냐고 어른들에게 묻는 항목의 점수도 맨 꼴찌다. 자신의 건강에 만족하는지, 밤에 혼자 있을 때 안전하다고 느끼는지를 묻는 항목의 점수도 최하위권이다. 이것들은 모두 2015년 OECD 국가를 대상으로 삶의 질을 조사한 결과인데, 한마디로 우리 사회는 일상의 돌봄과 사회적 안전성이 취약하다 못해 실종된 상태에 가깝다.

모두가 저마다 돌봄이 부재한 시대를 우리는 매 시간 힘겹게 버텨내고 있다. 사람들은 아파도 쉬지 못하고, 힘들어도 터놓고 말할 사람이 없다. 우울증과 '컬러링북'으로 대표되는 힐링 문화가 널리 퍼지고, '피로 사회'를 이기려는 듯 1인당 커피 소비율은 세계 1위를 차지한다. 청소년의 학업 성취도는 세계 1위지만 청소년 자살률 또한 OECD 국가 중 1위다. 청춘을 다 바쳐 국가 발전을 위해 일했지만 이제는 생산을 담당하는 역할에서 멀어져 기댈 데 없이 빈곤하고 외로운 한국 노인의 자살률 역시 1위다. 티브이 속 '집밥' 프로그램과 주부를 자처하는 남자 연예인의 인기는 누구도 삼시 세 끼를 온전히 차려 먹을 수 없는 시대의 슬픈 '로망'을 반영할 뿐이다. (한국에서 1인가구가 차지하는 비중은 2014년 기준 26.5퍼센트로, 이미 전체 국민의 4분의 1을 넘어섰다.)

단시간에 이룬 경제성장은 눈부시지만, 아무도 행복하지 않은 이런 상황을 어찌하면 좋을까. 하루하루 버티고 살아남기에 바빠서, 오히려 생존에 필수적이라 할 '스스로를 돌볼 여유'조차 없는 우리. 스스로를 돌볼 여유가 없는 사람들이 만들어내는 전 사회적 돌봄의 빈곤과 공백 속에서 점점 더 심각해지는 '가진 것 없는 사람들'의 스산하고 피폐하고 외로운 삶을 어찌해야 할까. 성별과 연령에 관계없이 우리 모두에겐 전업 돌봄을 제공하는 누군가가 절실한 상황이다. 누가 돌봄의 책임을 더 크게 지고, 누가 돌봄을 더 많이 누리는가 하는 문제에 앞서 사회 전체가 돌봄 공백 상태라는 사실 자체가 가장 문제적일지도 모른다. 아무도 돌보지 않으려 하는 시대의 문제들을 해결하기 위해 우리는 함께 해법을 찾아야 할 것이다. 돌봄을 어떻게 조직하는 것이 좋은 방법이고 공평한지에 대해 사회적 동의나 공감을 얻지 못한다면, 돌보지 않으려는 유혹에 우리 모두가 더 쉽게 빠져들 것이다.

어떻게 해야 자기 자신을, 또 서로를 잘 돌볼 수 있을까. 우리의 시간들이 한층 더 풍요로운 온기와 생기로 채워지고 함께 행복해질 방법은 무엇일까? 빠른 경제성장과 높은 수준의 과학기술이 그 해결책이 될 수 있을까? 그동안 우리가 추구해온, 경제적 자립과 자율성을 핵심으로 하는 자유와 평등의 방향은 어떤가? 모두가 건강하고 행복하게 살아가는 사회를 꿈꿀 때, 돌봄과 살림은 지금과 다르게 실현될 것이고 그속에서 우리의 시간 활용 방식, 나 혹은 다른 존재와의 관계 맺기, 노동과 삶의 목표 역시 다르게 배치되고 전환되어야 할 것이다. 어디에서, 어떻게 그 새로운 패러다임의 전환을 시작하면 좋을까?

자연과 돌봄노동의 가치를 인정하지 않는 사회

언젠가 어느 강연회에 갔다가 인생에서 가장 의미 있는 선물이 무엇이냐는 질문을 받은 적이 있다. 청중들 가운데 많은 이들이 처음에는 친구가 준 소박한 기념품이나 직접 만들어준 산야초 효소 같은 물질적인 것을 말하다가 점차 우연히 얻은 휴식, 종교적 깨달음, 친구나 어머니의 사랑 등 물질적이지 않은 것을 얘기하는 답이 죽 이어졌다. 그때 누군가 답했다. 눈부신 햇살과 바람이 최고의 선물이라고. 앞서 최고의 선물이라고 답했던 효소, 기념품, 사랑 등도 이러한 자연의 선물이 있어야만 가능하다는 깨달음이 한순간에 강의실을 가득 채웠다. 평소에 인식하지 못할 뿐이지 세상에 존재하는 가장 중요한 것들은 자연이 '공짜'로 준 선물들이다. 물, 공기, 햇빛, 흙, 인간의 몸과 정신을 살찌우는 곡식들과 갖가지 채소와 과일 같은 것들 말이다. 이것들은 모두 대가를 바라지 않는 선물이었고 '공짜'였다.

사실 '공짜'라는 것은 '무가치한 것'과는 완전히 다른 의미를 가지고 있다. 아직 그 가치를 화폐로 평가받지 않았거나 특성상 화폐 단위로 가치를 측정하기 어렵다는 것을 뜻할 뿐이다. 하지만 모든 것에 가격을 매겨 상품으로 거래하기를 강요하는 자본주의 사회에서 가격을 매길 수 없는 것들은 모조리 가치가 없는 것, 무가치한 것으로 여겨진다. 비쌀수록 좋은 것이니 아껴야 하고, 공짜는 아끼지 않고 무한정 써도 괜찮다는 착각에 빠지기 쉽다. 우리는 오랫동안 시냇물과 뒷산의 나무들을, 강과 땅과 햇빛을, 잡초와 꿀벌을, 자연을 그렇게 대했다.

돈으로 사고팔지 않는 것들을 우습게 여기는 태도는 돈으로 사고팔지 않는 노동을 무시하고 폄하하는 태도로 이어진다. 특히 돌봄을 그렇게 보았다. 생명을 유지하기 위해서는 돌봄이 절대적으로 필요하고, 돌보는 사람이 있어야 인간 사회의 생존이 가능하다. 그러나 인간-남성과 자연-여성의 구별 및 분리를 통해 우월성을 확보해온 근대 이후 남성 중심주의 체제는 돌봄이 여성에게(만) 적합하고 자연스러우므로 여성만의 일이라고 강요했다. 그리하여 공/사 영역이 위계적으로 분리되고 노동에 성별 분업이 생겨남으로써 상품화된 임금노동 대신 가정과 공동체를 돌보고 살리는 여성의 노동은 공기나 물처럼 공짜로 구할 수 있는 자연 자원인 양 간주되었다. 흔하고 많다는 사실이 반드시 가치를 떨어뜨리는 것은 아니지만 자연의 선물처럼 흔한 노동은 가치를 생산하지 못하는 것으로 여겨져, 개인의 인생 설계와 국가 정책의 중요 순위에서 맨

밑바닥을 차지하고 말았다. 경쟁에서 뒤처지지 않고 살아남기 위해, 효율적인 시간 배치를 위해, 더 많이 소유하고 더 큰 규모로 키우기 위해 여성의 돌봄노동은 그렇게 취급되었다. 이렇듯 '공짜'로 인식된 노동과 그 노동을 하는 사람의 가치를 살리는 방법은 없을까.

노동/일/활동의 서열화에 숨어 있는 자본주의적 편견

임금노동만이 중요한 사회에서 모두가 일하러 간 사이, 방치된 돌봄의 틈새를 메우는 사람들의 '그림자 노동'이 있다.

예컨대 전업주부와 직장을 얻지 못한 청년, 노인, 자원 활동가, 예술가, 자급하는 소작농 들은 사회와 다른 사회 구성원들을 위해 보이지 않게 일하는 사람들이다. 이들은 가사, 육아, 가정 대소사 챙기기와 관계 유지, 이웃과의 교류, 다양한 자원 활동, 지역 사회 가꾸기와 같은 공동체를 위한 일을 한다. 동네의 자그마한 텃밭을 가꾸고, 아이들의 등굣길이 안전하도록 깃발을 들어 안내하고, 출근하는 부모를 대신해 매일 아침 어린아이들을 어린이집에 데려다주는 일을 한다. 갑자기 저녁 회의가 겹쳐 쩔쩔매는 맞벌이 부부를 위해 오갈 데 없어진 아이를 맡아주기도 하고, 힘들거나 슬픈 이들의 말을 들어주고 위로해주기도 한다. 이들은 일하러 나간 사람들이 메울 수 없는 공백을 차곡차곡 메우고 보살피는 일을 하는 사람들이다. 또 길거리나 카페에서 노래도 하고 다양한 문화 공연을 펼쳐 삶을 풍요롭게 하는 일도 한다. 그런가 하면 화폐로 교환되지 않는 농사를 지어 하루하루를 소박하게 먹고 살면서 논 습지를 지키고, 지구온난화를 막고, 씨앗과 먹거리와 문화의 다양성을 지키는 일도 한다. 직장에 얽매여 연대와 지지의 마음을 실천으로 표현하지 못하는 사람들을 대신해서 여주 이포보를 찾아가 '4대강' 파괴를 막는 데 힘을 보태기도 했다. '희망버스'를 타고 밀양으로 내려가 '할매들'에게 따스한 밥을 지어드리고 산 위의 천막을 지켰고, 광화문에 머물고 있는 세월호 유가족들을 위해 매주 수요일에 정성껏 도시락을 싸고 노란 목도리를 만들어 선물하기도 했다.

이런 활동들 속에서 우리는 돌봄에 대한 현 사회의 전제 속에는 상품을 생산하는 노동만을 '진짜' 노동이라고 여기는 자본주의적 편견이 숨어 있음을 깨닫게 된다. 상품을 생산하는 노동만을 '진짜' 노동이라고 강요하는 활동-일-노동의 위계적 이분법 속에서, 삶을 유지하고 생태계 파괴를 막고 슬픔을 위로하는 것과 같은 중요한 일/활동은 일반적으로 '노동'이라는 범주에 들어가지 못한다. 어느 누구에게도 고용되지 않고, 이들이 하는 일이 '상품'으로서 가치를 만들어내지도 않고, 성장의 척도인 GDP(국내총생산) 증대에 기여하지도 않기 때문이다. 그저 보살핌의 기질을 타고났거나 좋아서 하는 일로 치부하고, '열정 페이'나 사명감 혹은 보람으로 이미 보상을 받았다고 말한다.

현재의 경제 체제에서, 누군가의 활동이나 일이 중요한지 아닌지를 판단하는 기준은 사람들이 살아가는 데 얼마나 필요한 일을 하느냐가 아니라 이윤을 창출할 상품을 생산하느냐 아니냐에 달려 있기 때문에, 이들은 '집에서 노는 전업주부' '무능력한 실업자' '충분히 노력하지 않은 청년' '끊임없이 국민의 세금을 쏟아부어야 하는 노인'으로 전락하고 만다.

그러나 사실 이들의 노동은 어떤 면에서 보면 공유지 역할을 한다. 근대 이전에 공유지는 사유지를 갖지 못한 가난한 사람들을 구제하거나 공동체를 위한 재원으로 사용되었다. 문제는 공유지가 사라진 시대에 공유지 역할을 하는 노동의 향방이다. 노동으로 인정받지 못하는 활동이나 일을 하는 사람은 이런 사회에서 고도로 빈곤해질 수밖에 없다. 국가 내 혹은 국가 경계를 넘어 활개를 치는 자본과 이윤 추구를 방해하는 규제는 모두 '악'이라고 규정하는 신자유주의 체제 속에서, 사회는 더욱더 양극화되고 여성과 청년과 노인의 빈곤은 더 악화된다. 하지

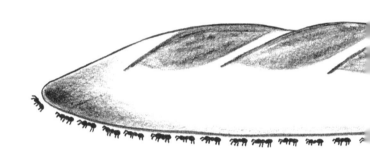

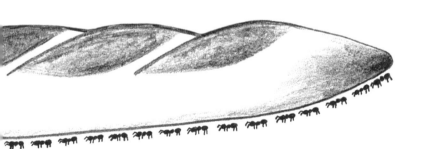

만 사회를 풍요롭고 안온하게 만드는 일, 생명을 안전하게 살리고 유지하는 일을 하는 사람이 빈곤한 건 부당하지 않은가. 사회 전체가 이런 활동의 중요성을 인정하고 지지하여 그것을 사회 제도와 문화로서 공식화할 때, 우리는 행복에 한 발짝 더 다가서지 않을까.

돌봄과 노동을 재배치하자

이제 더 행복해질 방법, 즉 우리의 시간 사용법이나, 다른 존재와의 관계 맺기 방법을 포함하여 우리에게 주어진 삶의 목표와 과정을 재배치하고 전환하는 것과 관련한 몇 가지 문제를 생각해보자.

먼저 노동 문제부터 살펴보자.

지역형 일자리, 시간제 일자리 확대는 성별 분업을 강화하는가? 여전히 정규직 중심인 일자리 정책 속에서 지역형 일자리, 시간제 일자리는 '현재로서는' 괜찮은 일자리가 아니며, 오히려 여성의 빈곤화를 가속화할 가능성이 있다. 현재 마련된 지역형 일자리나 시간제 일자리는 전문성을 인정받거나 고위직으로 올라갈 기회를 제공하지 못한다는 점에서 여전히 '남성=가계 부양자, 여성=가사·육아 전담자'라는 성별 분업 구도를 유지, 강화한다는 우려는 매우 현실적인 지적이다. 하지만 우리가 계속해서 지역형/시간제 일자리를 '당장의' 성별 분업 구도의 강화 혹은 약화라는 관점에서만 사고한다면, '일/노동'을 둘러싼 획기적인 전환과 대안을 적극적으로 상상하기가 어렵다. 지역형·시간제 일자리가 당장은 성별 분업을 어느 정도 유지, 강화할 수 있지만, 장기적으로는 집과 일터의 거리를 좁히면서 전체적으로 임금노동 이외에 쓸 수 있는 시간을 늘리는 데 기여할 수 있다. 그렇게 확보된 시간은 생존과 돌봄에 필요한 활동에 더 많이 쓰일 것이고, 여가를 늘리고 공동체 노동에 더 많이 기여할 수 있는 밑바탕을 마련해줄 것이다.

페미니즘은 여성과 남성을 사회적으로 평등하게 만들려는 데 그치지 않고 여성과 남성을 불평등하게 만든, 위계적 이분법에 뿌리를 둔 다양한 층위와 영역의 억압 기제를 해체시킬 것을 촉구하는 운동이다. 그러한 억압 기제들에는 공/사의 위계적 이분법, 즉 생산/재생산, 고용/자발적 노동, 중앙/지역·풀뿌리, 성장/머무름·멈춤, 근면함/게으름, 과학기술/핸드메이드, 개인의 자유/관계성, 화폐성/무료, 근대/전근대, 여성/남성, 인간/자연이라는 위계적 이분법 등이 포함된다. 그러나 위계적 이분법을 그대로 남겨둔 채 그 '너머'를 꿈꿀 수는 없다. 임금노동 중심의 산업자본주의를 극복하는 동시에 성별이라는 차이를 차별로 강요하는 구조에 균열을 내야만 우리는 자유로워질 것이다.

우리는 매일매일 움직이고 일을 한다. 우리에게 주어진 시간을 대체로 지배하는 일의 성격과 목표에 따라 우리 삶의 성격과 목표도 달라질 것이다. 그러므로 우리는 노동의 목표가 무엇인지 고민해야 한다. 노동이 극도로 불안정한 시대, 전원 부당 해고되어 높은 굴뚝에 올라가서 장기간 고공 농성을 하고, 하루 열 시간을 일해도 월 100만 원 정도 받고, 일하고 싶어도 취직할 곳이 없는 젊은이가 넘쳐나는 시대에 노동의 목표가 무엇인지 묻는 것이 한가하게 들릴 수도 있다. 하지만 노동의 목표를 묻지 않고 다만 '괜찮은 일자리'나 '품위 있는 일자리'를 말할 때, 현 사회 체제가 가진 문제들은 반복적으로 재생될 것이다. 원자력 발전소나 송전탑을 세우는 노동자는 그 직업적 안전성과 근무 환경 개선 등을 염두에 두지만, 다른 한편 자신의 건강뿐 아니라 타인과 지구생태계의 건강과 생명을 담보로 하는 노동이라는 목표에 대해 고민할 수밖에 없다. 과연 내가 하는 노동은 생명을 돌보고 살리는 일인지, 온종일 상품을 생산하는 데 쓰는 사회를 바꾸려면 무엇이 필요한지, 이를 사회적으로 확대하기 위한 방법은 무엇인지, 우리 모두가 생각해봐야 한다.

우리는 또한 개인 차원이 아니라 사회 전체 차원에서 노동의 목표를 바로잡아야 한다. 마땅히 성평등을 성취해야 하지만, 자본주의 체제 속에서 생산 영역으로 들어가는 것이 아니라 사회적 살림과 돌봄을 충분히 펼치는 것을 그 기준으로 삼아야 한다. 에너지를 낭비하고 자원을 고갈시키는 고비용 구조에서 누리는 인간만을 위한 자유, 혹은 '자기만의 방'이 아니라 다른 생명과 더불어 사는 것을 통해 얻는 평화로운 공존의 자유에 대한 정의도 필요하다. '다른 평등'과 '다른 자유'가 '다른 노동'을 가능하게 할 것이다.

'다른' 노동, 사회적 살림을 위한 몇 가지 제안

독일의 에코페미니스트 마리아 미즈는 《에코페미니즘》, 《자급의 삶은 가능한가》 등에서 '자급의 관점'을 제안한 바 있다. 그녀가 제안하는 자급의 관점은 상품이 아니라 삶을 생산하는 것을 목표로 한다. 다시 말해 인간이 가지고 있는 여러 가지 기본적인 욕구를 상품이 아니라 일, 활동, 노동을 통해 직접 해결하자고 제안한다. 도로나 원전을 건설하거나 다른 우주를 찾아나서는 일이 아니라, 다른 존재나 공동체를 착취하지 않으면서 소박하고 평화롭게 살아가는 것이 중요하다는 주장이다. 이 관점에서 경제 활동의 목표는 익명의 시장에서 산더미 같은 상품과 화폐(임금 혹은 이윤)를 점점 더 많이 만들어내는 것이 아니라, 생명 창조 또는 생명 유지가 된다.

구체적으로 예를 들어 이야기해보면, 내가 사는 마을에서는 생활협동조합(이하 '생협')을 중심으로 여성들이 '생활응원사업'을 벌인다. 집에 아픈 사람이 생겼을 때 출근하는 사람을 대신해 병원에 데려주기도 하고, 갑자기 서울 사는 자손들의 집에 올라오신 부모님을 마중 나가기도 하고, 어린이집 회의에 참석해야 하는 부모들을 위해 아이들을 돌봐주기도 한다. 이러한 돌봄은 돈을 받는 서비스로 제공된다는 점에서 상품의 한 종류이지만, 돌봄을 제공하는 사람들이 가까운 동네에 사는 여성들이어서 교통비나 시간이 훨씬 적게 들어간다. 따라서 필요한 돌봄을 제공하는 사람과 제공받는 사람이 이 돌봄을 구매하기 위해 추가로 들어가는 석유·화석 에너지와 노동의 양을 줄일 수 있다. 이런 면에서 이웃이나 마을 공동체 내에서 이루어지는 돌봄은 생태적이고 인간적이다.

마을에서는 어린이집과 학교를 중심으로 부모들과 아이들이 일상적으로 만나서 함께 놀고 밥 먹으며 돈독한 관계를 쌓아간다. 아이들은 주말이면 친구네 집에 서로 밤 마실(나들이)을 오가기도 하는데, 그러면 맞벌이 부부도 화폐로 대가를 지불하지 않은 재충전과 휴식을 얻을 수 있다. 일반적인 경우에는 이런 돌봄에 대한 대가를 화폐로 지불해야 할 테고 그 돈을 벌기 위해 더 많은 노동을 해야 할 것이다.

내가 속한 마을 공동체에서 있었던 또 다른 일화로 한 초등학생이 마을 '방과후 신문'에 그린 네 컷 만화가 떠오른다. 첫 번째 칸에는 그 여자 아이도 아는 어떤 다섯 살짜리 아이의 엄마가 아이를 잃어버렸다며 다급해 하는 모습이 그려져 있고, 두 번째와 세 번째 칸에서는 서로에게 전화를 걸어 "○○아, △△ 봤니?"를 두세 번 반복한 끝에, 네 번째 칸에서 아이를 찾는 장면으로 구성된 만화다. 이 만화의 제목은 '우리 마을이 좋은 이유'였다. 이처럼 마을에 얼굴을 아는 사람이 많을수록 안전과 보살핌이 더 잘 보장될 것이다. 어떤 사람들은 어린이집과 동네 곳곳에 더욱 조밀하게 CCTV를 설치하면 안전이 확보될 거라고 주장한다. 하지만 이렇게 확보되는 안전은 치러야 할 대가 또한 만만치 않다. CCTV는 사생활 감시와 개인정보 노출 위험성이라는 문제를 낳기도 하지만, 더 많은 CCTV를 만들기 위해 더 많은 금속을 광산에서 캐야 하는 등 자연을 파괴한다. 이렇게 만든 기계를 수송하기 위해 석유·화석 연료를 추가로 사용해야 하고, 사용한 후에 그것을 폐기할 때에도 환경을 오염시킨다. 반면에 사람과 관계를 통해 확보되는 안전은 동네 사람들이 하루하루를 살아가며 정을 나누는 활동으로 얻어지고 지속된다.

내가 사는 동네에서는 아이를 둔 가족뿐 아니라 20~30대 젊은 이들, 혼자 사는 사람들이 공동주택에 모여 살면서 공동체를 실험하고 있다. 이들은 공동거실과 공동주방을 통해 서로를 돌보며 인근에 사는 아이-부모로 구성된 가족들과도 교류한다. 이 공동체의 구성원들은 누구나 만만하게 즐기고 누리는 문화·예술을 지향하며 노래와 연주 모임을 열고, 타로를 가르치고, 핸드메이드 가방을 만드는 공방도 운영한다. 이미 형성된 가족 중심의 공동체에 '1인생활자'가 스며드는 일이 쉽지는 않지만, 각자가 가진 재능과 자원을 마을 안에서 순환시키고 소통하면서 마을의 일원이 되어가고 있고, 차츰 자신이 살아가는 장소의 구체성을 얻고 있다.

우리가 원하는 돌봄이 오랜 세월 함께 살아온 친구나 이웃, 가족이라는 관계와 공간을 떠나 전혀 모르는 사람들과 매일 함께 시간을 보내고 익숙지 않은 음식과 잠자리가 주어지는 요양원이나 돌봄시설에서 누리는 돌봄일까?

나는 돌봄의 '사회화'는 필요하지만 개별 가정에서 공적 장소로 이동하는 공간적 측면에서의 사회화보다는 가치를 공유하고 확산시키는 사회화를 좀 더 진지하고 열린 마음으로 이야기해야 한다고 생각한다. 당장은 국공립 어린이집, 요양시설 등이 늘어나 빈부의 차이에 따라 돌봄을 받을 권리마저 차별받지 않도록 보장하는 국가 정책이 필요하다. 하지만 돌봄을 둘러싼 우리의 불행을 덜어내는 해법은 공공시설을 늘리는 일만으로는 충분치 않다. 개인과 가정의 보살핌을 어떻게 공식적인 사회 정책으로 기획하고 디자인해야 할지, 다시 말해 경제적·문화적·사회적 제도 안에서 어떻게 지지하고 지원해야 할지 적극적으로 고민해야 한다고 생각한다. 인간이 필요로 하는 모든 돌봄을 상품 구매와 소유를 통해 얻는 것이 삶의 질 개선이며 발전이라고 여기던 고성장 시대의 개인 전략과 사회 정책은 이제 효용성도 없다. 이와 관련하여 근래에 많은 이들의 이목을 끌고 있는 노동 시간 단축 논의, 모든 국민에게 일정한 금액의 생활비를 지급하는 시민배당(기본소득) 제도 제안 등이 돌봄과 살림의 가치를 복원하는 에코페미니즘적 가능성과 어떻게 만날 수 있을지 정교하게 검토하여 실천을 고민해야 할 것이다.

또한 우리가 살고 있는 사회를 돌봄과 살림의 가치를 중심으로 재구성하려면 돌봄 관련 정책이나 복지 정책뿐만 아니라 노동과 경제를 새롭게 정의해야 한다. 우리가 계속해서 자본주의에서 노동 중심 사회의 일원으로서만 살아간다면 나와 타인과 생태계 전체를 돌보기도 살리기도 어렵다. 자본주의 경제와 임금노동이 중심인 사회의 한계가 무엇인지 고민하고 사회 전반적으로 패러다임을 다시 짜야 한다. 구체적으로 예를 들어보자. 나이가 들어서도 '얼굴을 아는' 관계 속에서 의식주를 해결하고 일도 하고 싶다면 '동네형 일자리'를 알아볼 수도 있다. 또 소비 수준을 낮추어 단순하고 소박하게 사는 게 목표라면 작은 규모의 공동체에서 자급 수준을 높이면서 살 수도 있다. 마을 공동체 관계망에서 나오는 돌봄과 문화 활동, 각종 배움과 감정적 지지가 무료가 되면 적은 소득으로도 얼마든지 살아갈 수 있을 것이다. 또 《반농반X의 삶》의 저자 시오미 나오키가 주장하는 것처럼, 기본적인 생존과 생계는 적정 규모로 농사를 지어 유지하고, 지역 공동체가 필요로 하는 일, 혹은 자신이 재능이 있거나 좋아하는 일을 구하는 것도 한 가지 방법이다.

그동안 '맞벌이'라는 말은 상품 생산 및 상품 생산에 대한 기여를 중시하는 임금노동 시장에 진입할 것을 여성과 남성 모두에게 권하는 사회를 대표하는 용어였다. 그러나 이제는 맞벌이가 아니라 '맞돌봄'과 '맞살림'이 필요한 시대다. 맞돌봄과 맞살림은 여성과 남성을 포함한 사회 구성원 모두에게 돌봄과 살림의 책임 및 권리가 있음을 의미한다. 즉, 한 가구 단위 내 여성과 남성이 가졌던 역할 분담에서 탈피하여, 사회 전체가 성별 역할 구분 없이 돌봄과 살림의 가치를 운영 원리로서 지향하고 그것을 구체적인 정책으로 펼쳐야 한다는 뜻이다. 이것이 바로 자급의 정치다.

이러한 새로운 돌봄과 살림의 개념에서는 인간뿐 아니라 뭇 생명과 자연 생태계까지 그 대상에 포함되어야 한다. 맞벌이가 아닌 맞살림의 관점으로 세계를 다시 바라볼 때 자연과 인간, 여성과 남성 모두가 서로를 살리는 맞살림이 실현될 것이다. 맞살림과 맞돌봄은 임금노동 중심 사회에서 돌봄 중심 사회로의 전환을, 인간 중심에서 생명 중심으로의 전환을 제안한다. 이것이 모두를 살리고 행복하게 할 것이라고 나는 확신한다.

우리는 상품을 생산하는 사람이 아니라 직접 돌보는(살려내는) 누군가가 반드시 필요하다는 점을 전제로 노동을 재배치해야 한다. 돌보고 살리는 노동과 사람의 가치가 사회 전체적으로 공유되고 지지를 얻을 때, 뭇 생명체를 살리는 자연 생태계, 우주 전체에 대한 경외감과 상호 의존성 역시 선물처럼 복원되리라고 나는 믿는다.

2

스물네
계절의
제주를 살다

비혼 여성
1인가구의
제주귀농표류기

라봉 농부

언젠가부터 30대 비혼 여성으로 사는 것에 대해 여기저기서 이야기를 했다. 그땐 서른 초반이었는데 어느덧 내 나이 서른여덟. 봄날이 무심히 가는 듯도 하고 이제야 봄다운 봄을 살고 있는 듯한 기분이기도 한데, 돌아보니 이제 30대로 살 날도 그리 많이 남지 않았음을 깨닫는다. 그러면서 또 나의 20대는 어땠나 하고 돌아보니 몇 년 주기로 큰 변화가 있었다. 생각의 변화가 삶을 바꾸기도 했고, 때론 삶이 변하다 보니 생각이 바뀌기도 했다.

대학을 졸업할 무렵 어떻게 살아야 할지 고민이 되었다. 무엇을 해도 무엇을 안 해도 용서되는 '학생'이라는 신분증을 반납해야 할 때. 그동안 배운 것도 써먹고 돈도 제대로 벌어야 할 것 같았다. '어른'이 된다는 건 내게 그런 걸 의미했다. 독립과 자립. 용돈이나 아르바이트비가 아닌, 따박따박 월급을 받는 삶. 경력을 쌓아가고, 연봉을 올려가고, 휴가 때는 외국으로 여행을 떠나고, 알뜰하게 월급을 모아 적금도 붓고, 푼돈이 목돈이 되면 차도 사고 집도 사고, 서른 초반쯤엔 결혼도 하고, 아이도 낳고. 전업주부로 살다 남편이 먼저 세상을 떠난 후 경제적으로 불안정해지고 심리적으로 위축되어 보였던 엄마를 떠올리며 '결혼해도 일은 절대 그만두지 말아야지', 이런 생각들을 했더랬다.

첫 직장은 작은 광고 회사였다. 어차피 매이는 직장 생활을 해야 한다면 조금이나마 자유롭고 창의적인 일을 하고 싶은 마음에 문을 두드린 곳이었다. 전공자도 아니고 광고와는 완전히 무관한 삶을 살던 나였지만, 사람들의 마음을 건드리는 카피를 쓰는 건 잘할 수 있을 것 같았다. 첫 월급과 첫 명함은 달콤했다. 첫 월급으로 가족들에게 줄 선물을 사고, 가까운 친구들에게 밥을 사고, 나를 위해선 그동안 갖고 싶었던 20만 원짜리 아날로그 라디오를 샀다. 사적인 자리든 공적인 자리든, 명함을 주고받는 재미도 쏠쏠했다. 하지만 월급과 명함의 '약발'은 딱 3

년. 반복되는 야근과 철야가 피로와 무력감을 가져왔다. 대단히 재미있거나 자유로운 일을 하고 있지도 않고 엄청나게 많은 돈을 벌고 있는 것도 아닌데 왜 이리도 내 삶은 회사 위주로만 돌아갈까? 너무 많은 시간과 에너지가 일에만 집중되고 있었다.

퇴근 후 마음 편하게 약속 하나 잡지 못하는 날들이 쌓여가고, 분명 '주 5일 근무'라고 연봉 계약서에 쓰여 있건만 주말도 사라지고, 간혹 쉴 틈이 생기면 잠만 자는 나를 발견했다. 점점 재미가 없어지는 일상을 어찌해야 할까. 문득 조금만 일하고 싶다는 생각이 들었다. 필요한 만큼 돈을 벌 수 있는 일과, 일하지 않는 동안 일상을 가꾸고 누릴 충분한 시간이 필요했다.

그러던 중 우연한 기회로 '여성환경연대'라는 시민단체를 알게 되었다. 주 3일 근무에 반상근직이라는 매력적인 근무 조건에 마음이 동해, 완전히 낯선 세상과의 만남이 시작되었다. 20대에서 40대 사이의 여자들 열 명 남짓이 작은 사무실에 모여 아기자기하고 섬세하게 관계를 맺어가며 일을 하는 게 신선했다. 생태, 텃밭, 토종씨앗, 귀농, 유기농, 적정기술, 슬로라이프, 핸드메이드, 환경, 페미니즘, 에코페미니즘, 시민운동 같은 다양한 키워드와 직간접적으로 만나고 꿈꾸게 한 곳이다. 그곳에서 짧고도 긴 2년의 시간을 보내고 나니 내 나이 서른하나. 마침 긴 연애가 끝이 났고, 전국을 휩쓸었던 펀드 대란에는 내 작은 종자돈도 포함되어 있었으며, 나는 갑작스레 사표를 던졌다. 짧은 엇박자의 시차가 있긴 했지만 이 세 가지 일이 쓰나미처럼 몰려온 그때부터 나는 적잖이 흔들렸던 것 같다. 소속감과 월급을 주는 일터, 지속적인 관계 안에 머물게 하는 연애, 거창하진 않았어도 나를 감싸던 이런저런 외피들을 벗고 나니 오롯이 나란 존재가 깃털처럼 가벼워 좋기도 하고 무한히 주어진 시간과 자유 앞에서 막막하기도 했다.

20대의 아홉수를 진하게 넘기고 맞은 서른하나, 30대. 상상하던 것보다 단단하지도 무겁지도 않더라. 하기야 시간이란 연속적인 것인데

앞에 붙은 숫자가 늘어난 게 무슨 의미가 있겠나. 갈대처럼, 풀잎처럼 낭창낭창 잘도 흔들리던 그 시절, '빈집'이란 공간은 내게 좋은 놀이터였다. 여성환경연대라는 단체가 변화의 씨앗을 던져주었다면, '빈집'은 그 씨앗들을 거두어 심고 싹 틔운 곳이랄까. 그곳에서 만난 친구와 '자전거 메신저 네트워크'를 하며 서울 구석구석을 누볐고 정말 원 없이 자전거를 탔다. 지렁이 상자도 처음으로 나눠 받았고, 귀농운동본부에서 배우고 분양받아 경작했던 다섯 평 남짓 텃밭 농사를 넘어 본격적인 주말 농사, 더 나아가 친구들과 서울 근교에서 700여 평의 밭과 집을 빌려 '빈 농사쟁이들'을 꾸려 각자 '반농반X'를 실행해보기도 했다. (서울 용산구 해방촌에 있는 '게스츠하우스(guests' house) 빈집'은 남산 자락에 위치한 공동주거 및 대안마을 공동체다. 2009년, 남산3호터널 입구에 있던 '아랫집'을 시작으로 '옆집' '공부집' '계단집' '하늘집' 등 수많은 집이 생기고 사라져가며 오늘도 '변태' 중이다. 함께 놀고 공부하고 살며 다양한 방식으로 삶을 공유하는 친구들이 모이고 흩어진다. 지금은 공동주거와 더불어 마을카페 '해방촌빈가게'와 마을금고 '빈고'도 운영하고 있다. '자전거 메신저 네트워크'는 '빈집'을 처음 시작했던 지음이란 친구가 2009년에 시작한 자전거 택배 서비스다. 자전거로 세계 일주를 하고 돌아와, 자전거로 밥 벌어먹고 살 수 있는 일을 궁리하다가 시작했다고 한다. '오토바이 퀵'의 대안으로 시작한 일로, 그는 자전거로 서울 곳곳을 누볐다. 물건도 옮기고, 사람도 옮기고, 마음도 옮기고……. 2년간 활동하다가 현재는 중단된 상태다. '빈농사쟁이들(빈농으로 줄임)'은 '빈집'에서 만난 마음 맞는 친구 넷이서 고양시 화전에서 터를 잡은 공동주거 겸 공동경작(도시농업) 모임이다. 상주하는 사람들 외에도 몇몇 친구가 단기간 함께 살거나 주말에 함께 농사를 짓기도 했다. 삶의 변수가 많은 30대가 모인지라 1년 만에 해산했다.)

　　그렇게 도시 안에서, 도시 주변에서 대안을 찾다가 예상보다 빨리 서울을 벗어나게 된 건 뜻밖에 일어난 작은 교통사고 때문이었다. 다행히도 트럭과 자전거의 경미한 접촉 사고였지만 퇴원 후에도 몸보다 마음이 예전 같지가 않았다. 전처럼 겁 없이 자전거로 도로 위를 씽씽 달릴 자신도 없어졌을 뿐 아니라 우울한 기운이 온몸을 휘감았다. 말이 줄고 이유를 알 수 없는 눈물이 가득 고였다. 그렇게 한동안 전에 없이 가라앉아 바닥을 치더니 살 만한 기운이 조금 돌자, 좀 더 준비되면 내려가려던 시골행이 바짝 앞당겨졌다. 더는 도시에 머물 이유를 찾지 못했고, 막연하게나마 내 한 몸 기댈 곳은 땅밖에 없는 것 같다는 생각이 들었다. 그땐 정말 그랬다.

바람과 돌과 여자들의 땅, 제주로 왐수다

이주할 곳을 물색하면서 애초에 생각했던 곳은 우리나라 남쪽 끝자락에 위치한 전라남도 강진이었다. 흙빛마저 검붉은 황톳벌의 전라도이니 땅은 당연히 기름질 테고, 혼자 내려살 계획이어서 지인이 먼저 내려가 농사지으며 정착해 살고 있다는 점만으로도 든든해지는 곳이었다. 하지만 최종 선택은 바다 건너 제주도, 그것도 혼자가 아닌 여럿이. '빈농'에서 두어 달 함께 살았던 친구의 제주행 이야기를 처음 들었을 때만 해도 마음의 동요가 전혀 일지 않더니 친구를 제주로 떠나보낸 그날 밤, '제주'라는 단어에 다시 불이 켜졌다. 제주에 가면 농사와 물질을 함께 하며 '반농반어'를 할 수 있을 거라던 친구의 말이 윙윙 귓가에 맴돌았다. 물질은 곧 바다 수영. 매일매일 바다에 들어갈 생각에 심장이 두근거렸다. 생각은 불길처럼 번져 '제주는 비교적 평평하니까 자전거 타기도 좋겠구나'에까지 미쳤다. 빈농에서의 공동주거, 모둠살이에서 쌓였던 피로감과 혈혈단신 가벼이 내려가고 싶었던 마음도 어느새 사라지고, '그래, 함께라도 좋으니 제주에서 한번 살아보자' 싶었다. 일주일 뒤, 나는 차디찬 겨울 바닷바람의 거친 인사를 받으며 제주 땅을 밟았다. 먼저 내려온 두 친구가 그사이에 집을 구해놓아서, 그렇게 얼떨결에 제주 동쪽 끝 마을의 작은 시골집에서 서른 언저리의 여자들끼리 모둠살이가 시작되었다.

중고 가게에서 가스레인지를 사고 친구의 친구가 쓰던 냉장고를 이어받고, 친구 어머니가 안 쓰는 압력밥솥과 냄비를 보내주시고, 그밖에 자잘한 살림살이들을 얻고 주웠다. 산책을 나서면 돌아오는 길에 늘 양손 가득 무언가가 들려 있었다. 수확이 끝난 밭에서 주운 무나 감자라든지, 쓰레기 분리수거함에서 찾아낸 세간, 재활용 의류함에서 건져 올린 훌렁한 바지 등등. 무언가가 필요하면 구해지고 얻어지는 게 신기했던 나날들. 2011년 1월, 어느덧 내 나이 서른셋이었다.

그때만 해도 이주 열풍이 부는 지금과 달리 육지에서 살러 내려오는 젊은이들이 거의 없던 터라 농사지으며 살러 내려온, '젊은 여자 아이들'인 우리를 보는 시선은 대견함 반 신기함이 반. 동네 어른들이 보시기에 결혼 안 한 우리는 나이가 서른이 넘었는데도 여전히 어른이 아닌 아이였다. 제주에서는 뭍에서 온 사람들을 향한 텃세가 유독 심하다는데 워낙 가진 것 없이 와서 그런지 경계심이 전혀 느껴지지 않았다. 하지만 집과 달리 밭은 쉬이 구해지지 않았다. 사전 준비와 조사 부족, 용기와 무모함만으로 내려와서 보니 제주의 땅 값, 밭세가 너무 높았다. 전혀 예상치 못했던 일이라 난감했다. 땅 구하는 건 잠시 접어두고 생활비도 벌고 현지 농업 현실도 익힐 겸 남의 밭으로 품일을 다녔다.

해 짧은 겨울, 새벽 6시에 별 보며 집을 나섰다가 다시 어둑해진 저녁 6시가 되어서야 집에 돌아오는 생활이 이어졌다. 몸에도 손에도 익지 않은 날것의 일들을 닥치는 대로 하느라 집에 돌아오면 온몸이 녹초가 되고 방바닥에 머리만 대면 곧바로 곯아떨어졌다. 일 못한다는 소리 듣지 않으려고 몸 사리지 않고 손이고 얼굴이고 흙투성이가 되도록 온종일 일하고 손에 쥐어진 돈은 일당 4만 5000원. 날품을 팔면 그날그날 돈을 받는다. 통장에 숫자로만 찍히는 월급에 익숙하다가 빳빳한 만 원짜리 몇 장을 매일 현금으로 받는 일당 노동을 해보니 그날의 노동이 바로 돈으로 환산되어 신기하기도 했고, 몸의 고단함에 비해 대가가 적다는 생각도 들었다. 그리고 머리보다 몸 쓰며 살고 싶었던 바람이 낭만으로 가득 찬, 현실성 없는 생각이었구나 싶었다.

　　그런데 원래도 손발이 찬 편이었던 나는 어느 날 자고 일어나 보니 손가락 마디마디가 퉁퉁 부어 주먹이 잘 쥐어지지 않았다. 경미한 동상이 동반된 손가락 관절염. 몇 년도 아닌 몇 주 만에 나타난 증상이라니……. 부끄러웠다. 그렇게 웬만큼 밭일의 매운 맛을 보고 있던 차에 혜성처럼 나타난 여성농민회 언니들. 생각지도 못했던, 하지만 너무도 반갑고 고마운 인연이 시작되었다.

　　예전에 다큐멘터리 영화 〈땅의 여자〉(권우정 감독, 2009)를 재미있게 본 적이 있긴 했다. 하지만 농사와 육아에 가사노동은 기본이고 여성농민회 활동까지 빈틈없이 해내는 주인공 언니들의 '농촌 버전 수퍼우먼식 삶'은 내가 그리던 '구멍 송송 뚫린 현무암' 같은 시골 생활과는 꽤나 먼 거리가 느껴졌나 보다. (농민운동을 하기 위해 농촌으로 들어가 농사지으며 살아가는 씩씩한 세 언니의 모습은 멋지면서도 일상이 너무 빡빡하고 가부장적인 관계가 개선되는 모습이 보이지 않아 조금 불편했다. 고령화가 점점 극심해지는 농촌에서 평등한 동반자적 남녀 관계를 기대한 것 자체가 과한 욕심이었을지도…….) 하지만 정착 초기에 만난 제주의 여성농민회 언니들은 제주판 '땅의 여자들'인 한편 솔직·담백하면서도 관용적인 사고를 가져서, 외모와 생각뿐 아니라 삶을 대하는 태도까지 그들과는 결이 다른 우리들을 따뜻이 품어준, 정말 언니다운 언니들이었다.

　　이 언니들과 관계를 맺은 뒤부터 우리들의 힘만으론 어찌할 수 없던 일들이 하나둘씩 풀렸다. 먼저 묵은 것이나마 작은 밭들을 얻을 수 있었고, 언니들과 다니다 보니 자연스레 지역에서 농사짓는 분들과 낯을 익히게 되었다. 계약 기간이 끝나 새로 집을 얻어야 했을 땐 한 언니의 친척 집을 거의 공짜나 다름없이 빌릴 수 있었다. 존 러스킨의 《나중에 온 이 사람에게도》에 담긴 정신을 몸소 실천이라도 하는 듯, 언니들은 우리에게 도움이 필요한 순간마다 크고 작은 도움을 주었다. (영국이 낳은 19세기의 위대한 사상가이자 예술비평가 존 러스킨은 이 책에서 인간이 추구해야 할 유일한 '부'는 '생명'이며, 그것을 얻기 위한 선결 조건은 '정직'과 '애정'임을 일깨워준다. 일반 경제학에서는 찾아볼 수 없는 '도덕' '정직' '애정' '신뢰' '영혼' 등이 핵심 키워드.)
종종 언니들의 농사일이 급하고 일손이 부족할 땐 반대로 우리들의 고사리손이나마 언니들에게 작은 보탬이 되기도 했다. 관계에 의해 일상이 굴러가는 경우가 도시에서보다 훨씬 더 많은 곳이 시골. 바쁜 농사일 짬짬이 '해군기지 반대투쟁'을 위해 함께 강정 마을에 가고, 풍물패 소모임을 꾸리고, 밤늦게 모여 자유무역협정(FTA) 반대 현수막과 피켓을 준비하고, 토종씨앗 실태 조사를 위해 집집마다 찾아다니며 씨앗을 구하고……. 그렇게 함께하는 하루하루가 쌓이고 함께 먹은 밥그릇 수가 늘어가면서, 서로의 일상이 자연스레 섞이고 어느새 언니들과 긴밀한 관계 속에 들어가게 되었다. 아무런 연고 없이 내려왔다가 아주 친밀한 이웃이, 좋은 의미의 가족 같은 언니들이 여럿 생긴 건 제주가 준 가장 큰 선물이리라.

시골에서 비혼 여성 공동체 또는 1인가구로 산다는 것

올해로 제주살이 6년차. 내 나이 서른여덟. 하릴없이 먹는 나이만큼 한 해 한 해 더해지는 연차가 부담스럽게 다가온다. 스스로 설정한 몇 년째, 몇 년차에 대한 기대와 대조적으로 여전히 어설픈 빈틈과 단단히 내리지 못한 뿌리에 대한 불만일까. 사실 6년 전 서울에서 제주로 내려온 것만도 큰 변화였다. 어느 날 갑자기 새로운 환경에서 안팎으로 새로운 사람들과 새로운 관계를 맺어가며 새로운 일을 하며 산다는 건 꽤 신나고 설레는 한편, 그만큼 긴장을 요구하는 일이었다. 아마도 잘 적응하고 잘 살려고 알게 모르게 애를 많이 썼던 것 같다. 제주에 내려와 첫해는 넷이서, 2년차에는 셋이서, 둘이서, 그리고 3년차부터는 혼자 살았다.

과연 혼자서도 이 시골 마을에서 살아갈 수 있을지 스스로도 의문을 품으며 도전하듯 살던 때가 바로 엊그제 같은데, 이제는 함께한 시간보다 혼자 보낸 시간이 더 길어지고, 혼자여서 좋은 점과 아쉬운 점이 한층 더 명확하게 늘어가는 요즘이다. 가족 단위를 기본으로 하는 친족·씨족 집단이 모여 마을을 이루고 사는 시골에서 연고 없이 떠나온 여자들끼리, 혹은 여자 혼자 사는 건 비정상적이고 불완전한 상태로 곧잘 취급되곤 한다. 이곳 사람들은 농사일처럼 사람의 일생에서도 '때'를 중요하게 여기며, 결혼과 출산의 적령기를 놓치면 안 된다는 관념이 도시보다 강하다. 여럿이 살 땐 서로 벗하며 사니 그나마 다행이라고 여기다가, 젊지도 늙지도 않은 여자가 혼자서, 그것도 농사를 지으면서 살다 보니, 마을 사람들 마주칠 때마다 듣는 말 3종세트는 이러했다. "무사 경 고생하멘 혼자 둥글읍시(왜 그렇게 고생하면서 혼자 사냐)?" "결혼허라(결혼해라)!" "더 늙기 전에 아일 나아사주게(아이를 낳아야지)." 하도 듣다 보니 정말 그래야 할 것 같은 마음이 들 정도다. 묵은 김치나 제사 음식 같은 먹을 것들을 챙겨주실 땐 살갑게 느껴지다가도 내려온 지 6년이 되도록 마을의 일원으로 '가입'되지 않아 애초에 꿈꾸었던 반농반어를 하지 못하는 현실에 부딪히니, 토박이들의 짙은 배타성과 보수성이 야속하게 느껴진다(제주도는 읍사무소에서 행정상 처리하는 주민등록 이전 외에도 '리' 단위의 주민 공동체에 가입하는 절차가 따로 있는데, 결혼하지 않은 외지 여성은 여기에 가입할 수 없다). 토박이가 드물고 대체로 모두가 이방인인 도시와 달리, 정주하는 삶을 오랫동안 이어온 이들이 다시 대를 이어 사는 시골에서는 1년을 사나 30년을 사나 똑같이 외지 사람인 것. 영원한 디아스포라, 이주민의 숙명이다.

그러던 중에 함께 살았던 친구들이 떠나갈 무렵, 새끼 고양이 한 마리가 집 마당 수돗가 한편에서 발견되었다. 까만 턱시도 모양의 털 무늬를 가진 고양이에게 '머루'라는 이름을 지어주고 함께 산 지도 벌써 4년. 사람의 빈자리는 '머루'와 또 다른 사람들로 하나둘 빠르게 채워졌다.

먼저, 집을 빌려준 분이기도 한 옆집 삼촌과의 관계가 예전보다 훨씬 더 긴밀해졌다(삼촌은 성별 구분 없이 나이 많은 어른을 지칭하는 제주어다. 여기서 말한 옆집 삼촌은 여자 삼촌이시다). 이유는 달라도 혼자 산다는 공통점을 지닌 우리는 70대와 30대라는 세대를 초월해 서로를 돌보고 의지하며 살고 있다. 자주 함께 밥을 먹고, 나는 때때로 거동이 불편한 삼촌의 손발이 되어드린다. 나이 든 어른의 잔소리가 귀찮게 느껴질 때도 있고 너무 가깝다 보니 애정을 넘어 애증의 관계가 될 때도 있지만, 딸처럼 '어멍'처럼 그렇게 의지할 존재가 가까이 있다는 건 내게 크나큰 안정감을 준다.

두 번째로는 최근 3년 사이에 제주로 이주한 또래 친구들이 늘었다. 한지붕 아래에서 생활하던 친구들이 떠난 빈자리는 그렇게 새롭게 이주한 친구들로 채워졌다. 커플이나 부부로 내려오는 이들만큼이나 여자 혼자나 둘 혹은 셋이서 이주하는 경우가 많다. 특히 내가 살고 있는 제주 동쪽 지역에서 두드러진 현상이라는 이야기도 있다. 이제는 그런 이들이 누구인지 모두 파악할 수 없을 만큼 늘었지만, 처음에 몇 사람 안 될 때는 서로의 얼굴과 이름을 꿰고 있을 정도였다. 이주한 이들은 서로의 집을 오가고 생활을 공유하며 친분을 쌓아왔다. 대부분 서울 내기들인데 왜 여기까지 내려왔는지 이야기하다 보면 도시를 떠나온 이유가 크게 다르지 않았다. 조직 생활은 이제 그만, 조금 벌더라도 하고 싶은 일 하면서 자신의 속도대로 살고 싶은 마음. 모든 것이 빡빡하고 빠르게 돌아가는 도시 생활에 피로감과 염증이 생겨서 정반대의 삶을 찾아 서울에서 가장 멀리 떨어진 이곳 제주도까지 떠나오게 만들었나 보다. 떠나온 건지, 튕겨 나온 건지 모르겠지만, 어쨌든 이제껏 입고 있던 옷이 맞지 않아 새 옷을 입고 새 그림을 그려가는 중인 사람들. 초기엔 두루뭉술하게 사귀었다면, 점차 마을 단위로, 혹은 서로 '코드가 맞는' 이들끼리 소규모 커뮤니티를 형성해서 관계를 이어나가고 있다.

세 번째로는 여성농민회 언니들이 있다. 터울이 몇 년 안 지는 젊은 언니들부터 나이 지긋한 언니들까지, 진한 자매애가 느껴지는 여성 농민 네트워크다. 앞서 언급한 육지에서 이주한 친구들이 풍기는 말랑 말랑함, 나이브한 느낌과 달리, 땅에 뿌리내리고 매일매일 몸 쓰며 일하는 사람만이 풍기는 단단함과 당당함의 아우라가 깊다. 특히 같은 마을에 사는 한 언니는 공유하는 일상의 범위만큼이나 아주 친밀해서 시시콜콜한 일부터 굵직한 고민까지 함께 나눈다. 오늘의 정착이 있기까지 물심양면으로 가장 가까이서 도와주고 그간 나에게 일어난 희로애락을 모두 지켜봐준 사람이다. 훌쩍 떠나온 것처럼 훌쩍 떠나지 말고 곁에서 오래오래 벗하며 살자고 얘기해주는 그 언니는, 정착의 한 수단으로서 결혼과 출산을 내게 권한다. 홀몸은 아무래도 너무 가볍고 변수가 많아 정착하기 어려울 거라고. 지금처럼 자유롭게 사는 것도 좋지만 계속 시골에서 살 생각이라면 꼭 결혼이란 제도 속에 들어가지 않아도 좋으니 다른 곳이 아닌, 지금 여기에서 좀 더 지속가능한 동반자 관계를 만들어 가라고 말한다.

나에게 꼭 맞는 삶의 모습은 과연 어떤 것일까? 누구와 함께하고 무엇을 할 때 가장 편하고 나다울 수 있을까? 살아가는 데 안정적인 최소 단위는 정말 하나가 아닌 둘인 걸까? 배타적 관계만이 답일까? …… 여러 가지 생각이 꼬리에 꼬리를 문다.

정착과 유목 사이, '뿌리'와 '다리' 모두 가지고 살기

6년 전과 6년이 지난 오늘, 무엇이 같고 무엇이 변했나. 그건 발전도 진보도 아닌 그저 변화일 뿐이지만 많은 것들을 내포하기도 할 것이다. 가까운 이동은 자전거로, 먼 길은 히치하이킹을 주로 일삼았던 첫해, 함께여서 가능했던 일들이고 무모함이었다. 덜 벌고 덜 쓰고 살려니 꼭 필요한 것들만 남기고 나머지 것들은 덜어내야 했다. 줍고, 얻고, 줄이고. 물론 삶은 그만큼 가벼웠다. 하지만 계속해서 누군가의 수고와 배려로 내게 부족한 부분을 큰 노력 없이 채워나가고 있다는 사실에 부채감이 점차 커졌다. 나는 타인에게 의지하고 있는가, 의존하고 있는가. 계속해서 도움을 필요로 하는 존재로 남기보다는 서서히 자립하고 싶었다. 그래서 혼자 살게 되었을 때 먼저 중고 스쿠터부터 한 대 구입했다. 때마침 자전거를 잃어버린 참이기도 했다. 생활 수단으로는 충분해도 생계 수단으로서 자전거는 부족했고, 50cc 소형 스쿠터는 자전거에 비해 체력을 덜 쓰고도 더 많이, 더 멀리 사람과 짐을 실어 날랐다. 고사리를 예년에 비해 두 배나 많이 꺾었고, 도서관에서 빌린 책들의 습관성 반납 연체가 사라졌다.

그렇게 1년이 지났을 무렵, 내 생애의 두 번째 교통사고가 발생했다. 마늘 밭에 다녀오다 동네 안 삼거리 교차로에서 직진하는 트럭과 부딪힌 것. 다행히 양쪽 모두 과속하지 않아서 목숨은 건졌지만 하마터면 큰일 날 뻔했다. 박살 난 스쿠터는 폐기하고 퇴원하자마자 상대 보험사에서 나온 합의금에 조금 더 보태어 2001년식 낡은 소형 자동차를 샀다. 처음으로 운전면허를 딴 해가 2001년이었는데, 평생 쓸 일 없을 것 같더니 13년 만에 자동차 핸들을 잡게 되었다. 왠지 사치 같기도 하고 낭비 같기도 하고…… 차를 타고 밭에 가는 게 처음에는 몹시 낯설었다. 하지만 편리함은 빠르게 사람을 길들이고 어느새 나는 차를 좋아하게 되었다. 밭에서 무거운 짐을 나를 때도 가뿐, 무언가 주워 올 때도 가뿐, 무엇보다 필요할 때 원하는 곳으로 갈 수 있는 이동권을 확보해서 좋았다. 지금은 뒷좌석을 떼어내고 미니트럭처럼 쓴다. 10킬로그램짜리 고구마 박스 서른 개를 실은 적도 있고 그밖에도 수많은 짐을 실어 날랐다. 며칠 전엔 길가에 버려진 작은 3인용 소파를 주워 왔고, 난롯불 지필 땔감용 나무도 종종 가득 싣는다. 때로는 친구들과 함께 바닷가와 오름으로 산책도 가고, 버스정류장에 서 있는 동네 삼촌들을 읍내 병원까지 태워다 주기도 한다. 더 크고 많은 물건의 이동이 필요할 땐 여전히 주변의 도움을 받지만, 스스로 해결할 수 있는 영역이 넓어지고 이제는 받기만 했던 도움을 누군가에게 돌려줄 수도 있어서 기분이 좋다. 물론 보험료와 세금, 크고 작은 고장으로 인한 수리비, 기름 값 등을 생각하면 그만큼 삶이 무거워지고, 유지를 위한 비용 부담, 곧 노동으로 채워야 할 부분이 늘어나는 게 아쉽지만, 현실적인 필요와 욕구를 채우기 위해서는 필요한 선택이라는 생각이 든다. 이동 수단의 변화 외에도 손빨래에서 세탁기로, 라디오에서 미니 컴포넌트로, 인터넷 설치, 온수 사용, 전기장판 등 필요하다고 느꼈던 부분들이 하나둘 채워지고 있다. 난방 장치가 안 되어 있는 오래된 시골집에 이제 화목난로까지 들여놓았고, 트렁크 하나 들고 내려온 지 6년 만에 살림살이가 참 많이도 불어났다. 살림은 든든히 채워졌고, 이제 잘 사는 일만 남았다.

　　"시간만 흐르고 그사이 단단한 토대를 마련하기는커녕 딱히 이룬 것도 없는 것 같고, 어떻게 살아야 할지 고민은 계속되고, 그저 살아내고 버티다 보니 오늘이라고, 몇 년이 더 지나야 삶의 갈피가 잡힐지, 이젠 정말 정착했구나 하는 느낌이 들까?" 하며 동네 언니에게 징징댔더니, "이미 6년 넘게 버틴 것 자체가 너의 내공이고, 6년 전에 비해 일도 늘고 참 많이 단단해졌어. 그리고 10년을 지어도 여전히 모르겠는 게 농사야" 하는 대답이 돌아왔다. 여성농민회 토종씨앗 채종포를 맡아 스무 가지가 넘는 토종씨앗들을 뿌리고 거두기도 했고, 동네 언니가 돈 좀 벌어보라고 빌려준 하우스 60평 한 동에 상추를 심고 유기농 약제도 안 쓰고 키우겠다며 손으로 일일이 애벌레들을 잡다 결국은 벌레한테 져서, 농사꾼이라면 20~30분이면 딸 것을 두 시간 넘게 걸려 딴 상추 박스가 초록색 벌레 똥으로 뒤덮여 공판장에서 되돌아오기도 했다. 자전거로 고구마를 부대째 올려서 나르다 넘어져 크게 다칠 뻔했고, 해도 해도 끝이 나지 않는 일 앞에서 몸도 마음도 지쳐 감자 밭에서, 양파 밭에서 엉엉 운 적은 또 몇 번인지.

　　이런저런 시행착오 끝에 다다른 오늘, 이것저것 다양하게 심고 싶은 마음은 알겠으나 그렇게 농사짓는 건 들이는 품에 비해 돈이 되질 않으니 가짓수를 줄이고 이 땅에 맞는 농사를 지어보라는 조언을 받아 들여, 지난해에는 뿌리작물이 잘 자라는 동네 특성에 맞추어 당근과 고구마를 생계형 농사로 지어보았다. 올해는 '자아실현형' 농사와 '생계형' 농사의 황금비율을 찾아내 덜 지치면서 즐겁고도 지속가능한 농사를 지으며 살아야겠다. (무경운이나 자연농법 같은 방식, 손 많이 가는 토종 잡곡 위주의 다품종 소량 생산, 텃밭 농사 등 돈이 되지 않아도 원하는 방식대로 짓는 농사가 '자아실현형' 농사라면, 트랙터로 경운, 단일품목 경작, 하우스 시설 재배 채소, 품일 농사 등 재미보다는 돈을 만들 수 있는 농사, 말하자면 자아실현형보다 재미는 덜하지만 현실성 있는 농사가 '생계형' 농사라는 것이 나의 주관적 분류다.) 그리고 일할 때 부지런히 일하고 쉴 땐 잘 쉬고 놀기. '자영업자의 딜레마'라는 말처럼, 농부도 일종의 자영업자인지라, 일을 하다 보면 정해진 출퇴근과 노동 시간이 없다는 게 함정으로 다가온다. 때를 놓치면 한 해 농사 망친다는 생각에 제대로 쉬지도 먹지도 않고 일하며 나도 모르게 자아착취적인 삶을 살게 될 때가 있었다. 주객이 전도되어 일의 노예가 되는 건 한순간이다. 한두 해 짓다 말 농사가 아니라 오래오래 삶의 일부로 만들어가려면 일상의 고삐를 조금 늦춰야겠다. 조급한 마음을 내려놓고 원래 내가 바랐던 일상의 여백과 소소한 즐거움을 찾아나가야겠다. 도시에서 시골로, 그저 장소만 바뀐 채 다시 중요한 걸 놓치면서 살면 안 되니까.

정착을 흔히 뿌리내리는 삶에 비유하곤 한다. 사람도 작물도 뿌리가 참 중요하긴 하다. 뿌리는 땅속 깊이 있어서 잘 볼 수 없지만, 가지를 얼마나 잘 뻗고 열매를 얼마나 잘 맺는지가 뿌리의 대답이기에 직접 보지 않고도 볼 수 있는 게 뿌리다. 옮겨 심고 3년은 지나야 제대로 열매를 맺는 과실수처럼 나는 조금씩 뿌리도 내리고 열매도 맺고 있는 6년차 농사꾼이다. 여전히 농사를 잘 짓기도 못하고, 지은 것들을 잘 팔지도 못하며, 또 농사만으로 생계를 이어가기도 어렵다. 시골에서 여자 혼자 살며 농사짓는 것은 부족한 것투성이이다. 그나마 '여자들의 땅'인 제주여서 이만큼 살아냈는지도 모르겠다. 다만 안심인 건, 여전히 갈팡질팡하고 있지만 몸으로 살아낸 내공이 나에게도 조금씩 늘어가고 있다는 것. 그리고 알쏭달쏭한 인생이지만 차곡차곡 쌓아가는 맛을 알아가고 있다는 것.

이제는 뿌리내리는 삶에 대한 집착에서 벗어나, 정든 집과 땅을 떠나야 보이는 것들과 만나기 위해 때론 내 몸의 일부는 뿌리로, 일부는 다리로도 남겨두고 싶다. 낯선 풍경, 낯선 사람들의 일상이 고프다. 인간은 아무래도 정착과 유목을 반복할 수밖에 없는 숙명을 지니고 태어난 존재가 아닐까. 그래서 늘 여행 같은 삶을 꿈꾸고, 삶 같은 여행을 바라는지도 모르겠다. 20대 때 종종 국내 여행을 하다 마주치던 시골 풍경이 내 삶의 모습이 될지 그땐 몰랐다. 알 수 없어서 두렵기도 하지만 그래서 재미있는 게 여행이고 삶이 아닐는지. 30대 초반에 떠나온 여행이 길어져 삶이 되어가고 있다. 여행의 무늬를 지닌 삶과 삶의 결이 묻어나는 여행을 반복하며 마흔을 맞이할 수 있으면 좋겠다. 이곳, 제주에서.

밀양과
'할매들'과
나

나영 지구지역행동네트워크 활동가

나는 30대 후반의 레즈비언이다. 20대의 마지막 해에 지금의 파트너를 만나 서른 살이 되던 해에 파트너와 함께 독립했다. 처음 함께 살 집을 구할 때, 부동산 중개인이 우리에게 보여준 첫 집은 새로 지어지고 있는 화려한 아파트 사이로 언제 개발될지 몰라 방치되어 있는 1970년대식 집이었다. 시멘트가 발라진 부엌 옆의 작은 방에는 커다란 바퀴벌레가 기어가고 있었고, 밖에 있는 작은 화장실에는 화변기 하나가 덩그러니 놓여 있었다. 그리고 그 화장실은 바로 옆방에 산다는 어떤 남자와 함께 사용해야 하는 공간이었다. 우리는 할 말을 잃었다. 그 후로도 집을 몇 군데 더 알아보았지만, 서울 시내 한복판에서 우리가 구할 수 있는 집은 아주 심각하게 열악한 곳들뿐이었다. 그러던 중 반지하지만 꽤 넓고 창밖으로 차량이 다닐 일도 없는 집을 간신히 찾았다. 우리는 기뻐하며 그곳에서 첫 함께살이를 시작했다. 비록 작고 어두운 집이었지만 처음으로 함께 얻은 보금자리였고, 사랑하는 사람과 함께 일상을 보낼 수 있는 첫 공간이었다. 하지만 그곳에서 누리는 행복도 오래가지 못했다. 2년 계약으로 들어간 집이었는데도 7개월 만에 집주인이 찾아와 건물을 팔았다며 나가달라고 했다. 세입자들에게는 일언반구도 없었다. 그 뒤 우리는 집주인과 매일같이 싸워야 했고, 숱한 긴장의 순간과 실랑이 끝에 이사 비용 100만 원을 겨우 받아낼 수 있었다.

지금은 처음 살던 집에서 가까운 동네의 한 다세대 주택에서 살고 있다. 이곳은 불과 몇 년 전까지만 해도 그저 조용하고 단정한 주택가였다. 그런데 3, 4년 전부터 주변에 높은 빌딩과 초고층 아파트 단지가 들어서기 시작하더니 빠른 속도로 주택들이 사라져갔고, 최근 몇 개월 사이 우리 집이 있는 골목길 주변은 카페와 술집으로 둘러싸이게 되었다. "과연 우리가 언제까지 이 동네에서 살 수 있을까?" 우리는 요즘 이런 이야기를 나누며 자주 쓴웃음을 짓는다.

밀양 이야기를 하면서 이런 개인적인 이야기로 글을 시작하는 이유는, 어느 순간 우리가 밀양 투쟁의 현장에서 숱하게 외쳤던 "우리가 밀양이다"라는 구호의 의미가 바로 내가 경험하고 있는 이 현실과 연결되어 있다는 생각을 하게 되었기 때문이다. 아마도 많은 이들이 나와 마찬가지 기억을 가지고 있겠지만, 나에게 가장 강렬하게 다가온 밀양 투쟁의 이미지는 포크레인과 경찰 폭력 앞에서 흙바닥을 맨몸으로 구르며 저항하시는 '할매들'의 모습이었다(밀양 투쟁의 과정에서 '할매'는 단지 나이 든 여성을 지칭하는 단어가 아니라, 투쟁의 주체인 이분들이 담고 계신 다양하고도 중요한 맥락을 내포하여 부르는 호칭이 되었다고 판단하여 이 글에서는 많은 고민 끝에 존경의 마음을 담아 '할매'라는 용어를 사용했다). 지금까지 여러 투쟁 현장에서 경찰이나 용역깡패의 폭력에 맞서 싸우며 온몸이 피투성이가 된 이들의 모습을 보았지만, 흙바닥에 주저앉은 밀양 할매들의 모습은 완전히 다른 차원의 충격으로 다가왔다. 폭력의 현장이 너무 끔찍하다거나 노령의 여성들이 싸우는 모습이 눈물 나도록 비참해 보여서가 아니다. 오히려 그 장면 자체가 이 투쟁의 본질을 정확하게 보여주어서였다. 할매들의 맨몸은 흙과 함께 뒤섞였고 그 흙을 지키기 위해 할매들은 온몸을 던지고 있었다.

　　도대체 왜, 밀양의 할매들은 그렇게까지 하며 그 흙을 지키려 했던가. 그것은 핵발전과 송전탑이 얼마나 나쁜지를 설명하는 것만으로는 도저히 이해할 수 없는 무엇이었다. 나는 밀양에 가서 수차례 "우리가 밀양이다"를 외쳤지만 그 심정을 알지 못했기에 구호는 그저 공허하게만 느껴졌다. 그러던 중 차차 구술사집과 다큐멘터리를 보며 할매들의 이야기를 만나고, 내가 활동하고 있는 단체에서 만드는 웹진의 특집으로 밀양 투쟁 관련 집담회를 열면서 '밀양과 나'의 의미에 대해 조금 다른 관점에서 생각해보게 되었다. 그리고 2014년 여름이 되어서야 처음으로 나는 가까이에서 할매들을 만나 그분들의 이야기를 들었다. 이 경험은 나에게 밀양 투쟁을 완전히 다른 시각으로, 나와 연결된 이야기로 이해하게 해준 소중한 계기가 되었다. 이 글은 핵발전의 문제에서 밀양의 할매들에게 이르기까지, 그리고 그 이야기가 나와 연결되기까지의 이야기다. 그리고 내가 이 과정에서 고민한 '밀양과 나'에 대한 생각을 공유해보고자 쓰는 글이다.

전 지구적 착취 시스템을 통해 지속되는 핵발전

밀양을 이야기하기 위해서는 먼저 핵발전 문제부터 짚고 넘어가지 않을 수 없다. 밀양의 투쟁은 결국, 핵발전의 전 지구적 착취 구조와 떼어놓고 이야기할 수가 없기 때문이다. 〔이하 핵발전 문제에 관한 내용은 고이데 히로아키의 《은폐된 원자력 핵의 진실》, 이정훈의 《한국의 핵주권》, Friends of Earth(Canberra)의 〈Strategy Against Nuclear Power〉에서 많은 부분을 참고, 인용하여 정리했다.〕

핵발전은 처음부터 마지막까지 끊임없는 착취의 연속인데, 원재료인 우라늄 채굴 과정에서부터 자연과 인간에게 상당한 방사능 피폭 피해를 입힌다. 우라늄광 1톤에 998톤의 독성 진흙이 되돌아오는데, 광미라고 부르는 이 암석 잔여물의 85퍼센트에는 여전히 방사능 물질, 비소 같은 독성물질이 포함되어 있다. 이처럼 우라늄 광산의 노동자들은 엄청난 방사능 위험을 안고 일하고 있으며, 광미는 구덩이와 인공 호수로 옮겨지는데, 그 과정에서 광산 주변 주민들에게 암을 유발한다. 또한 광석에서 우라늄을 채취하기 위해 물을 엄청나게 끌어들여 사용하는 바람에 결국 현지 주민들과 동물들의 식수를 고갈시키고 농경지의 물 부족을 초래하게 된다. 이렇게 현지 주민들의 삶과 생태계를 파괴하여 얻어낸 원료는 다시 여러 나라의 가장 취약한 지역에서 사는 주민들의 삶을 위협한다. 어느 나라든 핵발전소는 절대로 수도권 중심부와 주요 지역에는 짓지 않기 때문이다. 중앙 집중적인 핵발전 시스템의 특성은 이런 위험성을 한층 더 키운다. 수도권과 생산시설 밀집 지역의 막대한 전기 소비를 감당하기 위해 수많은 주변부 농촌 지역들이 핵발전소와 송전탑의 위험을 감수해야 하는 것이다. 또 핵발전소에서 일하는 노동자들은 고도의 피폭 위험을 감수하며 일을 해야 한다. 핵발전소 노동자는 6차에서 심지어 8차, 9차까지 이르는 하청 구조로 운영되고 있으며, 이들의 대다수는 비정규직이다. 당연히 산재 처리가 제대로 될 리 없다.

게다가 핵발전은 친환경 에너지도 아니다. 원료인 우라늄부터가 지속가능한 에너지원이 아니며, 현재 세계의 우라늄 매장량은 석탄이나 석유보다도 훨씬 적다. 또한 원자로를 가동하기 위해서는 우라늄을 채굴하는 단계에서부터 제련, 농축, 가공하고 그 이후 재처리하는 모든 단계에서 방대한 양의 에너지가 필요한데, 이 에너지는 결국 화석연료를 통해 얻는 수밖에 없다. 결국 핵발전의 전 과정에서 오히려 더 막대한 양의 이산화탄소가 발생하는 셈이다. 또한 원자로에서 나오는 온배수(핵발전소에서 냉각수의 형태로 외부로 방류되는 고온의 공장 폐수)가 1초에 바닷물 700톤의 온도를 섭씨 7도까지 상승시켜 해양 생태계와 지구온난화에도 심각한 악영향을 미친다. 방사성폐기물이 불러일으키는 문제는 더 강조할 필요조차 없을 것이다. 저준위 방사성폐기물은 분해되는 데 최소 300년이라는 시간이 필요하고, 사용 후 핵연료에서 나오는 고준위 방사성폐기물의 분해에는 100만 년의 시간이 필요하지만, 전 세계 어디에도 고준위 방사성폐기물을 처분할 장소가 없어 핵발전소 안에 있는 임시 저장고에 계속 쌓아놓고 있을 뿐이다. 결국 핵발전은 전 지구적 착취와 파괴의 연결고리 속에서 작동하고 있는 가장 반(反)생태적 발전 시스템인 셈이다.

무엇보다, 핵발전은 모든 정책적 검토와 결정이 소수 전문가들과 자본, 군, 정부에 집중될 수밖에 없는 통제 체제로 운영된다. 이는 이 권력 집단 안에 있는 이들이 '전문성'을 명분으로 얼마든지 담합과 비리를 저지를 수 있는 구조라는 얘기이기도 하다. 하지만 이 과정에 개입되어 있는 소수를 제외하고는 실제로 핵발전소의 운영 방식과 운영 과정에서 발생할 수 있는 다양한 문제에 대해 거의 다 제대로 알 수가 없기 때문에 사전에 문제제기를 하기도 어렵다. 후쿠시마 원전 사태 때처럼 엄청난 재난이 닥쳐와도 어느 정도의 위험이 발생했는지, 무엇을 조심해야 하는지조차 정부의 발표에만 의존할 수밖에 없다. 우리나라에서도 고리 원전에서 지속적으로 발생하는 일촉즉발의 사고와 부품 비리, 아랍에 미리트(UAE) 등으로의 원전 수출에 얽혀 있는 온갖 비리 사실 등이 항상 뒤늦게 알려져 문제가 되곤 했다.

또한 발전 설비의 제작 과정, 농축에서 재처리까지의 전 과정은 하나같이 고도의 기술과 막대한 비용을 요하기 때문에 핵발전소의 보유 여부는 해당 국가의 경제력과 군사력을 가늠하는 지표가 된다. 이렇게 엄청난 비용과 노력을 쏟아부어 만들어내는 기술과 무기이기에 각국은 어떻게든 모든 과정에서 자국의 비용과 자원 소모를 최소화하면서 최대한의 이윤을 뽑아내기 위해 다양한 정치적·외교적·군사적 수단을 동원한다. 따라서 핵발전과 핵무기 개발에 연관된 전 과정은 전 지구적 차원의 자본주의–군사주의–제국주의 체제와 필연적으로 연동될 수밖에 없다.

밀양에 가해지는 국가 폭력은 사실 이러한 착취 구조 안에서 벌어진 일이었다. 그러나 이 시스템을 유지하려는 이들은 끊임없이 송전탑 건설지의 주민들, 이들과 연결된 세계 곳곳의 주민들과 우리를 떼어놓으려 한다. 마치 그들과 우리는 아무 상관없으며, 오히려 이 세계의 발전과 편리를 위해 꼭 필요한 그 과정을 반대하는 지역 주민들 때문에 다른 이들이 피해를 입는다는 듯이. 하지만 이 시스템 안에 내가 있다는 사실은 이 연속된 착취의 과정이 언제나 나의 일상과 연동되어 작동하고 있다는 사실을 의미한다. 우리의 삶은 과연 이 핵발전을 지속시키는 발전과 개발의 논리로부터 얼마나 자유로운가. 밀양의 문제를 '핵발전의 부작용', 혹은 추진 절차에서의 비민주성이나 당장 눈앞에 보이는 국가 폭력의 문제로만 둔다면, 결국 우리는 결국 이 연결고리로부터 자유로워질 수 없을 것이다.

중앙의 지역 착취를 불러일으키는 머나먼 인식의 거리

그런데 핵발전을 떠받치고 있는 시스템을 파악한다 해도, 서울에서 살아가는 나에게 밀양은 여전히 멀다. 물리적인 거리만 먼 것이 아니다. 나는 온갖 미디어를 통해 미국에서 무슨 일이 벌어지는지는 알지언정, 밀양에서 벌어지고 있는 일은 그다지 접할 기회가 없다. 〈6시 내 고향〉 같은 프로그램이 아니고서야 미디어는 어느 농촌 마을 사람들에게 관심을 보이지 않는다. 나 역시 그저 무덤덤했다. 어떻게 보면 밀양은 나에게 미국보다 더 먼 존재였던 것이다. 이렇게 무감각하게 사는 동안, 밀양에서는 10년이 넘는 시간 동안 수많은 일이 일어났다. 그 오랜 싸움 끝에 2012년 이치우 어르신이 분신하시기 전까지 밀양 투쟁은 실제로 고립되어 있었고, 밀양 송전탑 건설과 신고리3호기, UAE 원전 수주를 둘러싼 실체가 알려지기 전까지 밀양 주민들의 외로운 싸움과 가슴 아픈 갈등, 숱한 죽음이 이어져야 했다.

그런데 밀양만 그런 것이 아니다. 한국 정부가 핵산업을 발전시켜온 과정은 그야말로 오로지 발전만을 위해 핵의 위험성과 경고를 거의 완전히 무시하며 지역 주민들의 삶과 생태계를 파괴한 역사였고, 지역에 대한 무관심과 묵인이 그런 역사를 가능하게 했다. 한국 정부는 1979년 미국 펜실베이니아 주 스리마일 섬 원전2호기에서 원자로 용융 사고가 발생한 이후에도 고리1호기를 가동했고, 월성1호기, 고리2, 3, 4호기, 영광1, 2호기를 동시에 건설했으며, 1986년 체르노빌 사고 이후 전 세계적으로 원전 시장이 얼어붙었을 때에도 영광원전3, 4호기의 국제 입찰을 실시했다. 그 뒤로도 원전은 계속해서 지어졌다.

그러는 동안 해외뿐 아니라 국내에서도 고리원전의 방사성폐기물 무단 투기 사건, 영광원전 노동자들의 자녀들에게서 나타난 무뇌아, 대두아 사건이 발생하고 수많은 원전 노동자들과 지역 주민들, 가축들의 질병이 보고되는 등 숱한 사건, 사고가 발생했지만, 지금까지 역대 어느 정부도 이와 같은 사태를 심각하게 다루지 않았다. 주민들은 고리1호기 건설 당시부터 원전뿐만 아니라 영덕, 안면도, 굴업도, 부안의 방폐장 건설 반대, 밀양 송전탑 건설 반대에 이르기까지 피눈물 나는 저항을 이어갔지만, 정부의 대응 방식은 보상지원금 아니면 폭력 진압, 단 두 가지뿐이었다. 심지어 이 과정에서 정부는 주민투표를 적극적으로 악용하기까지 했다. 노인 인구가 많고 인구수가 적어 지역 경제에 부담을 안고 있는 지방자치단체들이 경쟁적으로 입찰에 나서고 주민투표를 독려하도록 부추겼던 것이다. 일단 주민들을 동원해서 제대로 된 정보도 알려주지 않고 주민투표를 하게 한 후, 나중에 문제가 되면 그것을 명분으로 삼는 행태가 반복되면서, 주민투표로 찬성파 혹은 반대파로 나뉜 주민들 간의 갈등이 더 심각한 문제로 떠올랐다.

밀양에는 이 모든 역사가 압축되어 있다. 하지만 그 오랜 시간 동안 밀양에서 어떠한 일들이 벌어지고 있는지 아는 사람은 별로 없었다. 미디어는 북극의 녹아가는 빙하 위에서 먹을 것을 구하지 못해 굶어 죽어가는 북극곰은 보여줄지언정 지역 주민들이 벌인 삶을 위한 저항은 잘 보여주지 않는다. 그저 힘없이 죽어가는 북극곰의 모습은 우리의 눈물샘을 자극하지만, 간혹 뉴스 화면을 통해 보도되는 싸우는 주민들의 모습은 우리의 마음을 불편하게 한다. 그리고 그 저항의 공간으로부터 멀리 떨어져 무관심을 습득한 대가로 우리는 24시간 내내 터질 듯 밝은 도시의 불빛 아래에서 시원한 에어컨 바람을 맞으며 긴 소매 옷을 걸치고 있다. 별 하나 보기 힘든 도시의 밤하늘 아래에서 잃어버렸다고 한탄하던 낭만은 밀양의 시커먼 밤하늘에서 쏟아질 듯이 반짝였다. 전기는 눈물을 타고 흐른다. 밀양의 그 시커먼 밤하늘을 보고 나서야, 나는 비로소 도시에서 살아온 내 일상이 빙하 위의 북극곰만이 아니라 밀양 주민들의 눈물 위에서 존재했음을 깨달았다.

가부장제 사회의 틈새를 울력으로 메워온 밀양 할매들

부엉이를 좋아하시는 손희경 할매는 시집오니 식구가 스물두 명이었다고 한다. 매 끼니 때마다 스물두 명이나 되는 식구에게 각상과 겸상을 차려냈다. 게다가 양반 집안이라 손님도 많아서 하루에도 수차례씩 상을 내고 치우며 그 와중에 농사일까지 하셔야 했다. 한 번 치르기도 힘들다는 삼년상도 여러 번 치렀다. 어릴 적에는 매일같이 밖에서 놀기를 좋아해 어머니를 걱정시켰다는 할매는 열일곱에 시집와서 그 고생을 다 감당하고 살았다. "양반들 사는 거 보기엔 좋을 것 같지만 여자들 사는 거는 매양 같다"라는 할매 말씀이 기억에 오래 남는다.

연세가 아흔이 다 된 김말해 할매가 겪어온 삶은 감히 짐작조차 하기 힘든 고난의 연속이었다. 일제의 순사들을 피해 얼굴도 모르는 남편에게 시집온 할매는 해방이 되자 보도연맹 사건으로 신랑을 잃었다. 손발톱이 다 뭉개지도록 일해도 혼자서 아이들을 키우며 살아가기엔 너무나 버거웠던 할매는 결국 아이들 손을 잡고 물가로 갔지만, 무섭다는 작은아이의 말에 눈물을 삼키며 돌아섰다. 그리고는 나뭇짐 해다 삶을 챙기며 다시 끈질기게 살았는데, 큰아들이 월남에 갔다가 허리를 다쳐서 돌아왔다. 어디 생계 노동뿐이었으랴. 삼을 심어 삶고 엮어내 때마다 정련하여 옷을 만들고 끼니는 끼니대로 챙기며, 아이들을 키워야 했던 할매는 "그때 여자들 사는 고생은 말로 다 못 한다"라고 했다.

딸네들은 학교 다니면 안 된다고 해서 초등학교만 겨우 나올 수 있었다는 곽정섭 할매는 아이를 낳고도 하루도 누워 있지 못했다고 한다. 둘째까지 낳고도 누워 있을 수가 없어서 결국 팔을 못 쓰게 되었는데, 남자들은 그 와중에도 할매가 일을 못 하고 한 번씩 누워 있으면 게을러졌다고 하더란다.

한편 여군이 되고 싶었다는 여수 마을의 김영자 총무님은 가난한 9남매 집에 시집와서 잠도 못 자고 일하고 시동생 공부시켜 가면서

빚을 다 갚았다. 보수적인 농촌 마을에서 부녀회장 일을 하고, 투쟁의 한복판에서 총무 일을 하면서 그녀가 겪은 마음고생은 비단 한전이나 경찰과의 싸움 때문만은 아닐 것이다.

그런데 할매들은 왜 이 힘든 기억만 가득한 밀양을 지키겠다고 하는 것일까? 다큐멘터리 〈두 개의 문〉의 감독이자 〈밀양, 반가운 손님〉의 프로듀서를 맡았던 김일란 감독이 할매들과 나눈 대화를 전해 듣고 나는 이 질문의 답을 구할 수 있었다. 일제강점기에 태어나서 지금까지 밀양에서 한평생을 살아오신 할매들에게 "옛날의 순사가 무서워요, 지금 경찰이 무서워요?" 하고 묻자, 한 할매가 "순사는 무서웠고, 경찰은 화가 난다"라고 하셨다고 한다. 김감독은 그 말의 맥락이 무엇인지 따라가 보니, 할매들이 예전에는 불행하고 억울한 일들이 있어도 그저 개인적인 불행이고 팔자라고 생각하셨지만 이제는 그런 일들이 더는 개인적인 일이 아니라 어떤 힘에 의해 벌어지는 부당한 일이라는 사실을 자각하시게 된 것 같다고 했다. 김일란 감독의 이 이야기는 나에게 할매들의 이 싸움이 지닌 의미가 무엇인지 다시 보게 해주었다. 한평생을 가부장제의 억압 속에서 살아온 할매들에게 이 싸움은 팔자가 아닌 구조에 맞서는 싸움이며, 그래서 그 거친 흙바닥을 구르고 무자비한 폭력에 온몸을 다치면서도 혼신의 힘을 기울여 저항하는 것 자체가 자신을 주인공으로 삼아, 살아온 역사를 새로 새기는 투쟁이었던 것이다.

밀양의 할매들은 '울력' 이야기도 많이 하신다. 울력이란 농촌에서 마을 주민들이 특별한 대가를 기대하지 않고 무보수로 다른 사람의 농사일이나 경조사 등을 도와주는 것을 말한다. 가부장제의 혹독하고 고된 삶 속에서 특히 여자들끼리의 울력은 어디에도 비할 데 없는 생명줄 같은 관계가 되었다. 밀양에서 일제와 전쟁이라는 혹독한 시대를 건너온 할매들에게 울력은 숱한 고생과 가난 속에서도 삶을 이어갈 수 있도록 해준 가장 중요한 힘이었다.

사람과 사람 사이의 관계만이 그런 것은 아니다. 자연과 사람도 울력으로 맺어진다. '엄청 잘해주던' 남편을 사고로 잃고 병에 걸렸다가 밀양에 와서 건강을 되찾은 평밭 마을의 이사라 할매는 나무도 하고, 고추도 심고, 병아리와 염소를 키우면서 마을 할매들과 울력을 나눴다. 염소 이야기, 칡넝쿨 냄새 이야기를 하며 세상 누구보다 행복한 듯 이야기하는 이사라 할매는 자신에게 건강과 먹을거리를 주고, 아쉬울 것 없는 행복을 선사한 산과 울력으로 관계 맺은 모든 생명에게 자신의 울력을 다하기 위해 송전탑에 맞서 싸운다. 할매들에게는 이런 울력들이야말로 지독한 가부장제 사회의 틈새였던 셈이다. 그래서 할매들은 송전탑 공사를 둘러싸고 벌어진 갈등으로 산산이 부서져가는 마을의 관계 속에서도 끝까지 이 울력을 지키기 위해 싸운다.

하루 중에 대부분의 시간을 다른 지역에서 일하고 관계 맺으며 보내는 나와 같은 사람들. 자신이 살아가고 있는 땅인 아스팔트와는 특별히 주고받을 것이 없고, 햇빛과 물과 바람도 그저 자신을 둘러싼 '환경'에 불과한 도시 사람들에게 집이나 땅, 동네란 주로 화폐로 환산되는 가치일 뿐이다. 하지만 오랜 세월 이 땅을 자신의 터전으로 삼아 먹을거리를 얻고 여러 생명체들과 관계를 맺으며 삶을 이어온 이들에게 땅과 마을은 다른 차원의 의미를 갖는다. 일평생 삶이 굽이굽이 엮인 그 땅은 곧 밀양 할매들 자신이다.

송전탑 공사는 그 소중한 삶의 역사와 관계들을 무너뜨렸다. 어려울 때 서로 돕고, 억압적인 가부장제의 틈새에서 울력으로 연결되었던 공동체를 산산이 파괴시켰다. 그리고 그 대가로 내민 것은 '개발' 또는 '발전'이라는 명분, 알량한 일자리, 보상금 같은 것이었다. 수천만 원, 아니 몇 억을 준다 한들 구구한 삶의 역사가 어린 땅을 대체할 수 있을까. 온갖 풀과 크고 작은 생명체들, 햇빛과 물과 바람과 맺어온 소중한 관계들을 대신할 수 있을까. 송전탑을 세우기 위해 땅을 파내고 콘크리트를 쏟아붓고 산을 파헤치는 그 모든 일이 평생 그 땅과 함께 살아온 할매들과 밀양 주민들에게 가슴 한복판을 뚫는 일처럼 느껴지는 건 당연하다.

'밀양과 나' ― 발전에 맞서는 삶의 관계 다시 생각하기

맨 처음에 했던 이야기로 다시 돌아가 본다. 밀양에 내려가 수없이 "우리가 밀양이다"를 외치면서 나는 내가 사는 도시를 생각했다. '균형발전촉진지구'라는 이름이 붙여진 우리 동네의 지하철역 주변으로는 불과 몇 년 사이에 거대한 주상복합 건물이 세 채나 지어졌고, 그 밖에도 큰 건물들이 들어섰다. 그러자 빠른 속도로 카페와 술집이 골목을 장악하기 시작했다. 도시에도 생태계가 있다. 대형 빌딩과 주상복합 단지, 쇼핑몰, 카페, 술집이 장악해가는 동네에서 우리 같은 세입자들은 계속해서 밀려나 떠도는 수밖에 없다. 부동산들은 건물주에게 하루빨리 집을 팔라고 부추기고, 자고 일어나면 주택이 하나둘씩 사라진다. 이런 상황에서 2, 3년 단위로 새로운 거주지를 찾아야 하는 사람들에게 관계란 요원한 일이다. 정든 고향이나 동네, 집은커녕 마음 둘 곳 찾기도 어렵다. 나는 그저 이번에 이사 가면 보증금과 월세를 얼마나 더 마련해야 할지 걱정할 뿐이다. 게다가 동성 파트너와 함께 사는 나와 같은 친구들은 더욱이 정착하기가 어렵다. 이성 부부와 가족에게 주어지는 여타의 사회복지나 지원을 전혀 받을 수 없기 때문이다. 그나마 동성 커플을 반갑게 맞아주고 삶을 나누는 이웃을 만나는 일마저 아직까지는 하늘의 별 따기 같은 일이다. 내 삶은 과연 밀양 할매들의 삶과 맞닿을 수 있을까.

에코페미니스트들은 타자에 대한 억압과 착취에 기반을 둔 역사적 패러다임을 분석하면서 인간과 자연을 나누고, 자연과 문명을 나누는 이원론과 가치 위계적 사고를 서구 근대화의 특징으로 보았다. 중요한 점은 가부장제에 기반을 둔 자본주의가 지속적으로 성장하기 위해서는 여성과 자연, 주변부 지역을 끊임없이 비가치화하고 착취해야 한다는 사실이다. 인간–비인간뿐 아니라 인간 영역 안에서도 민족이나 지역 등이 착취의 대상으로서 타자화될 수 있다. 어떤 집단은 도덕적으로 고려될 만한 엘리트 집단으로, 다른 집단은 그 집단을 위한 '단순한 자원'으로만 규정되고 윤리적으로도 고려될 필요가 전혀 없는 '바깥–집단'이 되는 것이다(플럼우드, 발. 2004). 따라서 밀양의 생태계와 주민들은, 말하자면 핵발전을 위한 가치 위계화의 이분법 속에서 이러한 '바깥–집단'이 되었다고 볼 수 있다. 끊임없는 개발 과정 속에서 정착할 곳 없이 계속해서 밀려나는 도시생활자인 내 삶도 역시 마찬가지다.

　　나와 밀양 주민들은 모두 이 발전 중심의 가부장제의 구조에서 계속해서 주변화되고 자원화되는 존재라는 점에서 서로 맞닿아 있다. 또한 한평생 농사를 짓고, 나뭇짐을 하다 나르고, 장사를 하면서 동시에 수많은 가사일과 출산, 양육, 돌봄을 해온 할매들의 모든 노동이 자원화된 과정, 그리고 여성 성소수자로서 바깥–집단의 삶을 살고 있는 나의 위치 역시 결국 연결되어 있다. 그러므로 "우리가 밀양이다"라는 구호는 그리 단순하지가 않다. 타자화되고 자원화된 이들의 삶을 연결하는 실천으로 이어져야 하기 때문이다.

　　밀양의 산속에서 할매들이 경찰과 한전 직원들 앞에서 옷을 벗어던지고 맞섰을 때, 그 몸은 단지 늙은 주민의 몸이 아니라 함께 그 삶을 만들어온 그곳의 땅과 자연의 몸이었을 것이다. 밀양의 할매들은 국가와 자본의 가부장제적 폭력에 의해 마구잡이로 짓밟히고 파헤쳐지는 땅을 지키면서, 동시에 가부장제적 관계에서 끊임없이 짓밟히고 대상화·타자화되었던 자신의 삶을 함께 실어 투쟁했다. 그리고 밀양의 할매들, 주민들은 이 위계화의 이분법을 넘어서는 싸움을 해왔다. '정부의 보상으로 주어지는 지역 사회의 경제적 이익'이나 개인적 보상이 아니라, '원래의 모습 그대로 살아갈 권리'를 택함으로써, 핵발전이나 송전탑이 아닌 자신들의 몸과 함께 직접 부딪치며 살아온 그곳의 땅을 지키기 위한 싸움을 선택함으로써, 개발에만 일방적인 가치를 부여하는 이분법을 스스로 넘어선 것이다. 그뿐 아니라 밀양의 주민들은 수많은 사람들에게 그 중요성을 깨닫게 해주었고, 그 이분법을 함께 넘어서기 위한 싸움을 제안했다. 그렇기에 만약 송전탑 건설을 완전히 저지하지 못하게 된다 하더라도 밀양의 투쟁은 앞으로 곳곳에서 새로운 실천으로 이어질 것이다. 이것이야말로 밀양 투쟁이 지닌 가장 큰 가치다.

이제 우리는 간단히 돈으로 환산되곤 하는 수많은 전기 절약, 에너지 절약 캠페인을 볼 때마다, 지구온난화와 무분별한 개발로 고통스러워하는 동물들의 사진을 볼 때마다, 송전탑 건설에 반대하는 밀양과 청도 주민들, 우라늄 광산으로 신음하는 니제르 사람들, 핵발전소와 핵폐기물을 떠안고 사는 이들도 함께 떠올려야 한다. 발전과 개발에 의해 밀려나는 나와 당신의 삶, 가치화되지 않은 수많은 노동, 주변화되고 타자화된 이들의 삶도 여기에 연결되어 있다.

그러므로 우리가 밀양 투쟁의 의미를 되새기며 함께 이어나가야 할 가장 기본적인 원칙이 있다면, 그것은 바로 자연과 인간, 삶의 관계들이 가진 원래의 가치를 되찾고 우리 스스로 네트워크를 만들어가는 일일 것이다. 그리고 이러한 네트워크가 지역과 국가의 경계를 넘어 지구지역적으로(glocal, 'global'과 'local'의 합성어로 지구적 영향과 동시에 지역적 맥락과 주체성을 고려하는 방식) 이어질 수 있도록 해야 할 것이다. 오로지 생산성과 발전만을 향해 달려가는 세상에서 나의 노동은 어떠한 착취와 연결되어 있는지, 자신의 노동과 삶이 누구에 대한, 무엇에 대한 착취를 기반으로 이루어지고 있는지를 깨닫고, 서로를 연결하는 일은 꼭 필요한 과정이다. 이미 할매들은 지난 몇 년 동안 전국 곳곳의 투쟁 현장을 다니며 타자화된 사람들을 연결하는 울력을 보여주셨다. 나 역시 밀양의 할매들에게 자립과 울력을 배웠다. 할매들이 이상하게 생각할지도 모르지만 언젠가는 할매들에게 내 이야기를 할 날도 올 것이다. 밀양의 투쟁이 이제 이렇게 새로운 시작으로 연결되기를 바란다. 기존의 가치를 전복하고, 발전과 개발 대신 자립과 울력을 보여주며, 지금껏 주변화되고 타자화되었던 사람들이 함께 주인공이 되는 이야기의 시작, 어쩌면 이미 시작되었는지도 모른다.

※ 이 글은 필자가 2014년《웹진 글로컬포인트》에 기고했던〈밀양과 핵발전, 그리고 가부장체제〉와〈열일곱에 시집온 밀양 할매가 송전탑과 맞서는 이유〉《밀양을 살다》서평, 오마이뉴스, 2014. 5. 12)를 기초로 고쳐 쓴 것이다.

- 〈니제르서 프랑스 기업 운영 광산 등 연쇄 폭탄테러〉, 연합뉴스, 2013. 5. 23.
- 〈프랑스 '니제르 우라늄 보호' 특수부대 파견〉, 연합뉴스, 2013. 1. 25.
- 고정갑희 (2014), 〈가부장체제와 적녹보라 패러다임〉, 《적녹보라 패러다임과 섹슈얼리티》, 지구지역행동네트워크.
- 나영 (2014. 5), 〈밀양과 핵발전, 그리고 가부장체제〉, 《웹진 글로컬포인트》창간호.
- ── (2014. 5. 12), 〈열일곱에 시집온 밀양 할매가 송전탑과 맞서는 이유〉, 오마이뉴스.
- 땡땡책협동조합 (2014), 《후쿠시마에서 살아간다》, 땡땡책협동조합.
- 미즈, 마리아 (2014), 《가부장제와 자본주의》, 최재인 옮김, 갈무리.
- 밀양구술프로젝트 (2014), 《밀양을 살다》, 오월의봄.
- 박혜영 (2011), 〈생태 파괴 시대의 페미니즘〉, 《페미니즘 차이와 사이》, 문학동네.
- 이정훈 (2013), 《한국의 핵주권》, 글마당.
- 플럼우드, 발 (2004. 12. 30), 〈생태여성주의 분석과 생태적 부정의 문화〉, 한국생명학연구원 자료실.
- 히로아키, 고이데 (2011), 《은폐된 원자력 핵의 진실》, 김원식, 고노 다이스케 옮김, 녹색평론사.
- Friends of Earth (Canberra 1984. 1), "Strategy Against Nuclear Power,".
- Salleh, Ariel (2011. 11), "Fukushima: A call for women's leadership," *The New Significance*, No. 1.

씨앗
페미니즘

밥상에 대한
새롭고도
오래된
이야기

김신효정 여성주의 연구자

한국인의 밥상엔 미래가 없다?

2015년 나는 우리의 밥상에 관한 충격적인 통계를 접했다. 유전자변형생물체(GMO)에 관한 국가통합정보망에 따르면 한국이 식용 GMO의 세계 1위 수입국이자 GMO 완전식품 최대 수입 국가라는 내용이었다. 우리는 매일 GMO를 먹고 산다. 두부, 장류, 식용유, 물엿 등은 대개 GMO 콩이나 옥수수로 가공되기 때문이다. 우리가 먹는 고기 또한 대부분 GMO 사료를 먹고 자란 닭과 돼지와 소다. GMO가 사람에게 미치는 영향에 대해선 여전히 논란이 많지만 유럽을 비롯한 세계 여러 나라들은 GMO의 경작과 수입을 법으로 금지하고 있다. 그런데 과연 GMO의 대안은 있는가? 갈수록 줄어드는 한국의 농민 인구만큼 식량 생산 자급률도 기하급수적으로 낮아지고 있다. 낮아지는 자급률과는 대조적으로 계속 늘고 있는 각종 수입 먹거리들이 우리 식문화를 바꾸고 있다. 과연 우리 밥상의 미래는 어떠할까?

고백건대 내가 밥상에 관심을 갖게 된 지는 오래되지 않았다. 나는 도시에서 태어났고 도시에서 자랐다. 나의 할머니, 할아버지도 같은 도시에서 사셨고, 시골은 내게 종종 텔레비전 화면으로 보는 곳이거나 자동차로 지나가는 곳이었다. 어릴 적에는 쌀이 나무에서 자라는 줄 알았다. 과일이나 채소가 공장에서 만들어져 나오는 것이 아닐까 생각한 적도 있었다. 맞벌이를 하는 부모님은 항상 바쁘셨고, 내가 먹는 밥은 대개 점심에는 학교 급식, 저녁에는 아파트 상가 분식집의 밥이었다. 어머니가 매달 미리 비용을 달아놓은 분식집에 가서 먹거나, 집으로 배달음식을 시켜서 먹는 식이었다. 주말에도 주로 외식을 했는데, 외식 메뉴로 제일 좋아했던 것은 단연 피자와 햄버거였다. 이렇게 자란 내가 햇수로 5년 넘게 시골의 할머니들이 지켜온 씨앗을 찾아 전국 방방곡곡으로 쏘다니게 된 것은 미국산 쇠고기 수입 반대 촛불집회에 참여하면서 내가 먹는 음식이 어디에서 오는지를 깊이 고민하면서부터였다.

농산물 수입 개방, 자유무역협정(FTA) 등 시장의 지구화와 자본 중심의 농업 환경으로의 급격한 변화는 생산자인 농민뿐만 아니라 먹을거리를 소비하는 한국 소비자들에게도 직접적인 영향을 미쳤다. 언제, 어디에서, 어떻게 생산되었는지 알 수 없는 안전하지 않은 먹거리는 GMO 논란, 구제역, 광우병 문제, 멜라닌 문제, 발암물질 검출 등 수차례 먹거리와 관련한 파동을 일으켰다. 그 와중에 2008년 5월 한미 FTA 협상에서 광우병이 의심되는 미국산 수입 쇠고기의 안전성 문제가 한국 사회에 급격히 제기되면서 수많은 소비자들, 특히 여성 소비자를 중심으로 이에 반대하는 움직임이 촛불집회로 피어올랐다. 단순히 시장에서 소비 상품으로 다루어졌던 먹거리에 대한 근본적인 물음이 시민사회에서 본격적으로 제기되었던 것이다.

나 역시 촛불집회에 참여했는데, 그 경험을 하는 동안 나는 앞으로 대체 무엇을 어떻게 먹고 살아야 하나, 막막하다는 느낌이 들었다. 나만, 우리 가족만 수입산 쇠고기가 아닌 한우를 사 먹으면 되는 걸까? 삼시 세 끼 유기농 음식을 사 먹으면 괜찮은 걸까? 자취를 하는 학생이었던 나에게 유기농 먹거리는 너무 비쌌다. 그러다가 2010년 어느 날, 우연히 여성 농민의 토종씨앗 지키기 운동을 다룬 신문 기사를 접했다. 나는 호기심 반, 기대 반으로 신문 기사에 나온 여성 농민을 만나러 횡성을 찾아갔고, 나중에 석사 학위를 받게 된 논문 〈토종씨앗운동을 통해 본 여성 농민의 토착지식에 대한 연구〉도 그 일을 계기로 준비하기 시작했다.

나는 횡성여성농민회의 도움을 받아 토종씨앗으로 농사를 짓는 할머니들을 찾아다녔다. 도시에서 태어났고 대학 다닐 때도 농활 한번 가보지 않았던 20대 도시 처자였던 내가 자발적으로 벌인 '셀프 농활'이었다. 밤에는 횡성여성농업인센터에서 잠을 자고 아침에는 버스를 타고 할머니들이 계신 마을로 향했다. 봄꽃 필 무렵부터 할머니들을 만나 뵙기 시작해서 더운 여름에는 아예 할머니들 댁에서 먹고 자며 농사일을 거들었다. 한여름 땡볕이 내리쬐어 숨이 턱턱 막히는 비닐하우스 안에서 종일 허리 굽혀 고추를 따면서, 개미가 떼로 기어 다니는 옥수수 밭을 매면서, 할머니들이 살아온 이야기와 토종씨앗 이야기를 들을 수 있었다.

오래된 미래, 할머니와 토종씨앗

횡성여성농민회의 소개로 처음 만났던 할머니는 정애기 할머니였다. 이름은 '애기'이지만 올해로 89세인 할머니는 큰아들 내외와 함께 농사를 지으며 살고 계셨다. 콩, 수수, 조를 비롯해 고들빼기, 깨, 곰취, 호박, 고추, 파, 마늘 등을 70년째 토종씨앗으로 농사를 짓는 정애기 할머니가 채종한 씨앗들은 실하다는 소문이 나서 동네 사람은 물론이고 멀리서도 소문을 듣고 찾아오는 사람이 있을 정도였다. 할머니 자신이 종자은행인 셈이었다. 할머니는 일제 강점기와 6·25전쟁을 겪으면서 형제를 잃었고 학교도 다니지 못했으며 글도 배우지 못했다. 더욱이 남편의 도박과 음주, 폭력, 어린 자녀들의 죽음, 가난, 시집살이, 전염병 등으로 순탄치 않은 삶을 살아왔다. 그러나 농사에서만큼은 자신감이 넘쳤다.

"내가 뭐 심는 데는 도사여!"

할머니는 농사에는 도가 텄다며 동네 사람들에게 '들귀신'이라고 불린다고 했다. 비바람이 몰아쳐도, 몸이 아파도 매일 들로 일을 하러 나가야 했던 할머니에게 일은 고되었지만 항상 먹을 것을 내주는 밭이 고마웠다. 밭은 위로의 공간이기도 했다. 속상한 일이 있을 때마다 들로 나가 호미질을 하다 보면 시름을 잊을 수 있었다.

횡성 시내에 닷새마다 서는 장날이면 시장 변두리 담벼락 아래에 토종 농작물을 펼쳐둔 80대 할머니들이 옹기종기 모여 앉는다. 정애기 할머니의 낙은 이 오일장에 나가서 또래 친구들과 함께 저자를 보는 것이다. 할머니는 직접 농사지은 작물은 물론이고 토종씨앗도 내다 파셨는데 농사를 좀 지어본 사람들은 귀한 씨앗임을 알아보고는 냉큼 사가곤 했다.

할머니는 화학비료를 쓰지 않고 여전히 소와 개의 배설물을 모아 볏짚과 함께 발효시켜서 거름을 만들고, 시어머니한테 물려받은 토종씨앗을 심었다. 강원도라는 지역 특성상 좁은 땅에서 수확량을 늘리기 위해 옥수수 밭의 고랑에는 콩이나 들깨를 심는다. 7~8월 옥수수를 거두고 나면 밭고랑 사이에 심어둔 콩과 깨가 한창 햇빛을 받고 자라는 시기와 맞아떨어진다. 이러한 섞어짓기는 '땅심'을 돋우기 위한 목적도 있었다. 할머니의 밭 구석구석에는 고들빼기며 갓이며 취가 빈틈없이 심겨 있었는데, 심지어 집 앞 버스정류장 옆에도 호박을 심어 누구든 가져가게 해놓았다. 할머니가 지켜온 70년 농사의 철학은 자연에 순응하며 나누고 또 나누는 것이었다.

"잘되면 좋고 안 되면 속상하고 그렇지 뭐. 농사가 망할 때도 있고 잘될 때도 있어. 만날 잘될 수 있나. 그렇게 생각하고 사는 거지."

횡성 터미널에서 버스를 타고 고개를 하나 넘고 커다란 강을 건너면 너른 들판이 나온다. 이제 몇 가구 살지 않는 작은 마을에 단층으로 지어진 빨간 기와집에 이연수 할머니 내외가 살고 계셨다. 할머니는 힘든데 뭣 하러 또 왔냐며 무심한 표정으로 한 손에 잡히는 앙증맞은 토종 붉은 쥐이빨옥수수를 털어내 팝콘을 만들어주시곤 하셨다. 또 "덥지?" 하시며 냉장고에서 시원해진 토종 오이며 갖가지 먹을거리도 내어주셨다.

당시에 73세였던 이연수 할머니는 열여덟 살에 횡성으로 시집와서 60년째 농사를 짓고 계셨다. 할머니가 보유한 토종씨앗만도 수십 가지였는데 그동안 이미 횡성여성농민회에 씨앗을 많이 나눠주신 장본인이었다. 학교에 다니지 못해 글을 쓸 줄 모르셨지만 새마을지도자와 부녀회장을 맡아서 마을을 이끌었고 농사에도 척척박사로 정평이 난 분이

셨다. 할머니한테 어떤 작물의 재배, 수확, 보관 방법을 물어보면 늘 막힘없이 자신만의 방법을 들려주셨는데, 예를 들면 이랬다.

"할머니, 메밀은 언제 수확해요?"

"그거는 키가 말만 해져. 말복에 가서 말이 이렇게 드러누운 것 마냥 돼야지만 그 메밀이 잘된 거래."

할머니의 지식은 책이나 인터넷에서 볼 수 있는, 이른바 과학적인 지식과는 달랐다. 예를 들어 할머니 이야기에 따르면 메밀 농사의 경우, 깨를 수확한 뒤에 메밀 씨앗을 고랑마다 뿌리고 말복에 메밀이 드러누운 말만큼 줄기가 자랐을 때 수확해야 한다. 과학적인 수치가 아니라 자연에 빗댄 할머니의 설명 방식이 나에게는 이해하기도 기억하기도 수월했다. 씨앗을 골라서 보관하는 방법도 설명해주셨는데, 각각의 작물마다 자신만의 보관 방법이 따로 있었다.

"녹두는 노란 것 있잖아. 저기다 갖다 놨던 그거는 하나씩 빻아야 해. 하얀 녹두도 빻아야 하고, 파란 녹두도 빻아야 해. 빻아가지고 저기 고방에다 담아가지고 말려. 말려가지고 발로 꽉꽉 밟아서 봉지에다 담아놓지."

"그다음에는 어떻게 해요?"

"다 털어서 까불러가지고(키질하거나 티끌을 없애서) 봉지에다 담아가지고 이제 여름에는 저기 광에다 뒀다가 차곡차곡 바짝 말려둬야지."

"수수는요?"

"수수는 여물면 낫으로 잘라가지고 이렇게 묶어가지고 말려가지고는 보리처럼 털어야지. 털어가지고 까불러서 빠짝 말려서 능거 와야지(낟알의 껍질이 벗겨지도록 찧어야지)."

이연수 할머니는 그때그때 작물의 상태에 따라 좋은 씨앗을 채종하여 각기 다른 방법으로 선별했다. 녹두는 껍질을 벗겨 바짝 말린 후에 색이 선명하고 큰 씨앗을 골라 보관하고, 수수나 보리, 조의 경우에는 씨앗이 작으니 줄기째로 단을 묶어서 바짝 말린다. 그런 다음에 씨를

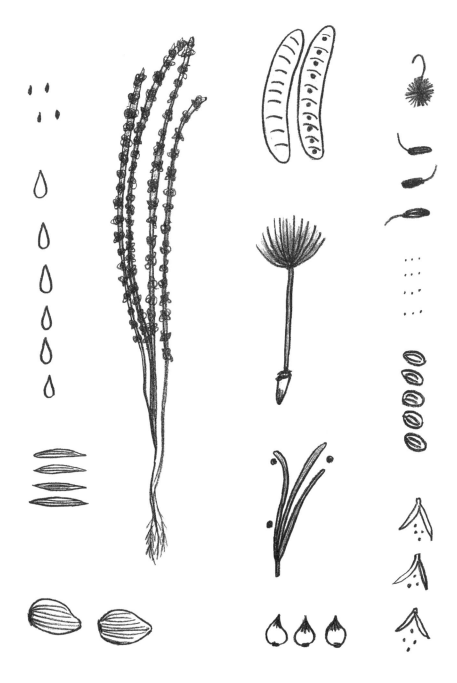

털어서 키질을 하거나 방아를 찧어서 씨앗을 골라낸다. 선별한 씨앗은 다음 해 농사에 사용하기 위해 새나 쥐가 먹지 못하게 하고 비에 젖지 않도록 잘 보관해두어야 한다.

씨앗을 받으려면 발아에 관한 지식, 적합한 토양의 성질도 알아야 한다. 또한 씨앗을 시각적으로 선별하는 능력, 습도와 날씨 조건을 감지하는 예민한 감각이 요구되며, 끈기와 근력도 필요하다. 한마디로 씨앗에 대한 지식이 필수적이다. 이연수 할머니, 정애기 할머니를 비롯해 할머니들의 씨앗과 농사에 관한 지식은 활자화되고 표준화된 지식이 아니라, 자연 환경에 토대한 경험적 지식이었다. 할머니들은 계절에 따라 변화하는 자연 환경을 몸으로 체득했고 이는 매 계절마다 순환하는 농사일의 토대가 되었다. 할머니들의 지식은 객관적 기준으로 언어화되어 있지 않았지만 실제로는 전문적이고 숙련된 지식이었다(김신효정, 2012).

기록되지 못한 토착지식

내가 만났던 할머니들은 농사지어 가족을 먹여 살려야 했던 분들이었는데, 씨앗 살 돈이 없어 계속해서 스스로 씨앗을 받아오신 분들이었다. 할머니들의 농사법과 토종씨앗들은 그동안 나의 삶에서 좀처럼 알 수 없던 것들이었다. 씨앗이라면 그저 실험실에서 개발된 씨앗이 다라고만 생각했다. 실제로 몬산토, 카길, 신젠타 등 글로벌 종자 회사의 전 세계 시장점유율은 70퍼센트가 넘는다. 농촌진흥청에 따르면, 우리나라 농민들도 전체 씨앗의 70퍼센트를 초국적 기업에 돈을 지불하고서 구입한다고 한다. 예를 들어 우리가 먹는 청양고추의 경우도 씨앗을 몬산토코리아에다 돈을 주고 사서 심어야 한다. 그런데 이렇게 보통 기업이 판매하는 씨앗들은 채종해놓았다가 다음 해에 다시 심지 못하도록 조작된 것들이다. 그래서 농민들은 매년 씨앗을 새로 사야 하고 씨앗에 맞게 개발된 퇴비와 제초제도 더불어 사야 한다. 그리고 이런 씨앗들에게는 우리 땅에서 토착화된 농사법이 적용되지 않으므로 농민들은 땅과 씨앗을 돌볼 필요 없이 오로지 수확량과 생산성에만 골몰하게 된다.

우리의 기억 속에서 잊혀가고, 기업의 씨앗에게 자리를 빼앗긴 토종씨앗과 채종 문화를 널리 알리게 된 것은 2000년대 중반 GMO 반대운동 단체인 'GMO반대생명운동연대'(이하 '생명연대') 활동 덕분이었다. 1990년대 중반 이후 몬산토를 비롯한 다국적 기업들이 대규모로 재배해 세계 각국으로 퍼진 GMO 작물의 안전성 논란이 유럽과 미국에서 격렬하게 타올랐다. 유전자를 제초제나 항생제에 내성을 갖도록 조작한 씨앗이 생태계 교란을 일으키는 문제와 농민들이 입는 피해가 국내 농업과 환경, 소비자운동 분야에 알려지면서 결성된 생명연대가 정부와 시민들에게 경각심을 촉구하던 때었다.

2004년에 생명연대는 원주 신림농협에서 토종씨앗을 얻어 농민, 여성농민회, 환경·생태 단체 활동가들 몇몇에게 나누어 주는 행사를 열었다. 우리도 모르게 식품의 원료가 되어버린 GMO로부터 자유로워질 수 있는 대안은 토종씨앗을 되살리는 방법뿐이라고 생각했기 때문이다. 당시 씨앗을 나누어 가진 사람들, 친환경 농업을 하는 농민, 여성농민회 활동가들, 텃밭 한번 가꾸어보겠다 하는 사람들 약 스무 명 정도가 모여서 토종씨앗의 중요성을 이야기하고, 각지에서 받아온 토종씨앗을 나누어 가졌다. 1년이 지나 다시 모였을 때, 결과는 참담했다. 대부분이 씨앗을 채종하지 못했던 것이다. 씨앗을 직접 심어서 다시 채종해 가지고 온 사람은 단 한 사람뿐이었다. 횡성에서 농사를 짓던 70대 할머니만이 유일하게 몇 알의 씨앗을 한 되로 되돌려준 것이다. 이때 여성농민회 활동가들은 지금의 할머니 세대가 돌아가시고 나면 씨앗 채취도 끝장나겠구나, 각성했다고 한다. 이런 과정을 거치면서 이들은 토종씨앗을 지키려면 고령의 여성 소농들이 보전해온 밭작물 위주의 씨앗과 토착지식이 대단히 중요하다는 사실을 인식하게 되었고, 2005년 이후 주도적으로

'토종씨앗 지키기 운동'을 전개하게 되었다(김효정, 2011).

　　40~50대의 상대적으로 젊은 여성 농민들은 토종씨앗 지키기 운동을 시작할 당시만 해도 토종씨앗은 이미 사라져버렸을 것으로 짐작했다. 토종씨앗은 농촌진흥청 같은 종자은행에나 있는 줄 알았다. 게다가 운동이 전개되던 초기에 만난 씨앗들은 대부분 기후나 토양이 다른 지역에서 가져온 것들이었다. 전라남도의 씨앗을 강원도에 심으니 아예 발아하지 않거나 기형으로 자라는 등 시행착오를 겪었다. 그러자 젊은 여성 농민들은 다른 지역의 씨앗을 구해서 심을 것이 아니라 살고 있는 마을과 그 주변에서 토종씨앗을 찾아보자며, 2007년부터 횡성을 시작으로 지역별로 토종씨앗 보유 현황을 직접 조사하러 나섰다. 그리하여 젊은 여성 농민들은 마을에 사는 60~80대의 할머니들에게시 토종씨앗을 구할 수 있었다. 그들은 집집마다 할머니들을 찾아다니며 할머니가 지켜온 씨앗은 물론이고 농사법, 채종법을 비롯해 다양한 토착농업지식을 전해 들을 수 있었다.

　　토종씨앗 지키기 운동이 식량주권을 지키는 대표적인 운동으로서 전국적으로 확산될 수 있었던 데에는 늘어난 귀농 인구도 일조했다. 기록되지 못한 토착지식이 젊은 귀농인들에 의해 재발견된 것이다. 특히 젊은 귀농 여성 농민들은 거주하는 마을을 돌아다니며 지역에서 지켜온 토종씨앗을 찾아내고 그것들을 보전해온 할머니들을 만나 이야기를 듣고 기록하기 시작했다. 토종씨앗을 매개로 이루어진 여성 농민 세대 간 소통과 연대는 할머니 여성 농민들이 자신들의 삶과 경험에 긍정적인 의미 부여를 할 수 있도록 해주었다. 즉, 단순히 시골에 사는 늙고 무기력한 존재가 아니라, 미래 세대를 위한 지식을 전수하는 주체로서 재조명될 수 있었다. 이러한 세대 간 소통과 연대는 서로에게 자신의 삶과 경험을 긍정적으로 바라보도록 북돋아 주었다. 돈을 벌기 위한 농사를 짓던 젊은 귀농 여성 농민들은 윗세대 여성 농민들의 지식과 경험의 가치를 재조명하는 것이 자신의 미래 준비와 연결된다는 것을 깨달았

다. 토종씨앗으로 농사짓는 할머니들처럼 고마운 존재가 되겠다는 꿈도
갖게 되었다.

할머니들은 왜 씨앗을 지켜왔을까?

씨앗은 왜 할머니들의 손에서 손으로 전해 내려왔을까? 현대에
와서도 여성 농민들이 씨앗을 지키려고 나서는 이유는 무엇일까? 농업
이 산업화되기 이전에도 성별 분업으로 여성들이 씨앗을 관리하고 보존
하는 경우가 많았다. 역사적으로도 세계 여러 지역의 농경문화에서는
농업과 대지를 상징하는 여신이 숭배되었다. 고대 그리스의 가이아와 데
메테르, 수메르의 이난다, 바빌로니아의 이슈타르, 이집트의 이시스, 아
스텍의 코아틀리쿠에 등이 그러한 예들이다(프레이저, 2003). 동북아에서
도 대지의 여신과 비슷한 존재를 찾아볼 수 있다. 제주도 농업의 여신이
자 오곡의 여신 자청비는 '세경 할망'이라고도 부른다(김정숙, 2002). 과거
중국과 한국에서는 사직에 제사를 지냈다. 여기서 눈여겨볼 것은 사직
(社稷)이라는 글자로, 사(社)는 토지의 여신을 뜻하고 직(稷)은 곡물의 신
을 뜻한다.

21세기에도 한국에서는 가사노동의 성별 분업이 유지되고 있어
서 여전히 여성들 대다수가 가족의 밥상을 준비한다. 특히 여성 농민들
은 가족이 먹을 음식을 텃밭에서 따로 기르면서 씨앗을 보관하는 일도
맡는다. 밭에서 난 작물을 수확할 때마다 각각의 씨앗을 모으고 이를
집안 곳곳에 분리하여 관리하는 일은 가족의 밥상을 장만하기 위한 일
의 가장 첫 번째 과정이었다. 횡성 할머니들 역시 어떤 씨앗은 부엌 천장
에 걸어서 그을음을 쐬도록 보관하고, 어떤 씨앗은 장독 깊숙이 넣어서
쥐나 새가 파먹지 못하게 하는 일을 해왔다. 씨앗이 상하지 않고 잘 보
존될 수 있는 집안 구석구석을 찾아 보관하는 작업은 가사노동과도 연

결되어 있었던 셈이다.

토종씨앗으로 농사를 지어온 여성 농민의 삶에서 힘겨운 과제 중 하나는 이듬해 농사에 쓸 씨앗을 잘 거두는 것이었다. 농부아사침궐종자(農夫餓死枕厥種子), '농부는 굶어 죽는 한이 있어도 씨앗을 베고 죽는다'는 뜻의 옛말이 있을 정도로 씨앗은 귀하게 다루어졌다. 씨앗은 농사의 시작이자 다음 해 농사를 위해 가장 중요한 자원이었고, 그 농사는 가족과 공동체의 생존 수단이었다. 따라서 오랜 세월에 걸쳐 기후와 땅에 맞게 선별되어 전해진 토종씨앗에는 여성 농민들의 지식과 기술, 삶이 알알이 담겨 있는 셈이다. 이처럼 씨앗은 여성 농민의 어머니에서 딸에게로, 시어머니에서 며느리에게로, 이웃에서 이웃에게로 전해 내려왔다.

씨앗에는 자유와 민주주의가 담겨 있다

우리의 밥상에서 토종씨앗이 사라지기 시작한 시기는 다수확과 대량 생산을 목표로 삼은 '녹색혁명'과 산업화의 물결이 밀려온 1970년대부터였다. 그전까지는 제일 좋은 씨앗을 골라 이듬해까지 보관하는 일이 농민에게 주어진 가장 중요한 임무였지만, 농업의 산업화가 진행되면서 개량씨앗, 화학비료, 농약, 제초제 등을 패키지로 시장에서 구매하는 형태로 농업 방식이 바뀌었다. 그러면서 전통 농법은 돈이 되지 않는 오래되고 낡은 것으로 치부되어 점차 사라지고, 수출용 작물이나 고수확 품종 단일재배의 길을 걷게 되었다.

그러나 대량의 단일경작 농업과 GMO 생산은 음식 독재, 즉 식량 전체주의와 다를 바 없다(시바, 2003). 식량 독재는 정치적 독재와도 연결된다. 세계무역기구(WTO)가 유전자 변형에 대한 저작권을 인정한 이후로 결국 씨앗은 상품으로서 기업에 의해 독점되었다. 그 결과 농민들은 계속해서 일회용 씨앗과 함께 비료 값, 살충제 비용을 기업에 지불해야 하는 처지에 놓였다. 기업이 가격을 올리면 올리는 대로 농민은 그대로 따를 수밖에 없다. 몬산토사가 파는 GMO 씨앗을 구입하여 농사를 짓다 빚을 다 갚지 못했던 인도의 농민 20만 명은 결국 스스로 목숨을 끊었다고 인도의 농민 단체는 주장한 바 있다(정현덕, 장경호, 2014).

똑같은 작물을 대량 생산하는 농업이 정착됨으로써 우리의 밥상은 똑같은 맛과 유전자를 가진 농산물이 점령하고 있다. 전 세계 대다수 사람들이 소비하는 몬산토의 GMO 콩은 마치 맥도날드의 햄버거처럼 맛과 생김새가 동일하다. 반대로 토종씨앗은 그 종류만도 수백, 수천 가지가 넘는다. 콩을 예로 들자면, 밥 지을 때 넣으면 맛있는 선비잡이콩, 떡에 넣으면 씹는 맛이 좋은 어금니동부, 호랑이줄무늬콩 등등 다양한 맛과 쓰임새가 존재한다.

그러나 지금까지 토종씨앗을 지켜온 70~80대 할머니들은 일제강점기, 한국전쟁과 같은 고난의 근현대사를 건너오면서 남성 중심의 가부장제 아래에서 일구고 대대로 지켜온 토종씨앗 및 토착지식과 함께했지만 그들의 삶은 역사로 기록되지 못했다. 할머니들의 삶이자 지혜였던 토종씨앗과 토착지식은 삶의 양식에서 비롯된 문화유산이자 과학적 근거를 가진 것인데도 자연적인 것의 일부로 정의되었고, 급격한 산업화의 뒤안길로 사라지고 있다.

이제는 변화가 필요하다. 단일한 작물을 더 많이 생산하는 것이 아니라 다양한 영양, 다양한 맛, 다양한 생물의 생산성을 높이는 것이 필요하다. 단작 대량생산보다 다양한 작물을 유기적으로 생산하는 것이 더 많은 수확량을 내고 기후변화에 대응할 수 있다는 연구 결과들도 나오고 있다. 또한 세계의 여러 연구자들과 연구기관들은, 음식이 넘쳐나지만 여전히 굶어 죽는 사람들이 생겨나는 것은 생산량이 모자란 것이 아니라 분배의 문제임을 밝히고 있다. 따라서 농업혁신이란 초국적 기업의 GMO 기술이나 하이테크 기술 개발, 더 많은 투자와 이윤 창출이 아니라 민주적인 '영양'과 '건강'을 생각하는 것이다.

　　여성들이 토종씨앗으로 농사를 지어 영양가 높은 음식을 만들어 이웃과 나누어 먹는 것은 GDP에 포함되지 않는다. 여기에서는 돈이 오가지 않기 때문이다. 반면 한 번의 스키 경기를 위해 500년이 넘은 숲의 나무를 자르면 GDP는 올라간다. 나무를 자르면서 발생한 비용, 숲을 헤치고 스키장을 짓는 비용이 새로 발생하기 때문이다. 과연 생명이 사라지더라도 화폐 가치가 상승했으니 우리는 발전했다고 선언할 수 있을까. 화폐 가치로만 측정되는 GDP는 우리의 삶을 온전히 설명해주지 못한다. 거기에는 삶의 문화와 다양성의 가치가 반영되어 있지는 않기 때문이다.

　　마지막으로 당부하고 싶은 것이 있다. 씨앗과 할머니에 대한 나의 이야기가 마치 여성들만 '오로지' 씨앗을 지켜야만 하는 것처럼, 즉 여성이 맡아야 할 과제로 인식되지 않기를 바란다. 나는 씨앗과 할머니의 이야기를 통해 억눌리고 숨겨진 여성의 노동과 지식, 삶의 지혜를 새롭게 바라볼 수 있었다. 그것은 우리가 숨 쉬며 살아갈 숨겨진 공간과 시간에 대한 이야기이기도 하다. 넘쳐나는 패스트푸드와 국적 불명의 GMO 밥상에 지쳐만 갔던 내가 잠깐이라도 내 삶을 돌아볼 수 있는 기회이기도 했다.

참고문헌

• 김신효정 (2012), 〈오래된 미래: 할머니들의 토종씨앗 이야기〉, 《귀농통문》 통권 61호.
• 김정숙 (2002), 《자청비·가믄장아기·백주또―제주섬, 신화 그리고 여성》, 각.
• 김효정 (2011), 〈여성 농민의 토착지식에 기반한 '토종씨앗 지키기' 운동의 특성과 과제〉, 《농촌사회》 제21집 2호.
• 노르베리 호지, 헬레나 외 (2003), 《모든 것은 땅으로부터》, 정영목 옮김, 시공사.
• 레윈학, 셸라 (1995), 《여성 노동의 역사》, 김주숙 옮김, 이화여대출판부.
• 시바, 반다나 (2003), 《누가 세계를 약탈하는가》, 류지한 옮김, 울력.
• 정현덕·장경호 (2014), 《종자, 세계를 지배하다》, 시대의창.
• 프레이저, 제임스 (2003), 《황금가지》, 이요대 옮김, 한겨레출판.

타자를
향한
따뜻한
시선,
에코페미니즘

장우주 '배곳 바람과 물' 기획위원

여기저기에서 불안과 공포를 말한다. 하지만 역설적이게도 불안과 공포가 삶을 위협할수록 새로운 대안을 모색하려는 기운 또한 더 강렬하게 싹을 틔운다. 폐허의 끝, 혹은 중심으로부터 밀려난 주변부에서 그 상황을 직시하며 대안을 모색하려는 목소리도 들리기 시작한다. 기존의 사회 체제를 지탱하는 패러다임을 의심하고 해체하면서 대안적인 삶과 사회 체제를 모색하는 담론과 실험도 이어지고 있다. 에코페미니즘 역시 다양한 모색과 실험을 벌이고 있는 한 담론으로서 거론되고 있다.

이러한 위기 시대의 대안 담론으로서 에코페미니즘이 가진 가능성을 살펴보기 위해서는 에코페미니즘의 기본적인 논의와 함의를 먼저 검토할 필요가 있다. 이 글은 에코페미니즘이 제기하는 가장 기본적인 문제제기들을 간략하게나마 살펴보는 데 목적이 있다. 이와 관련된 물음은 다음과 같다.

생태주의와 페미니즘을 접합한 에코페미니즘은 현대 사회에 대한 어떤 문제제기에서 출발하는가? 여성이 자연에 더 친화적인가? 인간 중심적인 사유 방식에서 벗어나 인간과 자연 간의 관계를 바라보는 관점은 어떤 전환을 가져다주는가? 지구, 미생물, 자연을 보살핀다는 것은 가치의 차원에서 어떤 전환을 가져올 수 있을까? 더 나아가, 이러한 가치들이 개인적 실천을 넘어 정치적 차원으로까지 나아갈 수 있을까? 다시 말하면 에코페미니즘으로 세상을 볼 때 인식의 지평에서 어떠한 확장이 일어나는지 탐색하자는 것이다.

에코페미니즘, 에콜로지와 페미니즘의 접합

에콜로지(생태주의)와 페미니즘이 접합되어 탄생한 이론이자 운동인 에코페미니즘은 여성의 권리와 평등을 강조하는 페미니즘에서 한

발 더 나아가 자연과 생태에도 관심을 둔다. 젠더로서의 남성과 여성, 중심과 주변부 등의 관계에 중점을 두던 기존 논의에서 비인간 생명체, 혹은 자연과의 관계로 그 논의를 확장한 셈이다.

에코페미니즘보다 앞서 인간과 자연의 관계를 다룬 생태주의에는 여러 갈래가 있었다. 인간이 자연과 어떻게 관계 맺느냐에 따라 사회생태론, 심층생태론 등으로 나뉘었다. 이러한 생태주의는 근대 문명을 비판하며 새로운 사유 방식의 전환에 씨앗이 되었는데, 생태주의가 제시한 명제들은 다음과 같다.

첫째, 인간과 자연의 관계는 서로 영향을 주고받는 관계다. 인간의 삶은 생태계의 영향을 받으며, 환경 또한 인간의 개입으로 영향을 받는다. 나아가 생태계의 모든 존재는 서로 연관되어 있다는 생각이다.

둘째, 자연의 내재적 가치를 인정한다. 생태주의는 자연을 인간의 삶과 사회를 위한 물질적 자원으로 대상화하는 인간 중심적 시선에서 벗어나, 그 자체로서 고유한 가치를 지닌 것으로 바라본다. 들꽃 한송이, 작은 벌레 하나까지도 인간의 목적을 충족시키는 것과는 별도로 본래적 가치를 지니고 있으며, 이 가치를 존중해야 한다는 생각이다.

셋째, 생태계가 다양성과 풍요로움을 추구하는 방향으로 나아가고 있다는 점에 주목해야 하며, 다양한 종이 지닌 본래적 가치를 존중하고 그것들을 보존해야 마땅하다. 따라서 생존에 필요한 욕구를 충족시키는 것 이상으로 생태계의 다양성을 축소시킬 권한이 인간에게는 없으며, 오히려 인간이 자연에 과도하게 개입하고 착취함으로써 지구 생태계의 상황을 악화시키고 있다고 본다. 생태주의에 동의하는 사람들은 자연을 보호하는 수준이 아니라 경제, 정치, 기술, 정책 등 구조적인 측면에서 근본적인 변화를 꾀해야 한다고 주장한다.

이러한 생태주의의 기본적인 접근에 대해 에코페미니즘은 다른 강조점과 새로운 목소리로 응답하고 있다. 에코페미니즘 이론의 기본적인 틀은 무엇인지 살펴보자.

에코페미니즘은 여성 억압과 생태 위기의 연관 관계를 밝히는 데에서 출발한다. 미국의 에코페미니스트 학자 캐런 워런(Karen Warren)은 다음의 명제에 대한 비판에서 에코페미니즘이 출발한다고 제시한다(Warren, 1993: 324).

1. 여성들은 자연, 물질적인 것과 동일시된다. 남성들은 인간, 정신적인 것과 동일시된다.
2. 자연과 물질적인 것은 인간과 정신적인 것에 비해 열등하다. 즉, 후자가 더 우월하다.
3. 따라서 여성은 남성보다 열등하고 남성은 여성보다 우월하다.
4. X와 Y가 있을 때, X가 Y보다 우월하다면, X가 Y를 종속시키는 것은 정당하다.
5. 따라서 남성이 여성을 종속시키는 것은 정당화된다.

현대의 지배적인 세계관은 여성과 남성, 물질과 정신, 자연과 문화, 타자와 자아, 몸과 정신 등으로 이분되어 있는 패러다임이다. 더 나아가 여성, 자연, 물질 등은 열등하므로 우월한 남성, 문화 등에 종속되어야 한다는 '식민화의 논리'가 작동하고 있다(Plumwood, 1993). 이러한 위계적인 이분법에서 하위에 해당하는 여성, 자연, 타자, 유색 인종, 원주민, 노동자, 동물 등이 가부장제 패러다임 안에서 열등한 지위를 가지며 우월한 존재에 종속되어야 한다는 것이다.

또한 열등한 지위를 가진 이들은 다양한 억압을 겪는데다 그 억압들이 중첩, 교차하는 방식으로 작동할 수 있다(Adams & Gruen, 2014: 2). 예를 들어 농촌에 사는 가난한 유색 인종 여성 노인의 경우, 인종, 계층, 지역, 젠더, 연령에 따라 그 억압이 교차되어 상호 작용하게 된다. 이러한 여성은 도시의 건강한 상류층 중년 남성과는 다른 삶을 살게 된다. 또한 이러한 하위의 존재들은 상위의 존재들에 의해 대상화되고 타자화된다. 유색 인종이어서, 농촌 출신이어서, 가난한 계층이어서, 어려서, 교육을 제대로 받지 못해서, 고양이라서, 바윗덩어리에 불과해서, 자기의 의견을 말할 수 없는 아이라서, 병든 할머니여서, 동성애자라서……이런저런 이유로 이들은 기존의 패러다임 안에서 소수자이자 열등한 존재로 타자화되는 것이다.

    에코페미니즘은 바로 이러한 타자화된 소수들을 '의미 있는 타자(significant others)'로서 관계를 재정립하면서, 자연물을 무한한 경제성장을 위한 자원으로 바라보는 관점을 거두고 인간과 상호 관계를 맺고 공존할 수 있는 의미 있는 타자로 복원하고자 한다. 이처럼 의미 있는 타자와의 상호 연관성을 인지하여 시각을 전환하기 위해서는 타자와 공감하는 능력이 강조된다. 가령 새집증후군으로 아토피가 심해진 아이를 둔 엄마는 후쿠시마의 방사능 오염이 야기한 백혈병으로 고생하는 아이와 그 부모의 마음을 헤아릴 수 있게 된다. 더 나아가, 길에 버려진 고양이의 배고픔과 생존에 관심을 기울일 수도 있게 된다. 나의 어려움이 단순히 고통으로 그치는 것이 아니라, 다른 어려움에 처한 약자의 고통이나 아픔을 함께 느끼고 공감하는 끈을 형성하는 것이다. 에코페미니스트의 관점을 가지면 의미 있는 타자로서 공감의 대상이 되는 존재는 인간 사회를 넘어서서 다른 동물, 식물, 무생물, 지구뿐 아니라 다음 세대로도 확장된다.

여성과 자연: 구체적인 맥락에서 구성된 연관성

    에코페미니즘 관련 논의에서 매우 논쟁적인 부분 가운데 하나는 여성과 자연의 관계를 어떻게 보느냐, 즉 여성과 자연이 본질적으로 연결되어 있다고 주장하는 본질주의적 관점을 둘러싼 논란이다. 특히 아이를 잉태하고 출산, 양육하는 여성의 경험과 그것을 가능하게 하는 여성성이 본질적으로 우위에 있다고 주장하며 1970년대에 등장한 문화적 에코페미니즘의 갈래는 상당히 파격적이었다. 구체적으로 말하면, 여성은 아이를 낳고 키우는 생물학적 경험이 가능하므로 '본질적'으로 여성성이 남성성보다 우월하고 이 경험을 바탕으로 여성은 자연과 환경을 이해하는 데 뛰어나며, 여성성과 자연의 관계가 본질적이라고 강조하는 시각이다. 이러한 본질주의적 관점은 격렬한 논쟁들을 불러일으켰다. 그중 하나는 모든 여성을 '여성'이라는 단일한 개념으로 설명하면 이 개념이 포괄하지 못하는 차이가 너무 많다는 반론을 들 수 있다. 즉, 사는 곳, 계층, 가족 관계, 하는 일, 경제적·사회적·문화적 상황에 따라 여성들의 역할이 달랐고 그에 따라 체득한 경험과 지식이 다를 수 있는데 여성을 과도하게 일반화해서 묘사한다는 비판이다. 한국 안에서도 제주도의 어촌에서 물질을 해온 70대의 여성인지, 서울 강남구에서 거의 평생을 산 주부인지에 따라 다르며, 이들과 네팔 근교의 작은 도시에서 병으로 세상을 떠난 남편 대신 세 아이를 키우며 카펫 제조 노동자로 살아가는 40대 초반의 여성 사이에는 수많은 차이가 존재한다. 그래서 여성과 자연 사이에 친화성이 있다는 생각은 비역사적인 생각이거나, 보편성 혹은 필연성을 전제로 출발하는 위험한 생각일 수 있다는 지적이었다(Cuomo, 1998; Biehl, 1991).

　　이 지점에서, 여성과 자연의 관계성이 본질적인 것이라기보다 역사적으로 구성된 것이라고 주장하는 사회주의적 에코페미니스트의 관점은 중요한 통찰을 제공한다. 이들은 여성과 자연의 관계가 물질을 중심으로 정치경제적·역사적 맥락에서 구성된 관계라고 본다. 아리엘 살레(Ariel Salleh)를 비롯한 이들 이론가들은, 자본주의에서 행해진 자연 파괴와 가부장적이고 남성 중심적인 사회 구조는 서로 연관되어 있으며 이 두 이데올로기는 생산력을 높이기 위해 환경, 자연, 여성을 착취의 대상으로 여긴다는 점에서 동일한 구조라고 본다. 여성은 출산과 양육 노동이 가능한 몸을 지녔으며, 지속적으로 인간과 자연을 연결하려고 배려해왔다는 점에 또 주목한다. 또한 여성은 농부이자 약초 전문가이며 도예가이자 시인이자 화가이자 철학자이면서 그와 동시에 일상의 수다로 삶에 뿌리를 내린 활동을 하는 능력과 젠더화한 지식을 지닌 존재라고 강조한다.

이러한 입장은 또 다른 사회주의 에코페미니스트인 마리아 미즈, 반다나 시바와 같은 이론가들과도 맞닿아 있다. 특히 시바는 땔감을 줍고 숲에서 양식을 얻어온 인도 여성들의 역할과 책임감이 자연과 연관되어 있으며, 이런 점이 곧 '자급'을 위해 자연과 관계를 맺은 방식이라고 강조한다. 자본주의 다국적 기업이 벌채를 하려고 숲에 들어왔을 때, 인도 여성들이 자급의 터전인 자연을 지키기 위해 나무를 껴안고 저항한 칩코(Chipko) 운동은 개발도상국 여성들의 환경운동사에서 하나의 상징으로 자리 잡았다(Shiva, 1989).

한편 에코페미니즘이 1970년대 백인-중산층-이성애자 중심의 북아메리카 문화를 토대로 형성된 이론이라는 비판에도 주목할 필요가 있다(Sturgeon, 1997; Sandilands, 1999). 개발도상국에서 일어난 에코페미니즘 이론의 상징으로 여겨지는 시바의 칩코 운동과 에코페미니즘 논의조차 인도 여성들의 다양한 계급과 인종, 생태적 환경과 삶의 방식의 차이를 충분히 설명하지 못한다는 지적도 있다(Agawal, 1992). 땔감과 먹을 것을 숲에서 얻는 삶의 방식은 인도 농촌 여성에 국한되며 인도의 여성 전체를 포괄하지 못한다는 주장이다. 그러므로 자연과의 연관성은 문화, 종교, 계급, 섹슈얼리티, 인종 등으로 구체화된 다양한 여성들이 저마다 처한 맥락에서 재구성된다고 볼 수 있다. 숲에서 나무 땔감을 구하고 약초를 구했던 여성들은 그러한 경험을 통해 약초 관련 지식을 쌓으면서 그들 나름으로 자연과의 연관성을 축적해왔다는 말이다. 카트리오나 샌딜랜즈(Catriona Sandilands)는 이처럼 특정한 경험을 수행하면서 쌓인 연관성을 '수행적 연관성(performative affinity)'이라는 개념으로 명명한다(Sandilands, 1999).

이러한 주장을 볼 때 내 생각에 여성과 자연 사이의 연관성은 보편적이라거나 본질적이라고 보기는 어렵다. 오히려 역사적·경험적 맥락과 상황 속에서 여성들의 계급, 섹슈얼리티, 인종 등 다양한 차이에 의해 만들어지고 형성된 관계성으로 보아야 한다.

'보살핌' 개념 재고하기: 사적 영역에서 공적 영역으로

에코페미니즘에서 가장 많이 논의되는 키워드 가운데 하나가 바로 보살핌이라는 단어다. 최근 한국 사회와 정책에서도 '돌봄사회'나 '돌봄경제'와 같은 말들이 대안 논의의 키워드로 등장하고 있다. 돌봄이나 보살핌에 관한 논의는 어떤 배경에서 시작되었고, 자연을 돌보고 보살핀다는 것은 어떤 함의를 지니는지, 그리고 돌봄과 보살핌은 윤리적으로 어떤 특징들을 보이는지 한번 생각해보자.

보살핌 개념은 페미니즘의 논의 중에서 '보살핌의 윤리학'에서 연원한다. 1980년대 초반에 심리학자 캐럴 길리건은 젠더와 도덕 발달 관계를 다룬 연구에서, 여성들이 추상적인 정의와 책임감보다는 구체적인 맥락 안에서 형성되는 관계성에 좀 더 적극적이며, 여성들이 남성보다 타자를 잘 배려한다고 주장했다(길리건, 1998). 길리건의 이러한 윤리학은 페미니즘 내에서 배려와 돌봄, 보살핌과 관련하여 의미 있는 논의를 촉발했다.

에코페미니즘 논의에서도 이러한 보살핌 윤리학의 기본 논리들이 차용되면서 에코페미니즘 윤리학의 기본적인 논제로 등장했다. 돌보고, 양육하고, 인간의 삶을 지속시키기 위한 노동을 하는 어머니로서 여성들은 동정심, 책임감, 자연과의 교감 등을 느끼면서 세상을 돌보고 수선한다는 생각이었다. 반면에 남성들, 그중에서 특히 아버지들 역시 자녀들과 환경을 돌보지만 그런 역할을 사회적으로 요구받지는 않는다고 보았다.

　에코페미니즘 이론에서는 보살핌을 여성의 보살핌 경험에 근거하여 환경, 자연, 지구에 대한 보살핌의 윤리학으로 확대한다. 타자에 대한 관심과 배려는 말 못 하는 동물들, 자기 의사를 표현하기 어려운 어린이와 미래 세대, 자연을 의미 있는 타자로 설정하여 그 목소리를 대신 내주고 그들을 보호하는 윤리적 기반이 된다고 본다(Plumwood, 1993).

　그런데 여기서 '보살핌'이라는 가치가 어떤 맥락에서 논의되느냐에 따라 다른 의미를 지닐 수 있다는 점에 주목해야 한다. 즉, 여성과 남성의 성별 분업을 역사적·사회적 맥락에서 검토해야만 여성들의 보살핌 윤리가 지닌 가치의 가능성과 한계를 동시에 사고할 수 있다는 뜻이다. 그동안 한국 환경운동 영역에서 드러난 문제적 측면을 살펴보자.

　크게 보아 두 가지 측면에서 논의의 여지가 있는데, 첫째는 가족들의 건강과 직결된 환경문제, 먹거리 문제, 쓰레기 문제 등 일상의 문제로부터 출발한 환경문제에 대한 인식과 활동이 가정 내에서의 활동으로만 머물 뿐, 사회적 영역으로 나아가지 못한다는 것이다.

　둘째, 환경운동 조직 내에서조차 여성들에게 특정 성역할이 강조되기도 한다. 조직 활동에서 보조적인 역할을 하는 데 그친다거나, 자원 활동가라는 명목으로 잡다한 일들만 처리할 뿐 책임 있는 핵심적인 역할을 할 기회는 자주 주어지지 않는 문제가 있다는 말이다. 한마디로 성별 분업에 의해 여성들의 활동이 제약을 받기도 한다는 것이다.

　페미니즘에서 맥락을 고려하지 않은 채 모성과 보살핌을 강조하는 것은 결국 사적인 영역에서 여성들이 돌봄노동에 매몰되는 상황에 봉착하게 할 수도 있다. 여성들에게 고정된 성역할에 기반한 배려를 강조하다 보면 가사와 돌봄노동에 여성들이 매이게 되며, 환경운동 내에서도 여성들은 청소부 역할만 하는 등, 공적 영역의 의사 결정 과정에서도 배제될 위험이 있다. 그런 의미에서 돌봄노동을 개인이나 가족과 같은 사적인 영역뿐만 아니라 사회적·정치적 영역으로 재가치화하는 전환이 필요하다.

또한 보살핌의 대상을 확대할 필요가 있다. 한국에서 도시 재개발로 베어질 위기에 처한 300년 된 은행나무를 보살피는 것뿐만 아니라, 지구 반대편에 있는 아마존 숲 속에서 벌목의 위협을 겪는 나무 한 그루까지도 헤아리고 보살필 수 있는 마음으로 나아가야 할 것이다. 그렇다면 이러한 보살핌의 가치들이 가정에서만 발휘되지 않고, 공적인 영역에서 재가치화되고 핵심적인 가치로 자리 잡을 수 있을까? 즉, 지역의 정책 결정 과정에서 자연과 약자들의 입장을 대변하여 참여하고 어떤 대안적인 시도들을 실험해볼 수 있을까?

에코페미니스트에게 남은 몇 가지 과제

앞에서 살펴본 대로 자연, 다양한 소수자로 상징되는 의미 있는 타자는 대상화된 존재가 아니라 나 자신과의 관계에 따라 달라지는 존재들이다. 따라서 타자를 따뜻한 시선으로 보살피고 배려하는 가치는 중요하다. 그러나 그런 보살핌의 가치를 공적 영역에서 논의하고 실험하기 위해서는 몇 가지 고려할 지점이 있다.

첫째, 보살핌의 사회화가 어떻게 해야 가능할지 논의해야 한다. 앞에서 살펴본 것처럼, 보살핌의 논의와 실천이 사적 영역에 머무르지 않고 공적 영역으로 확장되기 위한 조건은 무엇인가 하는 질문이다. 전업주부에게 보살핌은 가족의 건강과 직결된 환경문제와 영역이 그 출발점이 될 수 있다. 그러나 보살핌을 자신의 가족에게만 국한하지 않고 이웃과 사회의 안전한 먹거리와 건강 문제로 바라보면 우리 아이들의 아토피 문제뿐 아니라 후쿠시마 원전 피해 지역 아이들의 피부 질환에도 관심이 생길 것이다. 즉, 내 아이뿐만 아니라 모든 아이들과 여성, 자연을 대변하는 목소리를 내는 정치화의 과정이 절실히 필요하다.

둘째, 그렇다면 지역 사회나 공적 영역에서 여성적 보살핌을 실험할 때 어떤 조건들이 필요한지 고려해봐야 한다. 현재 여러 지역 사회에서 유기농 반찬 가게 혹은 유기농 식품 매장의 공동운영이라든지 공동육아 방식 등이 모색되고 있다. 이러한 실험과 모색은 대규모 건설 사업 위주의 개발에서 벗어나 마을 구성원들이 공동체 의식, 건강, 먹거리, 양육과 교육 등 삶의 질과 관련된 일들에 의미를 부여하고 지역 사회 공동체를 만들어간다는 데 의미가 있다. 그러나 이러한 실험들 또한 성별 분업에 따라 주로 여성들이 해오던 분야에만 집중될 수 있으므로 영역과 분야의 확대를 꾀할 필요가 있다. 더 나아가, 지역의 다양한 여성들을 아우를 수 있는 논제와 참여 공간을 창출해야 할 것이다. 지역에서 살아가는 젊은 여성, 일하는 싱글 여성, 여성 노인, 싱글맘, 성소수자 등 다양한 여성들이 함께 소통하는 공간과 네트워크를 만들어가는 과정이 필요하다는 뜻이다.

세 번째로는 '에코페미니즘 관점에서의 시민권'에 대한 관심이 필요하다. 이는 어떻게 하면 여성의 정치적 목소리를 담아낼 수 있는가 하는 문제다. 우리는 자신의 의사를 공적인 공간에서 적절하게 표현하기 어려운 어린아이나 동물 또는 소수자 들의 목소리가 정치에 반영되도록 힘써야 한다. 후쿠시마에서 살았던 아이들, 젖소, 농부, 더 나아가 미래 세대 등 누구나가 정치 활동을 통해서 자기 목소리를 내기는 어렵다. 이러한 정치적 목소리를 낼 수 있는 절차와 과정의 좋은 예로, 여성들이 논의하고 실험하고 정책을 만들어가는 과정을 확보할 수 있는 '하위의 공적 영역(subaltern public sphere)'을 제시한 낸시 프레이저(Nancy Fraser)의 의견을 귀담아 들을 필요가 있다(Fraser, 1992). 프레이저는 성폭력 방지 법안을 예로 들면서, 먼저 관심 있는 여성들이 모여 사례를 수집하고 논의하고 실천하고 숙의하는 시공간을 확보한 다음, 성폭력 방지 법안을 만들기 위해 대안 정책을 만들어보고, 그 실현 가능성을 검토하는 과정을 거쳐 법제화하는 방식을 제시한다.

여성들이 처음부터 지역 의회나 국회에 진출해 여성들이 제시하는 환경 의제나 대안적인 정책 제안을 입법화하기에는 정치적 힘이 아직 미약하다. 그래서 지역에서 여성들이 에코페미니즘의 관점을 견지하는 지역 의제와 대안적인 지역 정책을 제안할 수 있는 작은 모임과 담론 형성의 장을 활성화하는 것이 중요하다. 이런 논의의 장이 처음에는 그저 작은 모임에 불과할지 모르지만, 차츰 지역에서 필요한 정책 의제를 제출하고 입법 활동을 벌이기 위한 아이디어를 모아낼 수 있는 역할을 해낼 것이다.

희망을 얘기하기 어려운 시대다. 일본 철학자 사사키 아타루는 후쿠시마 원전 사고 이후를 '치열한 무력'을 느낄 수밖에 없는 시대라고 규정하면서도, 책을 읽고 쓰는 것만으로도 새로운 희망을 만들어가는 출발점이 될 수 있다고 역설한다. 새로운 관점에서 세상을 바라보고, 담론을 만들고 제시하기 위해 내딛는 작은 걸음이 중요하다는 주장이다.

미래에 대한 희망 없음이 불안과 공포로 자리 잡은 이 시대에 우리는 '의미 있는 타자'를 따뜻한 시선으로 바라보고 그들이 처한 상황을 파악하고, 그들의 목소리에 귀 기울이는 것, 즉 나의 어려움을 통해 다른 소수자들의 마음을 헤아리고, 존중하고, 대신 말하고, 행동하는 것은 에코페미니스트로 살아가기 위한 소소한 노력의 시작일 수 있다. 바로 그 타자는 나와 연결되어 있는 존재이고 다름 아닌 나의 한 부분이니 말이다.

대안적인 삶과 세계는 언젠가, 누군가에 의해 주어지지 않는다. 불안과 무력감을 걷어내고 현재 세계의 문제를 직시하면서 우리가 원하는 대안적인 사회가 어떠한 곳인지 논의하고 실험하는 일부터 시작해야 할 것이다. '대안'을 선취하며 지금, 여기에서 만들어나가는 '틈새'가 중요하기 때문이다. 그 실험을 시작할 수 있는 주체는 주류 사회에서 타자화되어 소수자로 살아가는 사람들일 가능성이 높다. 그 실험은 아직 맛보지 못한 길을 가는 '유쾌함'과 '즐거움'으로 가득할 것이며, 그 작고 신나는 대안의 틈새들이 모여 커다란 변화를 일구어내는 균열의 시초가 될 것이다.

참고문헌

- 길리건, 캐롤 (1997), 《다른 목소리로》, 허란주 옮김, 동녘.
- 문순홍 편 (2001), 《한국의 여성환경운동: 그 역사, 주체, 그리고 운동 유형들》, 아르케.
- 바우만, 지그문트 (2009), 《유동하는 공포》, 함규진 옮김, 산책자.
- 아타루, 사사키 (2013), 《이 치열한 무력을: 본디 철학이란 무엇입니까?》, 안천 옮김, 자음과 모음.
- 통. 로즈마리 푸트남 (2000), 《자연, 여성, 환경: 에코페미니즘의 이론과 실제》, 이소영 외 편역, 한신문화사.
- ——————— (2010), 《페미니즘 사상》, 이소영 외 옮김, 한신문화사.
- Adams, Carol & Lori Gruen (eds.), (2014), *Ecofeminism: Feminist Intersections with Other Animals and the Earth*, NY & London: Bloomsbury.
- Agawal, Bina (1992), "The gender and environment debate: lessons from India," *Feminist Setudies*, vol. 18, no. 1, pp. 119~158.
- Biel, Jane (1991), *Rethinking Ecofeminist Politics*, Boston: South End Press.
- Cuomo, Chris (1998), *Feminism and Ecological Communities: An ethic of flourishing*, London & NY: Routledge.
- Fraser, Nancy (1992), "Rethinking the public sphere: A Contribution to the Critique of Actually Existing Democracy," Calhoun, Craig (ed.), *Habermas and the Public Sphere*, Cambridge, Mass. & London: The MIT Press, pp. 108~142
- Plumwood, Val (1993), *Feminism and the Mastery of Nature*, LA & NY: Routledge.
- Sandilands, Catriona (1999), *The Good-Natured Feminist: Ecofeminism and Quest for Democracy*, London: University of Minnesota Press.
- Shiva, Vandana (1989), *Staying Alive: Women, Ecology and Development*, London: Zed Books.
- Sturgeon, Noël (1997), *Ecofeminist Natures: Race, Gender, Feminist Theory and Political Action*, NY & London: Routledge.
- Warren, Karen (1993). "The Power and the Promise of Ecological Feminism", Immerman, M. Callicotee, B. Sessions, G. Wareen, K. and Clark, J. (eds.), *Environmental Philosophy: From Animal Rights to Radical Ecology*, NJ: Prentice-Hall Inc, pp. 320~341.

3

모성

모성의
힘으로
세상을
다시 짜기
위하여

이경아 여성학자/한국비폭력대화센터 강사

페미니스트에게 '모성' 개념이 불편한 이유

몇 년 전 초등학교 5학년 아이가 "나도 물고기처럼 자유롭게 살고 싶다"라고 쓴 유서를 남기고 자살했다. 유서엔 "어른인 아빠는 이틀 동안 20시간 일하고 28시간 쉬는데, 어린이인 나는 27시간 30분 공부하고 20시간 30분 쉰다"라고도 적혀 있었다. 초등학교 5학년짜리 아이가 스스로 선택해서 하루의 반 이상을 공부에 쏟아부었을 리는 없다. 분명 그 아이 바로 옆에는 아이의 학원 동선을 체크하며 적당한 칭찬과 위로를 곁들여 간식을 챙기는 어른이 있었을 것이다. 그 어른은 엄마였을 확률이 매우 높다.

"아이가 공부를 못하면 엄마가 죄인이 된 것 같은 기분이 들잖아요. 누가 콕 집어 그렇게 말하는 건 아닌데 나도 모르게 그런 기분이 들어요. 내가 뭔가 잘못하고 있는 거라는 생각, 내가 무능하다는 생각⋯⋯."

"엄마라는 악역을 맡았으니까 할 수 없이 애들을 야단쳐요. 일찍 일어나라, 청소해라, 공부해라⋯⋯ 저는 잔소리를 할 수밖에 없어요."

그렇다면 그 악역을 누가 여성에게 맡겼는가? 엘리자베트 벡 게른스하임은 저서 《내 모든 사랑을 아이에게?》에서, 근대화가 이루어지고 사회적 지위가 유동적이 되면서 교육의 중요성이 커졌으며 여기에 세계를 완벽하게 통제가능한 것으로 만들려는 진보의 기획이 더해져 인간 자체를 '만들 수 있는 것'으로 보기 시작했다고 지적한 바 있다. 인간을 삼신할머니가 점지해준 신의 선물이 아니라 '만들어질 수 있는' 유사 공산품으로 상상하기 시작했다는 것이다. 이때부터 자녀 교육은 어머니의 일로 배당되었고, 그 결과 가족들 사이에 계층화가 이루어졌다. 또 어머니가 아이를 양육하고 교육시키는 역할을 맡으면서 근대의 모성 이데올로기가 탄생했고, 모든 여성이 어머니가 되어 자녀를 성공적으로 키워내는 성스러운 모성의 운명을 짊어지게 되었다.

종교학자 폴 로리첸(Paul Lauritzen)에 따르면, 페미니즘은 '낭만주의'와 '합리주의' 사이에서 변증법적으로 진자 운동을 해왔다. 즉 모성에 대한 페미니즘의 태도는 이중적이었다. 로리첸이 말하는 '낭만주의' 흐름이란 여성의 보살핌과 연민의 능력, 여성에 의해 보호되는 가정 영역의 가치를 인정하는 경향을 가리킨다. 이러한 경향은 여성이 지닌 차별성을 사실 그대로 옹호하고 정치적 변혁의 토대로 삼는다. 반면 '합리주의' 흐름은 여성이 경쟁적 개인주의로 동화되는 것을 수용한다. 이 흐름에서는 여성이 모성을 버리거나 최소화하는 것이 옹호된다.

모성을 새로운 윤리적 관계의 모델로서 정립하려 했던 로리첸은 흥미롭게도 페미니즘의 '낭만주의' 경향이 도덕적 저항의 힘을 지녔다고 말한다. '낭만주의적 여성주의'는 자기 이익에 대항하여 사랑의 가치를, 물질에 대항하여 인간의 가치를 옹호해왔으며, 시장에서 충족되지 않는 사랑과 친밀감, 양육과 보살핌에 대한 인간의 필요를 긍정해왔다는 것이다. 그러나 이러한 경향은 치명적 약점을 갖고 있는데, 여성을 유일한 보살핌의 책임자로 만드는 현실을 개혁하지도, 세계를 유지하기 위한 부담을 여성의 어깨에서 내리려 하지도 않았다는 점이다.

역사 속에서 '어머니가 되는 것'과 '자율성을 갖는 개인이 되는 것'은 서로 양립할 수 없었다. 그러한 이유로 모성을 여성들이 빠져나와야 할 제도로 보는 그룹과 여성들이 공통적으로 경험하는 해방의 원천이라고 주장하는 그룹 사이의 대립은 치열했다. 사실 가부장제의 전형적인 엄마 노릇은 사회적 위계를 유지하는 데 일조해왔다. 어머니들에게는 아이들이 가부장제적 원리와 가치를 받아들이게 하는 역할이 강요되었는데, 그 요구에 순응함으로써 어머니들이 지배 질서를 유지하는 데 조력한 셈이다. 그렇기에 해방과 자유의 가치를 추구하는 여성들이 모성을 거부해야 한다고 촉구한 것은 이해할 만한 일이다.

수많은 사회에서 모성 이데올로기는 여성에게 억압적이다. 이 이데올로기는 자녀의 안녕을 위해 건강, 쾌락, 야망과 같은 어머니의 욕구를 필요 이상으로 과도하게 희생하라고 요구한다. 아이의 이해와 어머니의 이해를 대립하는 것으로 구성해놓고 그 두 가지 이해를 대립시키는 사회적 배치에는 눈을 감은 채, 아이의 이해를 위해 어머니의 이해를 희생시키는 것을 자연의 질서라고 강요하는 것이 모성 이데올로기의 핵심이다.

여성주의는 여성 해방을 위해 남녀평등과 여성의 인격적 자율성의 증대라는 목표를 설정했고, 여성을 모성 역할로부터 최대한 분리하려 했다. 아이와 분리된 여성의 필요와 이해를 주장하면서, 모성이 이데올로기적으로 구성되고 있다고 비판하며 그것을 해체하고자 한 것이다. 아이와 어머니 사이의 연결보다는 분리에 초점을 맞추고 '어머니와 아이 사이의 자연적이고 본질적인 애착'이라는 관념이 사실은 시대적 특수성 속에서 만들어졌음을 밝히고자 했다.

바로 이 맥락에서 평등을 지향했던 페미니즘은 일종의 생물학주의에 포섭되고 만다. 여성 억압은 단순히 어머니가 될 수 있는 신체적 조건 때문에 일어나는 문제가 아니다. 그것은 생물학적 차이를 사회가 어떻게 배치하는가, 즉 모성 활동을 다른 사회적 활동과 어떻게 연관 짓는가, 또 모성과 관련된 여성 집단을 여타의 사회적 활동에 어떻게 참여하게 하는가, 모성 활동의 사회적 가치를 어느 정도 승인하는가와 연관된 문제다. 한마디로 그것은 사회적이고 문화적이며 정치적인 문제다.

사회학자 우에노 치즈코는 여성은 '재생산자'이므로 열등할 수밖에 없다는 가부장제적 상식에 대해 "여성이 열등한 생산자인 것은 생산노동과 재생산 노동이 이율배반 관계이기 때문이다"라고 논박한다. ('재생산'이란 '생산'과 대비되는 개념으로, 산업자본주의의 생산을 지속가능하게 하는 노동력의 일상적 재생산과 세대적 재생산을 일컫는 말이다. 여기에는 의식주와 관련된 일상적인 생계 생산 활동과 다음 세대 아이들을 낳아 기르는 출산·양육 활동이 포함된다.)

근대 자본주의의 생산 노동은 돌봄이나 양육과 같은 재생산의 부담을 지지 않는 남성 노동자를 기준으로 설계되었다. 남성은 '생산자'로서 당당히 재생산의 부담으로부터 자유롭고, 여성은 '재생산자'로서 '생산자'에게 경제적으로 의존하거나, 가사와 양육을 떠맡았으니 열등한 생산자일 수밖에 없는 '이등 생산자'가 된다. 이것은 자본주의 사회가 '재생산'을 배제하고 보이지 않게 하는 방식으로 '생산'을 구성하는 탓이다.

생산 노동과 재생산 노동이 서로 모순되지 않는 사회도 존재한 적이 있다. 예를 들어 고대 사회는 생산의 60퍼센트가 여성의 채집 활동으로 채워졌고, 따라서 여성은 생산자로서도 충분히 기여할 수 있었다. 산업 사회처럼 필요 이상으로 사원을 이용한다거나 생산력 수준을 극대화하지 않도록 조절하여, 생산이 재생산을 배제하지 않았기에 가능한 일이었다. 다시 말해 생산과 재생산, 모성과 여성의 자율적 생존 능력이 충돌하는 것은 사회적 배치 탓이지, 여성의 모성 능력 탓이 아니라는 뜻이다. 이러한 모순은 자연 자원에 대한 착취와 특정 '생산력'을 극대화하려는 사회 체계의 모순이다. 이는 모성과 생산 능력 사이에 존재하는 필연적인 모순이 아니다.

그뿐 아니라 재생산 활동이 '낳는 활동'만은 아니므로, 남성도 '기르는' 활동을 함으로써 재생산 활동에 참여할 수 있다. 고대로부터 여성은 언제나 재생산자이면서 동시에 생산자였다. 오직 산업 사회만이 생산과 재생산을 성별에 따라 배당하여 여성의 재생산 노동을 극대화하고 남성의 재생산 노동은 극소화한, 특수한 사회라고 볼 수 있다.

모성이 여성의 삶을 억압하고 제약한 것은 만들어진 역사일 뿐이다. 이는 사회적 성찰과 정치적 결단에 따라 얼마든지 바뀔 수 있다. 따라서 우리는 모성을 통해 생성되는 문화적·정치적 새로움은 무엇이며, 그것이 어떻게 가능한지를 다시 사유해보아야 한다.

에코페미니즘이 말하는 '어머니의 상징질서'

에코페미니즘은 모성에 대해 적극적으로 성찰하고 사유하고자 했다. 평등을 여성도 남성과 똑같은 권력을 갖는 것으로 이해했던 평등 정치학이, 여성으로 하여금 자신이 빠져나오려고 했던 바로 그 '아버지의 집'으로 다시 걸어 들어가게 하는 모순을 낳고 있음을 깨달았기 때문이다. 페미니즘의 남녀평등 지향성은 전 지구적 가부장제−자본주의 질서에 순응하는 결과를 낳았고, 여성화된 존재들에 대한 억압과 착취를 멈추게 할 수 없었다. 여성 해방의 이상은 남녀평등이라는 목표만 가지고는 결코 충족될 수 없었다. 여성들은 문화적으로 동등한 가치를 지닌 존재로 존중받지도 못하고 경제적 가치를 제대로 인정받지도 못한 채 자신들에게 떠맡겨진 역할을 수행함으로써 가부장제적 사회를 유지하고 떠받치는 수고를 감당하고 있다. 여성으로서 이 지대를 떠날 특권은 극소수에게만 허락된다. 여기에서 여성의 생물학적 차이를 부인하는 것은 정치적으로 해방보다는 억압에 동참하는 결과를 초래한다.

독일의 에코페미니스트 마리아 미즈와 베로니카 벤홀트 톰젠은 《자급의 삶은 가능한가》에서 생물학적 조건을 포함한 여성들의 차이와, 여성들이 자연 세계와 맺는 관계를 옹호하고 나섰다. 그들은 여성들이 생물학적으로나 사회문화적으로나 자연과 그 순환의 흐름을 거스르지 않고 조화롭게 관계를 맺어온 방식은, 착취와 억압으로부터의 '자유'라는 목표를 향한 투쟁에서 장애가 아니라 오히려 강점으로 작용한다고 보았다. 이들이 보기에 생물학적 조건을 빌미로 가부장제적 노동 분업 체계가 여성에게 강제한 노동, 그리고 자본에 의해 평가 절하되어 미천한 지위에 머물러 있는 자급 활동은 삶을 창조하고 유지하는 강인한 긍정성을 지니고 있었다. 상품 생산 질서의 거대한 착취 구조 때문에 잘 보이지는 않지만, 자급 생산은 권력 구조의 몰생명성(생명에 대한 망각)을 이기고 생명의 순환과 삶의 기쁨을 끊임없이 창조해낸다고 본 것이다.

자급 생산, 즉 삶의 생산은 직접적으로 삶을 창조하고 재창조하고 유지하는 데 쓰이며 다른 목적을 갖지 않는 모든 일을 포함한다. 따라서 자급 생산은 상품이나 잉여 가치 생산과는 정반대 위치에 서 있다. 자급 생산의 목적은 '삶'인 반면, 상품 생산의 목적은 점점 더 많은 '돈'이다. 돈을 목적으로 삼는 생산 양식에서 '삶'은 우연적인 부수 효과에 불과하다. 자신이 공짜로 착취하고자 하는 모든 것을 자연 자원이라고 선언해 버리는 것이 바로 전형적인 자본주의적 산업 시스템이다. 이에 반해 제3세계 농민의 일과 여성의 가사노동 그리고 자연 전체의 생산성은 생명이 흐르는 삶 자체의 생산을 목적으로 한다(미즈 외, 2013: 55~56).

이렇게 여성적 차이는 여성들을 서로 다른 정체성으로 무수히 나누는 대신 하나의 그물망으로 묶어낸다. 미즈와 벤홀트 톰젠은 이렇게 하나의 그물망 속에 연결되어 있는 여성성을 '어머니의 상징질서'라고 칭했다. 이 질서는 여성과 아이를 낳는 능력을 분리하지 않는다. 그들은 자연과 문화, 자연과 여성, 여성의 출산 능력과 여성의 힘을 분리하는 데 반대하며, 바로 이 힘과 영감에 기대어 생명을 창조하고 삶을 생산하는 것을 옹호한다. 여성은 여성이 지닌 고유한 생물학적 특성, 즉 몸이 지닌 생명 생산 능력에 통합됨으로써 굳건한 자립의 힘을 회복할 수 있다고 본다.

그렇다면 '어머니의 상징질서'는 '생물학적 본질주의'와 다르지 않은 것인가? 미즈와 벤홀트 톰젠은 '생물학적 본질주의'는 여성의 능력을 출산 능력으로만 축소시키고 그것이 본성의 전부인 양 위장하는 관점이라고 정의한다. 생물학적 본질주의는 여성들의 몸에서 인간의 차원, 문화의 차원, 영혼의 차원을 약탈하는 식민주의라는 것이다. 여성의 몸과 모성 능력은 '생물학적 본질주의'에 의해 원료가 되고 조작되고 파편화되는데, 이는 생명공학 기술에 의해 가장 노골적으로 진행되고 있다. 그러나 여성은 모성을 통해 정신, 영혼, 공동체로부터 소외된 무기력한 몸으로 축소되는 것이 아니라, 그 반대로 자연 및 타인과 연결되는 권능 있는 몸으로 복원된다. 여성의 힘과 자유는 육체를 포함한 여성 전체에 달려 있다. 오로지 온전한 존재로서만 여성은 자신의 자립과 자존을 개발할 수 있다.

'모성'이라는 거울로 현대 사회의 모순 비추어보기

경제적 합리주의에 입각한 이익 추구가 최고조에 달한 1990년대 미국에서 살던 사회학자 샤론 헤이스(Sharon Hays)는 젊고 능력 있는 여성들이 왜 그렇게 합리적이지도 않고 경제적 이익 추구에 도움도 안 되는 어머니 노릇에 매달리는가 하는 의문을 가졌다. 자신의 책《모성에 얽힌 문화적 모순(The Cultural Contradictions of Motherhood)》에서 헤이스는 현대 사회의 모성을 '집중 모성(intensive mothering)' 이데올로기로 개념화했다. 이 이데올로기가 지닌 몇 가지 특징을 요약하면 다음과 같다. 첫째, 양육은 우선적으로 어머니 개인의 책임이다. 둘째, 아동 중심적이고, 전문가의 가이드에 따르며, 정서적 몰입에 입각하여 손이 많이 가고 돈도 많이 드는 양육 방법을 채택한다. 셋째, 아이는 신성하며 시장 가치 체계의 바깥에 있으므로, 양육에 관련된 결정은 일반적인 효율성이나 재정적 효율성과는 완전히 다른 척도에 따라 이루어져야 한다.

'집중 모성' 이데올로기는 현대 사회에서 시장이나 국가, 과학적 담론에 의해 구성되어왔다. 그런데 많은 여성이 페미니즘의 세례를 받고 노동 시장으로 진출하고 시장 논리가 가정 영역으로까지 침투해 들어오던 20세기 말 미국 사회에서, 시장 논리와 완전히 정반대되는 모성 이데올로기가 더욱더 강력하고 정교하게 작동한 현상을 어떻게 설명할 수 있을까? 헤이스는 현대 사회의 어머니들이 모성에 헌신함으로써 시장 사회의 에토스에 암묵적으로 저항했다고 답한다. 모든 개인이 자신의 이익을 추구하며 지독하게 경쟁에 매달리는 사회에서는 '환원불가능한 양가감정(irreducible ambivalence)'이 존재한다는 주장이다. 이 양가감정이 가정과 시장, 사랑과 합리적 경쟁 사이의 갈등으로 나타나는데, 이 갈등의 핵심 영역이 바로 모성이라는 것이다. 경쟁을 추구하는 분리된 개인이라는 모델, 그리고 어머니와 아이 사이의 강력한 유대와 사랑이라는 모델은 자본주의 시장 사회의 앞면과 뒷면이다. 둘은 상호 그림자 관계에 있다.

미국의 모성 연구자 패트리스 디퀸지오(Patrice Diquinzio)는 《모성의 불가능성(The Impossibility of Motherhood)》에서, '개인주의'와 '본질적 모성'이 근대 사회를 이념적으로 떠받친 한 쌍의 보완적 이데올로기라고 설명한다. 개인주의 이데올로기의 핵심에는 정신과 육체를 대립시키는 이분법이 있다. 개인주의에 따르면 인간 주체가 지닌 본질은 이성, 의식, 합리적 자율성의 능력이다. 이러한 이분법은 '공/사' '문화/자연' 이분법으로 확장되고 마침내 남성과 여성, 자아와 타자, '개인'의 자율성과 본질화된 '모성'을 이분법적으로 나누어, 그 사이의 공통 요소와 연결 지점을 소거해버린다.

이러한 주체 모델은 사회적 관계를 통해 주체들이 서로 의존하고 그 의존 경험을 통해 서로가 새롭게 만들어지는 것을 허용하지 않는다. 주체들 간의 경계는 견고하며, 연결보다는 분리가 우선적이다. 그리고 의존은 실패로 규정된다. 타인과 세계는 주체를 구성하는 데 영향을 주지 않으며 단지 수단에 그친다. 이 모델에서 인간은 자연적인 생명의 순환, 탄생과 병듦과 죽음, 그리고 자신의 어린 연약함을 떠맡아주던 누군가의 보살핌의 손길을 완벽하게 망각하고 초월해 있다. 그는 자신의 자유를 위해 이러한 필연성의 세계를 깔끔하게 포장해서 자기 외부로 밀어내고 '모성'이라는 문명 바깥의 세계로 몰아내버린다.

바로 여기에서 '개인'과 '모성'은 여성을 양쪽에서 구속한다. 여성의 본질로 강요되는 '모성'은 모든 여성이 어머니가 되어야 하고 그러기를 원한다고 보고, 그렇지 않은 여성을 일탈로 규정한다. 다른 한편에서는 자율적인 '개인'이라는 이상은 어머니 노릇에서 유래한 능력을 주체의 능력으로 인정하지 않는다. 인간적이면서 동시에 모성적인 주체의 가능성을 배제해버리는 것이다. 따라서 추상적 개인주의와 본질적 모성, 이 개념 쌍의 어느 한편에 서 있는 한, 여성이 현실에서 경험하는 모성을 사실 그대로 포착하기는 불가능하다.

　　여성주의는 이 개념 쌍을 해체해야 한다. 본질적 모성에 반대하기 위해 분리된 개인으로 향하는 전략을 펼치거나, 분리된 개인을 비판하기 위해 본질적 모성으로 귀착하는 대신, 어머니로서 어떻게 자신을 비(非)주체로 만드는 상징계의 질서를 변형시킬 수 있는지, 어머니의 몸이 어떻게 하면 문화·담론·자연·생물학을 변형시킬 수 있는 장소가 될지를 탐구해야 한다.

모성에 잠재된 치유력

　　모성의 힘과 능력을 미개한 자연에 불과하다고 업신여기면서, 자연을 밟고 그 위에 올라서 있는 자유로운 개인들의 세계, 그 추상적 세계 안에서 인간은 태어나고 자라고 병들고 죽는 생명의 한계를 초월한 것처럼 보인다. 자유로운 개인은 자신의 몸, 유한한 생명과는 우연적으로만 관계를 맺고 다른 존재들과는 오로지 도구로서만 접속할 뿐이다. 이러한 인간관이 자유민주주의와 자본주의 경제 체제를 이데올로기적으로 떠받치고 있다. 삶의 의미를 만들어내고 주체의 구성에 영향을 미치는 생생한 관계들은 전부 사라져버린다. 타자는 나의 바깥에 격리되어 있는 이방인일 뿐, 교감과 소통을 나누는 친구가 아니다. 그곳은 또 '맥월드'이기도 하다. 이곳에서는 개성 없는 쇼핑몰과 패스트푸드 레스토랑이 모인 악몽 같은 놀이공원에서 개별 소비자와 생산자가 방해받지 않고 교환 관계를 맺는 것이 관계의 전부다. '달걀 맥머핀'을 집어 들고서 아이를 어린이집에 데려다주고, 휴대전화로 양로원에 계신 부모님의 안부를 확인하고, 사무실 책상에 앉아 시간을 재가며 일하다가 마침내 집으로 돌아오는 길에 항우울제와 '빅맥' 햄버거를 사는 세상 말이다.

여성주의 경제학자 낸시 폴브레는 이와 같은 세계의 차가움이 애국주의의 광기보다, 가부장제의 위계보다 덜 나쁜 것도 아니라고 평했다. 이 세계의 위계 사다리에서 하층부에 살고 있는 사람들, 사회적 약자들에게는 더 그러하다.

> 그것을 세계화라 부르든 근대화나 개인주의의 성장이라고 부르든, 그것은 공동체 의식이 결핍된 세상을 만들겠다고 위협한다. 개인이 어떤 사회적 의무도 지지 않는 세상, 동정이라고는 없는 세상, 모든 것이 사고 팔리는 세상이 될 수 있다. 이와 비교해보면 애국주의와 가부장제도 그렇게 나빠 보이지 않는 것 같다(폴브레, 2007: 278).

모성에는 이 세계의 냉혹한 차가움을 치유할 수 있는 인간적 능력이 잠재되어 있다. 먼저 모성 경험을 통해 인간은 자연과 연결된다. 아이를 잉태하고 기르는 활동은 인간의 몸과 자연 세계가 지속적으로 상호 작용하는 과정이기 때문이다. 이 과정을 중요한 인간적 경험으로 성찰할 때, 우리가 생명 세계에 얼마나 깊이 연결되어 있는지를 볼 수 있다. 이 연결을 직시할 때, 인간과 자연 사이의 분리와 불화에서 기원하는 현대 문명의 근원적인 강박이 비로소 해소될 것이다. 모성 안에는, 지구상에 존재하는 모든 차이를 무한성장으로 몰아치는 경제 체제의 폭력성에 저항할 잠재력이 내재되어 있다. 문화와 정신의 편에 서서 자연과 몸을 통제하는 대신, 자연과 몸의 편에 서서 경제와 문화를 성찰하는 인식론적 방향 전환이 모성 경험을 통해 촉발될 수 있다.

모성 경험이 제시하는 또 하나의 대안적 힘은 자아와 타자 사이의 관계와 연계된다. 모성 경험 속에서 자아와 타자는, 가부장제적 상상력이 생각하는 것처럼 융합되는 관계이거나, 개인주의 모델이 제시하는 것처럼 침범하는 관계가 아니다. 어머니와 아이는 서로를 존중하는, 잘 조율된 관용의 관계를 맺는다. 프랑스 정신분석학자이자 페미니스트인 뤼스 이리가레는 태반 관계를 차이의 문화에 대한 상징으로서 설명한다. 모체와 태아 사이에 존재하는 태반은 모체와 태아의 조직이 서로 융합하지 못하게 만드는 역할을 한다. 또 태반은 모체와 태아라는 두 기관 사이의 생체 교환을 조정하는 체제로서 모체와 태아 모두를 위해 모체의 물질을 변형시키고 저장하고 재분배한다. 태아는 태반을 통한 관계, 즉 철저히 타자를 존중하는 관계를 통해 모체를 탈진시키거나 단지 영양분을 얻기 위한 수단으로 전락시키지 않으면서 자랄 수 있다. 어머니와 아이의 관계는 양자의 생명 보존이라는 목적을 위해 서로의 차이를 철저하게 존중하는 특징을 갖는 것이다.

어머니는 아이의 타자성을 관용적으로 받아들이기 위해 기꺼이 자신을 변화시킨다. 모성 경험 안에는 타자에 대한 윤리적 태도가 함축되어 있다. 차이를 수용하여 스스로를 변화시키는 생명생식 원리로서 모성은, 차이를 질식시키는 획일적인 발전 논리에 제동을 거는 윤리적 기반이 될 수 있다. 이러한 모성적 윤리학을 통해 우리의 사회 시스템은 딱딱한 동일성의 복제 체계에서 벗어나 주변적인 차이들을 받아들여 끊임없이 더 새롭고 더 적합한 것으로 진화할 수 있을 것이다.

생명모성의 힘으로 세상을 다시 짜자

모성은 자연적인 것과 사회적인 것의 합작품이다. 모성의 자연성에서 주목하고 싶은 부분은, 모성이 존재와 존재 사이의 선물 관계라는 점이다. 엄마는 자기 생명을 걸고 아이에게 생명을 준다. 아이는 존재 자체가 엄마에게 선물이다. 생명활동 자체가 서로에게 선물이 되는 관계. 선물 관계는 본래 자연 순환계의 특성이다. 식물은 산소를 내뱉고, 동물과 인간은 산소 덕분에 숨을 쉰다. 반대로 동물과 인간이 불필요해서 내뿜는 이산화탄소가 식물에게는 영양분의 원료가 된다.

그런데 현대적인 엄마−아이 관계는 자연의 섭리보다는 인위적인 사회 시스템에 의해 조건화된다. 엄마는 대형마트에서 일해 아이의 학원비를 댄다. 부모는 자신들의 노후를 보살필 자금을 아이들의 사교육비로 쏟아붓는다. 이런 상황에서 자연스럽게 서로의 차이에 의존하는 선물 관계가 성립할 수 있을까? 여기에서는 '내 것을 너에게 주니 너는 등가의 것을 나에게 되돌려주어야 한다'는 등가 교환 의식이 발생할 수밖에 없다.

이러한 교환 회로에 갇히지 않을 방법은 인간 존재의 유일무이성(singularity)의 차원을 회복하는 것이다. 이것은 대체가능성, 비교의 회로와 정반대 방향에 놓여 있다. 바로 이 아이가 아니면 안 되는 차원에서 아이를 대하는 것. 너만의 독특성을 우주적 호기심을 가지고 지켜봐주는 것. 그리고 사회 시스템과 아이 사이에 아이의 고유성이 꽃필 수 있는 완충 지대를 마련해주는 것. 그 완충 지대에서 시스템의 논리가 스며들 틈을 주지 않고 독특한 존재로서의 결을 서로가 누리며 행복하게 사는 부모와 아이들. 위계 체계에서 더 높은 곳을 선망하지 않고 지금 이곳에서의 소박한 삶을 충분히 누리는, 이를테면 '유일무이성의 인류(Homo-Singularity)' '결핍을 잊은 인류(Homo-Good Enough)'의 탄생이 필요하다고 나는 생각한다.

여성주의 철학자 로지 브라이도티(Rosi Braidotti)는 생명을 타자성과 만나면서 존재론적으로 끊임없이 변형되는 생성의 힘으로 보고, 이것을 '조에(zoe)'라고 불렀다. 조에는 인간에게 주어진 고통, 한계, 취약성을 부정하거나 초월하려 하지 않는다. 오히려 그 안에 충분히 머물면서도 쾌활함을 유지하는 윤리적 자유의 힘, 생명체로서 우리가 지닌 본원적 힘이 바로 조에다. 이는 유일무이성의 차원을 회복한 어머니들이 학벌, 명예, 돈 같은 외형적 가치에서 벗어나, 다양한 생명체들과의 상호작용을 즐기면서 새로워지고 성장하는 과정 속에 깃들어 있다.

이처럼 타고난 생명 자체에서 전해져 오는 기쁨과 아름다움을 향유하는 모성을 나는 '생명모성'이라고 부르고자 한다. 이 생명모성의 길은 개별 아이들의 유일무이성을 사랑하고 그것을 꽃피우고자 하는 개별 엄마들의 힘만으로는 열리지 않을 것이다. 여기에는 아이들의 생명력이 번성하도록 사회 시스템의 심층적 변화를 모색하는 엄마들의 시민적 연대가 필요하다. 생명모성에 뿌리를 둔 공동체가 하나둘씩 생겨나고, 가족주의에 갇혀 있던 모성적 사랑의 영토가 사유지에서 공유지로 차츰 더 넓게 열릴 때, 그곳에서 우리 사회 전체를 심오하게 변화시킬 수 있는 새로움이 출현할지도 모른다.

모성은 우리가 누구이며 서로를 어떻게 대하고 무엇을 향해 나아가야 할 존재인지, 인간이 영위하는 삶이란 무엇이고 인간의 공동체가 어떤 삶을 지향해야 하는지를 놓고 여러 가지 다른 이야기를 낳을 수 있는 '생성적 차이'이다. 이렇게 다른 세상을 생성해내는 차이로서의 모성은 여성만이 아니라 남성에게도 열려 있다. 우리는 여성만이 아이를 임신하고 출산한다고 생각해왔다. 그런데 생명의 더 넓은 층위에서 보면 여성만이 아이를 낳는 것이 아니다. 여성은 아이를 자기 몸 안에 임신하여 몸 밖으로 낳는다. 이와 조금 다르게, 남성은 자기 몸 밖에 아이를 임신하여 자기 몸 밖에서 출산한다. 여성과는 다르지만, 남성 역시 독특한 생물학적 모성을 경험할 수 있다.

이처럼 남성도 자신의 몸을 통해 모성을 체험하려면 자연에 대한 감수성, 생물학과 화해하는 탈가부장적 생명감수성이 필요하다. 모성에 적극적으로 참여하는 것은 타인에 대한 신뢰의 표현이며, 신뢰할 수 있는 사람이 되려는 결단이다. 이제 남자나 여자나 할 것 없이 모두가 적극적으로 모성 능력을 길러야 한다. 우리의 삶은 제한된 시간만을 허용하는 한 번뿐인 선물이고, 우리에게는 이 삶을 통해 타자들과 풍요롭게 연결되고자 하는 본원적 욕구가 있다. 모성 안에 뿌리내린 인간적 능력을 온전히 경험하는 것은, 우리로 하여금 '지금 이 삶'과 '여기 이 세계'의 유일무이성에 눈뜨게 하고, 우리 옆에 존재하는 모든 타자와 기쁨을 나누는 삶을 시작하도록 이끌어줄 것이다.

* 이 글은 졸고 '모성에 대한 여성주의 재사유'와 《엄마는 괴로워》를 바탕으로 발전시킨 글이다.

(153)

참고문헌

- 미즈, 마리아, 베로니카 벤홀트 톰젠 (2013), 《자급의 삶은 가능한가 ― 힐러리에게 암소를》, 꿈지모 옮김, 동연.
- 이리가라이, 뤼스 (1998), 《나, 너, 우리 ― 차이의 문화를 위하여》, 박정오 옮김, 동문선.
- ——————— (2000), 《동양과 서양 사이 ― 개인으로부터 공동체로》, 이은민 옮김, 동문선.
- 치즈코, 우에노 (1994), 《가부장제와 자본주의》, 이승희 옮김, 녹두.
- 폴브레, 낸시 (2007), 《보이지 않는 가슴》, 윤자영 옮김, 또하나의문화.
- Diquinzio, Patrice (1999), *The Impossibility of Motherhood: Feminism, Individualism, and the Problem of Mothering*, Routledge.
- Hays, Sharon (1996), *The Cultural Contradictions of Motherhood*, Yale University Press.
- Lauritzen, Paul (1989), "A Feminist Ethic and the New Romanticism: Mothering as a Model of Moral Relations", in *Hypatia*, vol 4, no 2.
- 이경아 (2009), '모성에 대한 여성주의 재사유', 〈한국여성철학〉 제11권.
- 이경아 (2011), 《엄마는 괴로워: 우리시대 엄마를 인터뷰하다》, 동녘.

마을에서 산다는 것

마을공동체운동의
현재와
미래

장이정수 여성환경연대 공동대표

나는 10년 동안 전업주부로 살다가 서른다섯 살이 되던 2001년부터 여성환경연대라는 단체에서 지금껏 일하고 있다. 출근해서 처음 맡은 일은 '여성생태안내자 양성 코스'라는 교육 프로그램을 기획하고 운영하는 일이었는데, 주로 동네에서 대부분 시간을 보내는 전업주부나 파트타임제로 일하는 여성들이 강의를 들으러 왔다. 나는 수강생들과 꽃 이름을 외우고, 갯벌 생물들의 이름을 배우고, 새를 관찰하는 교육을 함께 들으면서 이제껏 내가 받은 교육 중에 가장 값진 배움이라고 생각했다. 여성주의가 사회적 약자에게 공감하는 마음을 키워주었다면, 생태주의는 내가 자연의 일부이고 서로 연결되어 있다는 사실을 깨닫게 해주었다.

내가 단체의 상근자라는 직업을 갖게 된 그 시기는 시민운동의 사회적 영향력이 점차 줄어드는 시기였다. 제도와 정치 변화를 향해 모든 에너지를 쏟았던 여러 사회운동 주체들이 시간이 흐를수록 제도가 전부는 아니라는 성찰을 하며 사람들의 생각을 바꾸고 삶을 바꾸는 운동의 필요성을 느끼던 시기였다. 나 역시 상근자로 일하면서 이와 비슷한 측면을 고민하게 되었다. 국가의 환경 파괴를 비판하면서도 집에서는 아무렇지도 않게 쓰레기를 만드는 개인의 삶을 묵과하기가 무척 불편했다. 평범한 사람들이 모여서 자기 삶을 바꾸는 운동을 하면 어떨까? 힘 있는 사람들, 누군가 대신 만들어주는 사회 말고 아래로부터, 나부터 바꿔서 더 나은 사회를 만드는 일은 불가능할까? 생태적이고 평등한 사회를 위해 할 수 있는 일은 무엇일까? 고민 끝에 2005년 무렵, 나는 매일 출근해야 하던 사무실의 상근자 자리를 내놓고 내가 살던 마을에서 활약하는 여성환경연대의 비상근 활동가로 살아보기로 했다.

마을, 초록을 상상하다

마을로 돌아온 나는 2005년 가을부터 생태 교육을 시작으로 환경문제에 관심 있는 30~40대 여성들을 만나기 시작했다. 모두 아이들을 잘 키우고 동시에 여성으로서 자신의 삶을 찾고 싶은 간절한 바람을 가지고 있었다. 이렇게 모인 여성들과 모임을 시작했고 이름을 '초록상상'이라고 지었다. 열 명으로 시작한 모임이 10년이 지난 지금은 270명의 마을 사람들이 활약하는 소모임을 열 개가 넘게 가진 마을 공동체로 성장했다.

그중에서 마을 여성들이 활발하게 참여한 소모임으로는 생태, 건강, '에코맘', 성교육을 주제로 한 모임이었다. 아이들과 어른들이 뒷산과 나무와 곤충을 공부하고 자연 속에서 노는 법과 텃밭 일구는 법을 배우는 생태 소모임에서, 마을 사람들은 자기 마당이 없어도 산과 공원을 마을 구성원 모두의 정원으로 여기고 화초와 채소도 가꾸며 실컷 놀면서 자연을 배울 수 있었다. 건강 소모임에서는 유해 화학물질과 플라스틱, 지구를 반 바퀴 돌아서 오는 GMO 식품, 농약과 식품첨가물로부터 안전하고 건강하게 사는, 단순하고 소박한 삶을 배우고 실천했다. 자연의 순리를 지키는 건강한 먹거리와 에너지와 화학물질을 최대한 덜 쓰는 생활, '나를 돌보고 서로를 돌보는 마을 공동체'를 만들자는 꿈을 키우는 시간이기도 했다. '에코맘' 소모임에서는 아이들을 대상으로 환경 교육과 먹거리 교육을 하면서 '아이들과 함께 하는 아빠 요리 대회'를 열기도 했다. 요리 수업을 통해 남성들도 밥하고 청소하고 누군가를 돌보는 일을 배웠다. 또 자신을 사랑하고 타인을 존중하는 인권감수성을 키우는 성교육과 인권 교육을 하는 성교육 소모임에서는 가족이나 연인 사이, 여러 사회적 관계에서 발생하는 무수한 폭력과 차별을 성찰하고 바꾸려는 마을 사람들이 함께했다.

이외에도 한 달에 한 번씩 고전이나 소설을 함께 읽는 모임도 있고, 매주 모여서 바느질을 하는 모임, 일요일 저녁에 모여서 노래하는 모임, 반찬을 만들어 나누는 모임, 의회 모니터링을 하는 모임, 역사 공부를 하는 모임 등이 내가 사는 마을에서 운영되고 있다. 모임을 하다 보면

마을에서 산다는 것

지나가다가 들러서 놀다 가는 여성, 책 빌리러 오는 여성, 천연화장품 사러 오거나 무얼 하는 곳인지 묻고 가는 여성들을 자주 만난다. 그러면서 많은 마을 여성들이 초록상상에 들어오고 머물고 떠나기도 했다. 그사이 우리는 마을에 사는 아이들이 누구누구인지 알아갔고 청소년과 노인 들도 대부분 알게 되었다. 우리 마을은 물론 한국 사회의 문제도 서서히 보이기 시작했다.

> 우리는 우리 자신 속에서 현재의 생명 위기를 극복할 수 있는 힘을 찾아내고 길러내야 한다. 병들고 죽어가는 지구, 그 위에서 똑같이 병들고 죽어가는 생명을 치유하며, 그 생명력이 크게 신장되고 지구 전체가 건강하게 살아날 수 있도록 도와주어야 한다. 이를 위해서는 조용한 환경 청소부 노릇도, 용감한 환경투사 노릇도 모두 필요하다.

여성환경연대 창립선언문의 일부다. 요즘으로 치면 단체의 비전이나 미션 같은 것이다. 우리는 조용한 환경청소부와 용감한 환경투사 사이에서 줄다리기를 했다. 공정무역을 통해 아시아의 여성들을 지원하는 '페어트레이드 코리아'를 설립했고 소비사회를 성찰하는 '캔들나이트' '느리게 걷기' '내 컵 들고 다니기' 등의 대안생활운동을 했다. 그리고 여성을 위한 건강운동과 정책 연구도 열심히 했다. 그러나 늘 뭔가 부족한 것 같았는데 그것이 무엇인지 서서히 깨달을 수 있었다. 그것은 생태적이고 건강하고 평등하고 작고 다양한 '마을'에서 행복하게 살고 싶다는 것이었다.

여성들이 도시에서 사는 법: 점, 선, 면

그동안 내가 마을에서 만난 여성들이 마을에서 살아가는 방식을 살펴보니 대략 세 가지 유형이 있었다. 첫째, 점(点)형. 마을에 아는 사람이 거의 없는 유형으로 텔레비전, 스마트폰 등 온라인으로 세상과 접속한다. 집은 씻고 자는 공간이고, 살림은 인터넷 쇼핑이나 해외 직구를 이용한다. 굳이 밖을 나가야 한다면 프랜차이즈 빵가게와 카페, 대형마트와 편의점에서 해결한다. 단골은 불편하다. 프랜차이즈는 점원은 아는 척하지 않아서 좋다. 학원 정보 이외에는 관심을 가질 필요성을 느끼지 않으며, 가족과 육아의 틀 안에서 살아간다.

둘째, 선(線)형. 마을에서 아는 사람이 약간 있는 유형이다. 슈퍼마켓 주인과 인사도 하고 동네 헬스클럽도 이용하고 전통시장도 이용한다. 가격 비교를 통해 슈퍼마켓과 시장, 마트를 품목별로 이용한다. 그러나 놀 때는 대체로 홍대나 종로 같은 '핫한' 곳으로 나간다. 교통과 쇼핑이 편리하고 학군이 좋은 곳이 좋은 마을이라고 믿는다. 마을에서는 소비자와 민원인으로서 살아가고 그 밖의 관계는 철저히 외면한다.

셋째, 면(綿)형. 마을에 아는 사람이 많은 유형으로, 동네에서 놀고 운동하고 모임이나 자원봉사 단체에 가입해 다양한 활동을 한다. 마을에 친구가 있고 단골도 있다. 집값 상승보다는 도서관과 공원, 아이들이 안전하게 갈 수 있는 곳이 많은 곳이 좋은 마을이라고 생각한다. 혼자만 잘살면 무슨 재미냐며 이웃들이 행복해야 내 삶도 좋아진다고 믿는다. 마을이 삶의 가장 중요한 공간이다.

흥미롭게도 통계청이 2011년부터 사회적 관계망을 측정하는 조사를 하고 있다. 몸이 아파 집안일을 부탁하거나 갑자기 많은 돈을 빌릴 경우, 낙심하거나 우울해서 이야기 상대가 필요할 때 자신에게 도움을 줄 사람이 있는지, 몇 명 정도인지 등을 통해 우리나라 사람들이 어떤 관계를 맺고 살아가는지 측정하려는 조사라고 한다. 결과는 학력이 낮을수록, 재산이 적을수록, 농촌에 살수록, 나이가 들수록 사회적 관계망이 느슨했고 도움을 줄 사람의 수는 평균 두세 명 정도인 것으로 나타났다. 삶의 위험은 갈수록 커지고 복지 수준은 턱없이 낮은데, 도움을 주고받을 친밀한 관계조차 양극화되고 있는 것이다. 친구 다섯 명이 늘어나면 자살률이 10퍼센트 줄어든다는 연구도 있듯이, 사회적 관계망은 삶의 중요한 조건이 되고 있다.

그래서인지 요즘 들어 부쩍 더 마을이 뜨고 있다. 부모 커뮤니티, 공동육아, 아파트 마을 공동체, 상가공동체, 다문화공동체, 여성안심행복마을, 마을미디어, 마을기업 등등……. 서울시가 마을 공동체 지원사업을 시작한 2012년부터 3년 동안 마을사업에 참여한 시민 중 69.4퍼센트가 여성이었고 이들의 평균 연령은 44세였다. 육아와 교육, 일과 여가 등 삶의 문제를 마을에서 해결하려는 흐름의 중심에 여성이 있음을 알 수 있다.

마을 사람들로 구성된 작은 모임이 하나의 점이라면 그 점들이 서로 연결되어 선을 이루고 무수한 선들이 모여서 마을 공동체라는 면을 만든다. 사회학자 조한혜정도 호혜의 마을 공동체가 한국 사회의 마지막 희망이라고 말한다. 그런데 과연 마을이 알라딘의 요술램프처럼 우리 삶의 모든 문제를 해결해줄 수 있을까?

마을공동체운동의 몇 가지 좌표

과거에 한국 사회에서 생태적이며 평등한 공동체를 만들기 위한 노력이 없었던 것은 아니다. 오히려 그 뿌리는 매우 깊다고 할 수 있다. 근대 이전부터 품앗이, 두레, 울력 등이 오랫동안 존재했는데, 일제 강점기와 개발독재 시기를 거치면서 일과 삶이 일치하는 자급적 농촌공동체가 해체되고 말았다. 하지만 이에 맞선 공동체 실험도 끊이지 않았다. 1950년대에 광주 동광원과 향린공동체가 등장했고, 1960년대에는 풀무공동체, 함석헌의 씨알농장 등이, 1970년대에는 기독교 계열의 성남의 주민교회, 두레마을, 복음자리마을 같은 공동체가 출범했다. 1980년대에는 산안마을, 다일공동체, 정토회, 한살림 등이, 1990년대에는 송학마을, 문당리, 물만골, 지리산 간디학교와 안솔기마을, 인드라망생명공동체 등 다양한 공동체가 만들어졌다. 이 공동체들은 자연의 한계에 대한 인식 속에서 자급자족의 원칙과 사회적 약자에 대한 배려를 강조한다는 공통점이 있다. 하지만 이런 노력들이 사회 전체로 확산되거나 성장 중심의 한국 사회를 근본적으로 변화시키지는 못했다.

그러다 1990년대 이후부터는 도시에서 다양한 마을 공동체를 만들려는 노력과 시도가 확산되었다. 철거에 맞선 주거운동이 대안교육, 대안문화운동과 결합되었고, 개발로부터 마을을 지키고 생태적 삶을 살고자 하는 운동이 공동육아운동으로 이어졌다. 도시와 마을마다 생협이 자리잡았다. 사교육에 아이를 맡기기보다 아이를 중심으로 교육과 마을을 재구성하려는 마을공동체운동은 2000년대 이후 각 지역으로 확대되었다. 공동육아를 시작으로 성장한 성미산마을과 삼각산 재미난 마을, 에너지 자립을 꿈꾼 성대골마을, 도서관을 중심으로 한 부산 반송의 희망세상, 소외된 사람들의 복지를 중심으로 한 관악과 강북의 마을들, 재개발의 대안을 마련해간 장수마을, 문화예술가들이 삭막한 철공소 골목을 가꾸는 문래동 예술공단 등 대도시 서울에서 다양한 노력들이 계속되고 있고 점차 확대되고 있다.

일본 역시 우리보다 앞서 마을에 주목했다. 1990년대 초 거품경제 붕괴를 경험한 일본은 쇠락한 마을을 복원하기 위해 마을 만들기 운동을 적극적으로 펼쳤는데 그러한 경험이 IMF 이후 한국 사회에 소개되어 많은 이들에게 공감을 불러일으켰다. 또한 평생직장에 매달리지 말고 월 30만 원짜리 일을 동시에 여러 가지 하면서 자급의 기술을 익히자는 제안을 담은 《3만 엔(30만 원) 비즈니스》, 서로 경쟁하는 삶을 버리고 느리고 평화롭게 함께 살자는 주장을 펼치는 《슬로 라이프》 등 많은 책들이 저성장 시대 일본 사회에서 나타난 개인의 고민과 선택을 생생하게 보여주었다. 경제성장보다는 공동체 경제와 마을을 재건하기 위해 노력하자는 것이 이런 책들에 담긴 주장의 요지였다.

　　마을공동체운동은 개발독재를 연상시키는 새마을운동이나 복고적인 농촌공동체로 돌아가자는 것은 아니다. 오히려 마을 만들기는 더는 경제성장이 불가능한 한국 사회에서 담장을 허물고 이웃 관계를 복원하는 것을 넘어 완전히 새로운 경제와 정치, 사회 만들기로 점차 확장되어야 한다.

　　마을 만들기 혹은 마을공동체운동을 통해 대안 사회를 건설하기 위해서는 몇 가지 원칙이 필요하다.

　　첫째, 공통의 가치관이 필요하다. 일회용 생리대의 문제점을 지적하며 사회운동과 연대했던 '피자매 연대', 전주에서 비혼 여성들의 공동체를 실험했던 '비비', 차라리 아이를 굶기라며 식품 속 첨가물을 폭로한 '다음을 지키는 사람들', 방사능으로부터 아이들을 지키기 위해 만든 온라인 커뮤니티 '차일드세이브', 신혼여행 때 여러 배낭 여행지에서 환대를 경험한 젊은 부부가 누구든지 와서 묵을 수 있는 공간으로 만든 '빈집'과 '빈카페', 지렁이 화분을 매개로 이웃을 만나는 '좋은 세상을 만드는 사람들', 도심 곳곳에 옥상텃밭을 만들고 텃밭 작물을 통해 자급과 생명의 소중함을 배우는 도시텃밭운동, 전통시장에 들어가 상인들과 함께 살아가는 청년 예술가들. 그리고 초록상상에 이르기까지 이 모든 활동에는 차별에 반대하고, 생명 존중, 자급과 대안이라는 정신이 공통적으로 깃들어 있다.

　　두 번째 원칙은 구체적인 일상에서 대안을 찾는 것이다. 많은 여성들이 거창한 철학이나 이론 대신 면생리대, 텃밭과 지렁이 화분, 놀이터와 시장과 카페 등 일상의 물건과 공간에서 행복을 찾는다. 걸어서 갈 수 있는 작은 도서관이 필요하고, 골목이나 놀이터가 안전한 곳이 되길 바라고, 단골들이 많아지길 바란다. 하루 한 시간 이상 출퇴근하는 일자리 대신 동네에 소박한 일자리가 늘어나길 원한다. 내가 만드는 놀이와 문화가 중요하고 친구가 많아지는 것이 중요하다. 한마디로 여성들은 삶에 필요한 것들을 새롭게 정의하고 직접 만들어내는 것을 좋아한다. 그래서 나와 함께 마을에서 함께 활동하는 여성들은 비록 몸은 힘들지만 마음은 행복하다고 입을 모아 말한다.

　　마지막 원칙은 마을 공동체 활동을 정치적 활동으로 인식해야 한다는 것이다. 여성들은 마을에서 정치적 주체로서 눈부시게 성장하고 있다. 처음엔 모임이나 활동을 통해 자기변화를 경험하지만 시간이 흐를수록 자녀나 가족과의 관계가 변하는 것도 경험한다. 지금까지는 아이들뿐 아니라 여성 스스로도 밖에서 돈 버는 일만 가치 있는 '일'이라고 생각했다. 그러나 아이들도 이젠 마을이 꼭 필요한 곳이고 엄마의 역할이 중요하다고 인식한다. 여성을 사적 영역에 가두려는 사회의 편견과 싸우면서 일과 정치의 새로운 기준을 만들고 있는 것이다. 여성들은 마을의 교사가 되기도 하고, 마을의 기획자나 모임의 대표가 되기도 하고, 마을의 홍보대사이자 대변인이 되기도 한다. 실질적으로 지역 사회의 디자이너가 되는 것이다. 요컨대 마을은 여성에게 살아 있는 민주주의 학교이자 정치 교실이 될 수 있다.

다시 마을에 물어야 할 것들

　　하지만 마을공동체운동에 묻고 대답해야 할 과제가 여전히 많은 것도 사실이다. 나 자신도 아직 해답을 찾지 못한 고민들이 많다. 그 중 한 가지는 마을 공동체가 중산층 가족 중심의 운동이라는 비판이다. 장애인이나 한부모 가정, 미혼모, 비혼자, 성소수자 등 자기 존재를 쉽게 드러내지 못하는 사람들에게 가족 중심의 문화는 폭력적일 수 있다. 마을에는 하루 열두 시간 넘게 일하는 영세 자영업자들과 노동자들도 있다. 세계에서 가장 높은 자살률을 보이는 다수의 빈곤 노인들도 있다. 마을은 이들의 다양한 목소리에 귀를 기울여야 하고, 어떻게 하면 이런 이들이 스스로 목소리를 내며 마을에서 살아갈 수 있을지를 고민해야 할 것이다.

마을공동체운동에서 드러난 또 다른 문제는 마을 사회가 여성들을 자원봉사자로 취급하며 전통적인 성역할을 고착시킨다는 것이다. 여성들은 집에서도 가사와 돌봄을 수행하고, 마을에서도 공동체와 이웃을 돌보고, 심지어 비정규직으로 일까지 하는 경우가 흔하다. 마을 활동을 하다가 자신의 건강을 소홀히 하는 경우도 종종 보곤 한다. 아마도 살림과 돌봄에 대한 사회적 인식과 인정이 지금과 같다면 이러한 모순이 쉽게 해결되지 않을 것이다. 그러나 여성들은 이런 모순과 어려움 속에서도 돌봄과 살림, 노동의 가치를 재구성하고 삶의 진정한 변화를 경험하고 있다. 느리지만 마을공동체운동 속에서 성장해가며 사회를 변화시키고 있다.

세 번째 문제는 마을에서 청년들이 어리거나 경력이 없다는 이유로 소모적인 역할이나 일에만 동원되게 하지 않고 지속적인 전망을 가지고 살 수 있어야 한다는 것이다. 일회성 마을사업이나 단기 인턴 등으로 마을에서 활동하는 청년들이 늘어나면서 이런 고민이 더 크게 다가온다. 우리 마을의 한 청년은 인터넷 사회관계망인 페이스북을 통해 만난 청년들과 낡은 집을 개조해 공동생활을 하며 '밥글웃'이라는 모임을 하고 있다. 10대 청소녀들을 대상으로 여성주의 강좌도 열고, 함께 밥 먹고, 글 쓰고, 작당하는 청년들의 모임이다. 인디밴드에서 노래하면서 낮에는 마을 일을 하고 밤에는 마을 미디어에서 방송을 녹음하는 청년도 있다. 마을 안에서 소수 정당의 대안적 정치운동을 꿈꾸는 청년도 있다. 현실은 여러 가지 '알바'를 해야 겨우 최저 생계비를 벌 만큼 냉혹하지만, 그들은 희망을 잃지 않고 마을에서 자신의 미래를 찾아나가고 있다.

네 번째로 묻고 답해야 할 과제는 엄청나게 큰 대도시에서 마을공동체가 보편적일 수 있는가 하는 것이다. 5년마다 주민의 절반이 이사를 간다는 한국 사회에서는 지역의 대표자를 뽑는 선거의 의미마저 퇴색하고 있다. 또한 서울은 이미 1인가구가 인구수에서 가장 큰 비중을 차지한다. 공동체는 친밀하고 지속적인 인격적 관계에 기반해야 하는데, 서울의 동 단위조차 물리적으로 너무나 크고 광범위하다. 그래서 친밀성보다는 느슨한 연대가, 구체적인 물리적 공간의 공동체보다는 보편적 가치의 공동체를 지향해야 한다는 의견도 있다. 새로 이사 온 낯선 사람들과도 따뜻한 환대와 우정을 나눌 수 있는 개방성 역시 마을공동체 운동에 주어진 숙제이자 도전이다.

그 밖에도 행정이 주도하는 마을공동체운동의 한계라든지, 지원 사업 중심의 마을운동의 지속가능성에 대한 우려, 마을 단위에서 해결할 수 없는 정치와 국가의 문제 등 마을에 거는 기대만큼이나 걱정도 끊이지 않는다. 이 모든 비판과 질문은 앞으로 마을 안에서 치열하게 고민하면서 함께 답을 찾아나가야 할 것이다.

그럼에도 마을은 지금 뜨겁다. 성장이 아닌 다른 대안을 마을에서 상상하고 있다. 자본의 언어가 아닌 삶의 언어를 개발하고 새로운 길을 만들어가고 있다. 그 강력한 힘은 마을에서 직접 만나고 함께 밥 먹으며 같이 시간을 보내는 데서 시작될 수 있을 것이다. 희망을 버리지 말고 날마다 모여서 이야기하고 함께 꿈꾸고 상상한다면, 나는 분명 행복을 위한 혁명이 마을에서 움틀 것이라 믿는다.

안전한
먹거리에서
탈핵
사회로

탈핵운동의
새로운 동력,
모성

김혜정 시민방사능감시센터 운영위원장/환경운동연합 원전특위위원장

고리1호기 폐쇄가 결정되다!

"정지하는 쪽으로." 2015년 6월 12일 오후 2시 24분, 기다리던 문자가 왔다. 고리원전1호기 폐쇄 결정을 알리는 메시지였다. 심장이 쿵쾅거렸다. 고리1호기 폐쇄 결정은 온전히 시민의 힘으로 처음 원전을 끄게 만든 성과였다. 그때까지 탈핵운동의 크고 작은 성과가 있었지만 궁극적으로 핵발전소 개수를 줄이지는 못했다. 후쿠시마 이전 탈핵운동은 지역운동 차원에서 주로 진행되어서 대중적인 의제조차 되지 못했다. 2005년 경주 방사성폐기물처분장('방폐장'으로 줄임)이 주민투표 89퍼센트의 찬성률로 선정되는 동안에도 안전성은 사회적 공론화가 되지 못했다. 운동의 주축이었던 지역 사회가 핵시설 유치로 돌아서자, 더는 탈핵운동이 설 자리가 없었다. 공교롭게도 후쿠시마 원전 사고가 터진 시점은 극소수 운동가들이 꺼져가는 한국 탈핵운동의 명맥을 겨우 잇고 있던 때였다.

일어나서는 안 될 재앙이었지만 후쿠시마 원전 사고는 한국 탈핵운동에 중대한 계기가 되었다. 우리 사회에 만연한 원자력 신화의 허구와 탈(脫)원전의 정당성을 생생하게 보여주었기 때문이다. 후쿠시마 사고 후 5년이 지난 지금, 한국 탈핵운동은 무엇이 달라졌을까? 고리1호기 폐쇄는 탈핵운동 대중화의 결실인가? 한 가지는 확실하게 말할 수 있다. 여성이 중심이 된 탈원전운동이 전개되면서 한국 탈핵운동은 확실히 대중화의 길로 들어서고 있다. 후쿠시마 이전에도 수많은 지역에서 핵시설을 막아내고도 탈핵운동이 실패했던 이유는 시민이 참여하는 탈핵운동이 등장하지 않았던 탓이다.

후쿠시마 이후 온·오프라인을 넘나들며 활발하게 탈핵운동을 벌이고 있는 '차일드세이브'의 회원들에게 어떤 이유로 핵발전소 문제에 관심을 갖게 되었냐고 물어보면 엄마로서의 '본능'이었다고 답한다. 후쿠시마 원전 사고를 보면서 본능적으로 '내 아이에게 위험하다'라고 느꼈다는 것이다. 위기감에서 출발한 그 '본능'이 방사능으로부터 아이들을 지키기 위해 인터넷 카페를 만들게 하고 탈핵운동의 현장으로 이끌었던 셈이다. 후쿠시마 원전이 폭발하는 장면을 보고 엄마들이 느낀 '본능'은 나의 본능과도 크게 다르지 않다. 나도 후쿠시마 사고를 티브이로 지켜보다 그야말로 본능적으로 다시 탈핵운동에 뛰어들었기 때문이다.

후쿠시마 원전이 폭발할 당시에 나는 탈핵운동의 일선에 있지 않았다. 1988년 탈핵운동에 발을 들여놓은 이래 전업 활동가로 일하는 동안 주로 현장에서 일을 많이 했지만, 동강 살리기 운동이나 골프장 건립 반대 운동, 그린벨트 지키기 운동 같은 현장 활동과 총무, 사무총장 직 등 관리 업무도 해왔다. 그러다가 환경운동연합('환경연합'으로 줄임) 사무총장직 임기가 끝난 뒤 운동 일선에서 떠나 재충전 시간을 가지며 새로운 일을 모색하던 중이었다. 쉬는 동안 현장에서 같이 뛰지 못해 환경운동에 빚진 마음은 말할 수 없이 무거웠지만 탈핵운동으로 다시 돌아갈 생각은 없었다. 지역 주민에게 외면당하고 시민사회에서 고립된 탈핵운동으로 돌아가 황폐한 운동가가 되고 싶지는 않았다. 작고 소박한 일이라도 사람들과 함께할 수 있는 행복한 운동을 하고 싶었다.

그렇게 새로운 일을 생각하고 있을 때 후쿠시마 사고가 터졌다. 처음엔 너무 끔찍해서 현실로 받아들이고 싶지 않았다. 불안과 공포 속에서 하루 종일 티브이 앞에 앉아 사고 현장 중계방송만 봤다. 밤에 잠도 오지 않았고 눈을 감으면 가위에 눌렸다. 밥은커녕 물도 제대로 넘어가지 않았다. 밤새 가위에 눌리다 일어나 본능적으로 든 생각은 오로지 다시 탈핵운동 현장으로 가야 한다는 것이었다. 내가 지금 있어야 할 곳은 탈핵운동을 할 수 있는 곳이라는 것밖에는 아무 생각도 나지 않았다. 집에 돌아올 생각을 하지 않고 입을 옷들을 챙겨 들고 환경연합 사무실로 향했다. 사실 일본에서 일어난 원전 사고이니 우리가 대책을 세운다고 달라질 건 없었지만 무엇이든 해야 한다고 생각했다. 그날로 환경연합 내에 일본원전사고비상대책위원회가 꾸려졌고 나는 위원장을 맡아 탈핵운동에 다시 뛰어들었다. 운명처럼 다시 탈핵운동에 뛰어들었다.

현장으로 돌아와서 보니 무엇보다 아이들에게 너무 미안했다. 이른바 1980년대 후반부터 탈핵운동이란 걸 해왔지만 도대체 아이들을 위해 바꿔놓은 것이 아무것도 없었다. 후쿠시마 사고도 내 잘못처럼 느껴졌다.

운명이 된 탈핵운동

나는 직장을 다니다 늦게 대학에 들어갔다. 낮에는 직장에서 일하고 밤에는 독서실에서 공부해 들어간 대학이었다. 딸 많은 집의 둘째 딸로 태어나 부모님 도움 없이, 대학은 가서 뭐하냐는 주위의 만류도 뿌리치고 들어간 대학이었지만 나오는 것도 내가 결정했다. 휴학계를 던지고 직장 생활을 다시 시작할 무렵, 아버지가 많이 편찮으셨다. 직장이고 뭐고 다 뒤로하고 고향으로 내려갔다. 6개월 남짓 아버지를 간호하는 동안 내 인생에 대한 생각은 전혀 없었다. 그러자 오히려 나 자신이 비워지는 시간이 생겼다. 인생에서 내가 아닌 누군가를 위해 온전히 쏟아부은 시간은 결국 자기를 비우는 시간이라는 걸 그때 깨달았다. 그래서 내 주위의 모든 것이 자연스럽게 들어왔는지 모른다. 그때까지 나는 오로지 나 자신의 노력과 의지에 기대어 살아왔다. 하지만 나는 아직 아무것도 아니었고 가야 할 길이 멀었다. 그런 생각으로 고향 울진의 여러 사람들과 함께 사회를 고민하고 인생을 모색할 때 울진원전(지금은 '한울원전'으로 이름이 바뀜) 1호기가 상업 가동을 앞두고 있었다. 지역 사회를 위한 일에 관심 있는 젊은이들이 모여 자연스럽게 핵발전소 문제를 가지고 고민하다가 울진반핵운동청년협의회를 만들면서 내 인생의 전환점이 생겼다. 스물여섯 살, 울진에서 나는 새로운 삶이 다가오는 걸 느꼈다. 핵발전소의 위협 앞에 놓인 가난한 내 이웃의 고달픈 삶이 가슴 아프게 다가왔다. 지금도 ㈜한국수력원자력('한수원'으로 줄임) 근무자들이 가장 기피하는 원전 지역으로 울진이 꼽힐 만큼 내 고향은 오지 중의 오지였다(지금은 대관령터널이 뚫려 많이 나아졌다). 그런 오지에 건설된 핵발전소 옆에서 평생 살아야 할 이웃이야말로 사회적 약자이자 힘없는 민중이었다.

그 이웃들이 내 삶으로 들어오면서 아주 자연스럽게 탈핵운동을 해야겠다는 생각이 들었다. 핵발전소는 위험했고 지역 주민들에게는 내가 필요할 것 같았다. 그러나 쉬운 일은 아니었다. 지역 주민들이 관심을 갖지 않는 건 별개의 문제이고, 무엇보다 울진은 여자에게 특히 보수적인 곳이다. 울진에서 내가 하는 일마다 친척이나 동네 사람을 통해 시시각각 부모님에게 소식이 전달되었다. 경찰이 집에 찾아오는 일도 생기고 이런저런 일로 부모님이 시달리시자, 집에서는 도저히 계속 있기 어려운 상황이 되었다. 나 때문에 오히려 아버지의 건강에 나쁜 영향을 미칠 수도 있는 상황이어서 우선 집을 떠날 필요가 있었다.

그렇게 다시 서울로 올라와, 지역에서는 구하긴 힘들었던 탈핵 관련 자료를 보려고 공해추방운동연합('공추련'으로 줄임, 현 환경운동연합)에 매일 드나들었다. 그리고 한 선배의 제안으로 1989년 9월부터 공추련 반핵평화부 간사로 일하기 시작했다. 서울에서 본격적인 탈핵 활동가로 일하는 건 정말로 신났다. 울진은 여성 활동가로서 존재 자체가 인정되지 않는 곳이었다. 모든 사람이 온갖 인맥으로 얽혀 있어서 공적인 관계 형성도 어려운데다 여성에 대한 편견이 하늘을 찌를 듯해 탈핵 문제를 공적으로 논의할 공간을 얻는 일조차 쉽지 않았다. 지금은 정보 검색 능력만 있으면 누구나 인터넷으로 필요한 정보와 자료를 구할 수 있지만, 당시 주민들은 정부 정책과 핵발전 관련 주요 정보를 주로 환경단체에서 얻었다. 따라서 초기 탈핵운동에서는 지역 주민을 조직하고 지원하는 일이 중요했다.

공추련에서 활동하는 동안 나는 핵발전과 관련 있는 지역 곳곳을 쫓아다녔다. 1989년 경북 영덕의 핵폐기장 반대 운동, 1990년 안면도 핵폐기장 반대 운동, 1991년 고성, 양양, 울진, 영일 등 전국 여섯 지역 핵폐기장 후보지 백지화 운동, 1995년 굴업도 핵폐기장 반대 운동, 그리고 수없이 많은 지역의 핵폐기장 유치 백지화 운동, 강원도 고성, 삼척, 양양 등 강원 지역에서의 핵발전소 및 핵폐기장 반대 운동 등 참으로 여러 지역에서 주민들과 함께했다.

그럼에도 내가 해온 탈핵운동은 지역 주민과 뜻을 도모하고 힘을 모으는 데는 성공했을지언정 보편적인 시민운동으로 나아가지는 못했다. 경주로 방폐장이 결정될 무렵, 오랫동안 함께 탈핵운동을 해오던 지역 주민들도 등을 돌렸다. 거의 모든 주민 대표들이 탈핵운동으로 발생할 경제적 손실과 공동체의 갈등을 더는 감당하기 힘들다며 손을 들었다. 환경운동 분야에서도 탈핵운동은 외톨이가 되어 있었다. 핵산업계 광고에 의존한 언론이 만든 과격한 탈핵운동 이미지까지 덧씌워지면서 환경운동의 대중적 확장에도 도움이 되지 않는다며 따가운 시선을 받았다. 시간이 지날수록 원자력계가 쏟아붓는 광고에 미디어가 종속되면서 원자력 신화는 건드릴 수 없는 성역처럼 되어갔다. 탈핵운동가의 길을 가려고 마음먹었을 때부터 단 한 번도 후회 없이 달려온 나였지만, 지역 주민의 마음도, 시민사회의 마음도 얻지 못하는 운동을 이어가자니 내 마음도 황폐해져 가기만 했다. 시민의 지지를 얻지 못하는 운동은 차라리 견딜 만했다. 함께 싸우던 지역 주민들이 원자력 산업의 품으로 뛰어드는 모습을 지켜보는 일에 비하면. 그때 나는 재충전한 뒤에 다른 환경운동 분야로 복귀할 수는 있을지언정 탈핵운동으로 돌아갈 생각은 없었다. 그런데 후쿠시마 원전사고가 터졌다. 나는 운명처럼 보따리를 싸 들고 탈핵운동으로 돌아왔다. 좌고우면, 탈핵운동의 외로움 따위는 안중에 없었다. 탈핵운동의 현장에 있어야 숨을 쉴 수 있을 것 같았다.

탈핵운동을 바꿔놓은 여성들, '차일드세이브'와 '생협 조합원'

탈핵운동의 대중화만이 후쿠시마에서 일어난 재앙과 같은 일이 우리나라에서 일어나지 않게 막는 길이다. 후쿠시마라는 재앙이 일어났는데도 탈핵운동이 대중화되지 못한다면 한국 탈핵운동은 희망이 없다고, 나는 스스로에게 다짐했다. 원전이 있는 지역은 핵산업계와 공생의 길을 걷고 있고, 새로운 원전 후보지도 이와 크게 다르지 않았다(지금은 아니지만). 그리고 그사이 한국 사회도 많이 변해서 과거처럼 지역에 들어가 주민을 조직하는 일이 탈핵운동의 중심도 아니었다.

2012년 3월 14일 토요일, 서울시청 광장에서 열린 후쿠시마 1주기 대회가 첫 실험 무대였다. 한국 탈핵운동 역사상 지역 주민들의 조직적인 참여 없이 시도된 첫 대규모 집회였기 때문이다. 이 집회의 성공 여부는 후쿠시마 이후 한국 탈핵운동의 성패를 판가름할 만큼 중요했다. 후쿠시마 원전 사고로 전 국민이 원전에 관심을 갖기 시작했지만 정작 얼마나 많은 시민이 탈핵운동에 관심을 갖고 있는지 확인할 길이 없었다. 그러나 다행히도 결과는 대성공이었다. 시청광장을 꽉 채운 시민들을 보며 다시 일어난 탈핵운동의 기운에 가슴이 벅차오른 한 후배는 눈물을 흘리기도 했다. 같은 날 부산에서 열린 집회도 성공적이라는 전갈이 왔다. 아이들을 데리고 나온 엄마들로 가득찬 광장에서 탈핵운동의 희망이 보이는 듯했다. 그토록 염원하던 탈핵운동의 대중화는 여성들의 등장으로 시작되고 있었다. 아이들과 엄마들이 나오니 집회 분위기도 밝고 낙관적이었다. 평소 나 같은 사람이 들었던 피켓을 아이들과 엄마들이 드는 모습에 감동이 밀려왔다.

후쿠시마 이후 한국 탈핵운동에 나타난 가장 큰 변화는 차일드세이브(Child-Save, '차세'로 줄임)처럼 자발적으로 결성된 엄마 모임의 등장이었다. 차세는 현재 2만 2000명이 넘는 회원이 참여하는 인터넷 카페 모임이다. 회원 대다수가 여성이다. 차세 회원으로 활동하는 엄마들은 후쿠시마 사고 이후 인터넷에서 카페를 만들고 오프라인 탈핵운동 현장에서도 중요한 역할을 해낸 성공적인 여성 탈핵운동의 대표적인 사례다.

차세의 운영진으로 활동하는 최현주 씨는 후쿠시마 원전이 폭발

했을 때 본능적으로 위험을 인식하고 밤새 방사능 관련 지식을 검색했다. '핵발전소 사고' 같은 검색어를 통해 여러 가지 정보를 검색하는 가운데 방사능이 아이들에게 어떤 피해를 줄지 역사를 통해 검증되었다는 사실을 확인했다. 인터넷을 뒤져서 얻은 정보를 처음엔 인터넷 카페 '82쿡' 등을 통해 공유하다가 다른 이슈에 묻혀버리자 다른 엄마들과 함께 차세를 만들었다. 많은 엄마들은 처음엔 정보만 얻을 생각으로 카페에 들어왔다. 카페를 통해 방사능 관련 기사나 보고서 등을 찾아보고 노르웨이 같은 외국의 기상청이 발표하는 바람 방향을 체크한 내용들을 공유했다.

현재 차일드세이브를 이끌고 있는 최경숙 씨는 후쿠시마 사고가 나기 전에 생산된 된장, 고추장, 소금을 구입하는 것을 비롯해 아이들을 위해 개인적으로 할 수 있는 일을 마치고 나자 더는 개인적으로 할 일이 없어서 행동에 나서야겠다고 마음먹고 차세에 들어왔다고 한다. 최경숙 씨는 엄마들을 가리켜 "이기적으로 시작해서 이타적으로 변했다"라는 말을 즐겨 쓴다. 내 아이를 지키려면 내 아이의 배우자가 될 아이도 지켜야 하고, 그런 아이들을 지키려면 우리 모두의 아이를 지켜야 하고, 우리 모두의 아이를 지키기 위해선 결국 우리 사회를 안전하게 지켜야 한다는 깨달음에 이르게 되었다고 고백한다. 많은 엄마들이 나 혼자서 정보를 찾고 대응하는 일에 한계를 느껴, 서명운동과 집회 등 오프라인 활동에도 적극적으로 나서게 되었다.

그러나 차세가 적극적인 탈핵운동을 하는 단체로 거듭나게 된 배경에는 무엇보다 한 소송이 결정적인 계기가 되었다. 차세 회원들은 카페를 만든 뒤로 식품의 방사능 오염에 관한 모니터링을 집중적으로 해왔는데, 모니터링에 더해 분석기관에 아이들이 먹는 식품의 방사능 측정을 의뢰했다. 그러다 2012년 7월에 한 분유 회사의 산양 분유를 분석한 결과, 미량의 세슘이 검출되었다는 사실을 확인했다. (환경연합 회원이기도 했던 차일드세이브 대표가 환경연합 사무실을 찾아와 차세를 대신하여 그 내용을 발표해달라고 부탁했다.) 환경연합은 그 조사 결과를 발표했다. 그러자 해당 분유 회사가 카페 운영진과 환경연합에 손해배상 소송을 제기했다. 이에 차세 회원들도 소송 당사자를 자임하고 나섰다. 온라인에서만 소통하던 엄마들이 재판이 열릴 때마다 유모차를 끌고 법원에 나오게 된 것이다. 그 뒤 방사능 측정 설비를 직접 마련하려는 이른바 '직장맘'들의 기부금과 후쿠시마 원전 사고 이전에 사놓은 된장, 고추장, 소금, 북어 등 먹을거리를 팔아 모은 돈 1600만 원으로 방사능 측정 설비를 마련하는 데 보탰다. 일본산 식품 수입 반대 활동과 방사능안전급식조례 제정 활동에도 적극적으로 나섰다. 탈핵 집회나 캠페인에 주도적으로 참여하는 것은 기본이었다. 월성원전1호기 무효 소송 원고인단으로 아이들을 데리고 법정에 참석하기도 했고, 원전 후보지 영덕에 내려가 지원 활동까지 벌였다. 유모차에 아이들을 태워 국회 토론회에 참여하는 것은 일상이 되었다. 국회의원들의 의정 활동을 모니터링 해서 탈핵 의원을 지지하고 찬핵 의원들에 대한 민원 제기나 감시 활동을 벌이면서 밀양 송전탑 할머니들을 지원하기 위한 모금 활동도 열심히 했던 차세 회원들은 세월호 참사 때에도 집회와 기자회견 참여, 농성장 지킴이 등으로 적극적으로 활동했다.

　　차일드세이브가 후쿠시마 이후에 만들어진 엄마들의 탈핵 조직이라면 생활협동조합('생협'으로 줄임)은 후쿠시마 이후 탈핵운동을 주요 과제로 정한 조직이다. 여성 조합원이 절대 다수인 생협 단체들은 조합원 대상 탈핵 교육을 기초로 고리1호기 폐쇄 운동, 일본산 식품 수입 금지 운동, 방사능안전급식조례 제정 운동 등을 벌여왔다. 생협은 주로 먹거리를 다루는 조직이다 보니 가장 먼저 들고 나온 의제가 식품의 방사능 안전 기준치였다. 한살림, 행복중심생협, 두레생협연합 등은 토론과 논쟁을 거쳐 정부 기준치와는 별개로 자체 식품 방사능 기준치를 정해 검사 결과를 공개하고, 기준치를 넘지 않는 식재료를 공급하고 있다.

　　한살림연합은 원전 줄이기와 재생에너지 확대 운동의 일환으로

2012년 조합원 1384명이 13억 원의 출자금을 모아서 한살림햇빛발전협동조합을 창립하여, 안성 물류단지 햇빛발전소를 비롯하여 대전, 강원 횡성 등에서 햇빛발전을 운영하며 연간 63만 킬로와트의 전기를 생산하고 있다. 한살림, 행복생협, 두레생협은 차세, 환경연합과 함께 식품 방사능 측정 설비를 구입하여 시민방사능감시센터 설립에도 나섰다. 조합원 활동이 활발한 아이쿱생협도 탈핵 교육과 캠페인 등 여러 활동을 벌여왔는데, 특히 고리 원전 인근에 있는 부산·울산 지역의 아이쿱생협이 지역 탈핵운동의 주요한 축으로서 활약했다. 부산·경남 지역 아이쿱생협은 영덕원전 유치 반대 주민투표 지원 운동에 조합원들이 지역별로 돌아가면서 영덕에 가 정기적으로 활동을 벌일 만큼 적극적인 역할을 하였다. 행복생협과 두레생협도 탈핵 강좌와 고리1호기 폐쇄 운동에 많은 여성 조합원들이 참여했다. 이들 생협은 모두 방사능안전급식조례 제정과 일본산 수산물 수입 반대와 같은 식품 안전 활동도 벌이고 있다.

여성들이 역사의 주역이 되다 — '밀양 할매들'과 '한국YWCA'

환경단체가 아닌 조직으로서 탈핵운동에 본격적으로 뛰어든 한국YWCA연합회 역시 후쿠시마 이후 탈핵운동에서 중요한 자리를 차지하는 한 축이다. 한국YWCA는 후쿠시마 이후 전국 53개 지역별로 탈핵 교육으로 기초를 다지면서 '핵 없는 사회를 위한 그리스도인 연대'와 함께 탈핵운동에 돌입했다. 이 단체는 학습과 조직적 논의를 거쳐 2013년 중점 사업으로 탈핵운동을 선정했다. 이를 시작으로 2013년 초에 '핵 없는 사회를 위한 공동행동' 참여 단체에 가입하면서 본격적인 탈핵운동에 들어섰다. 한국YWCA는 특히 노후한 원전인 고리1호기 폐쇄 운동을 주요 의제로 정하고 후쿠시마 사고 3주기인 2014년 3월 11일부터 지금까지 서울 명동에서 한 번도 빼놓지 않고 매주 화요일 12시에 '불의 날 캠페인'을 벌이고 있다. 또 '고리1호기 폐쇄 10만인 서명운동'을 벌여 목표를 달성하는가 하면, 고리원전 앞 기도회와 세종시에 있는 산업부 항의 방문 등 집중적인 활동을 펼쳤다.

나는 한국YWCA가 고리1호기 폐쇄에 결정적으로 공헌했다고 생각한다. 탈핵운동에서 한국YWCA가 보여준 모습은 어떤 탈핵운동 단체보다 열정적이었다. 고리1호기 폐쇄 운동의 막바지에 부산에서 진보와 보수를 아우른 '고리1호기 폐쇄 부산 범시민본부'가 세워질 수 있었던 것은 부산YWCA의 역할 덕분이었다. 고리1호기 폐쇄의 결정적 동력은 부산에서 보수와 진보가 한목소리로 고리1호기 폐쇄를 요구했기 때문인데, 그 과정에서 탈핵의 의지가 확고한 YWCA가 진보와 보수를 넘나들며 통합의 고리 역할을 해낸 것이다. 이렇게 여성들이 주도한 탈핵운동은 결국 부산의 여당 정치인들까지 앞다투어 고리1호기 폐쇄 입장을 밝히도록 만들었다. 한 예로 부산 해운대구 새누리당 배덕광 의원(19대 국회)은 나와 만난 자리에서 고리1호기 폐쇄 입장을 정하게 된 것은 젊은 엄마들의 영향 때문이라고 밝혔다. 선거 과정에서 많은 젊은 여성들이 고리1호기에 대한 입장을 요구하는 것을 보고 사안의 중요성을 깨달아 고리1호기 폐쇄를 공약했다는 것이다. 한국YWCA의 탈핵운동은 한국 탈핵운동에 커다란 날개를 달아주었다. 덕분에 탈핵운동은 대중과 한결 더 가까워질 수 있었다.

그런가 하면 송전탑 반대 운동을 탈핵운동으로 발전시키고, 지역 주민과 시민사회가 함께하는 탈핵운동의 새로운 모델을 만들어낸 밀양 할매들의 송전탑 반대 투쟁 역시 여성이 이뤄낸 탈핵운동사의 사건이다. 밀양 송전탑 사업은 신고리원전에서 생산한 전기를 대도시로 공급하기 위해 76만 5000볼트의 초고압 송전선과 161기 송전탑을 건설하는 사업이다. 그중에 69기의 송전탑이 밀양을 통과한다. 밀양 주민들은 시민들이 송전탑은커녕 핵발전소 문제에도 관심이 없던 시절부터 거대한 한전을 상대로 10년 가까이 싸워왔다. 찬 시멘트 바닥과 비닐 천막으로 가린 농성장을 집 삼아, 산을 오르내리며 현장을 지켜온 주민들의 대다수는 할매들이었다.

　　10여 년 동안 외롭게 투쟁하면서도 한전의 협박과 회유에 넘어가지 않고 운동을 벌여온 밀양 할매들의 투쟁은 도시 시민들의 공명을 불러왔다. 전국의 많은 여성들이 직접 만든 먹을거리와 손으로 짠 목도리, 모자 등을 보내 할매들을 응원했다. 농성장에서는 할매들의 무용담과 살아온 인생 경험이 쏟아져 나왔다. 이를 잊지 못해 찾아오는 젊은이들도 많다. 농성장은 시민들이 할매들에게 지혜와 용기를 배우는 현장이 되면서 탈핵을 뛰어넘어 세대 간 연대가 이루어지는 곳이 되었다.

　　'송전선을 따라가다 보니 핵발전소가 있더라'라는 할매들의 일성은 핵발전의 실체를 명쾌하게 보여준 말이다. 목숨이 붙어 있는 한 송전탑 싸움을 포기할 수 없다는 할매들의 송전탑 반대 투쟁은 핵발전소 반대 운동으로 이어졌다. 밀양 할매들이 송전탑 반대 운동을 통해 탈핵운동으로 가는 길을 만들어낸 것이다. 제2, 제3의 밀양을 막기 위해 핵발전소 건설을 막아야 한다는 할매들의 운동은 젊은 엄마들의 참여뿐만 아니라 전국 송전탑 반대 운동의 시금석이 되었다. 밀양 송전탑 반대 운동을 통해 핵발전소 반대와 송전탑 반대로 나뉘었던 운동이 하나로 융합되었다. 비록 당장은 송전탑을 없애지 못하더라도 언젠가는 송전탑을 뽑아내야 한다는 신념을 버리지 않고, 가만히 있으면 안 된다고 나선 할매들의 투쟁은 한국 탈핵운동이 앞으로 견지해야 할 자세이다.

여성의 탈핵운동은 힘이 세다

　　1988년 무렵에 시작된 탈핵운동은 핵시설 후보지가 된 지역에서 행해진 전투에서는 결실을 거두었으나 궁극적으로 핵발전 확대를 막는 전쟁에서는 지는 싸움을 해왔다. 그런 점에서 고리1호기 폐쇄의 성공은 처음으로 전쟁에서 이긴 운동이다. 비록 이 순간에도 신규 원전 운영 허가와 원전 건설이 추진되고 있지만, 핵발전소 개수를 줄이게 된 것은 탈핵운동이 거둔 진정한 성과임이 분명하다.

고리1호기 폐쇄를 통해 한국 시민사회는 탈핵으로 가는 가능성을 만들어냈다. 철옹성 같은 핵산업계와 맞서 시민이 이루어낸 결실이다. 그리고 그 중심축에는 아이의 미래와 생명의 가치를 지키려고 나선 엄마들, 여성들이 있었다. 밀양 할매들이 온몸으로 송전탑에 맞서며 탈핵으로 가는 길을 냈다. 여성들은 고리1호기 폐쇄 운동에서 보수와 진보를 넘어서는 탈핵운동의 전형도 보여주었다. 보수 진영도 동의할 수 있는 가치와 대안이 탈핵운동의 강점이라는 점도 확인되었다. 하지만 탈핵 사회가 그렇게 쉽게 오지 않으리라는 것도 사실이다. 한국에서 핵발전소가 가동된 지 37년, 탈핵운동 27년 만에 고리1호기 폐쇄 결정을 이끌어냈다. 탈핵운동은 그만큼 오랜 시간과 끈기를 요구한다.

핵발전소에서 나오는 방사성 물질은 태아와 어린아이들에게 치명적이고 남자보다 여자에게 더 위험하다. 그러므로 후쿠시마 이후 여성이 탈핵운동의 중심에 서게 된 것은 우연이 아니다. 차일드세이브나 밀양 할매들의 경우에서 보듯, 여성들은 본능적으로 핵발전의 위험성에 반응했다. 어떻게 해서라도 생명을 지키겠다는 마음이 더 우선이었다. 이들 여성들의 참여가 더욱 폭넓어지고 다양해지는 모습을 보며 나는 우리 사회가 탈핵으로 가는 길에 한 발자국 더 다가섰음을 다시금 확인했다. 한국의 탈핵은 '생명에는 타협이 없다'라고 단언하는 여성들의 '본능'이 운동으로서 '끈기 있게' 지속될 때 더욱 실현가능성이 높아질 것이라 믿는다.

4

살림

행복을
교환하는
시장

농부와
요리사,
수공예가들의
마르쉐@

이보은 마르쉐친구들

지금, 생태적으로 살아간다는 것

 몇 년 전 나는 '4대강 사업'을 막아보겠다고 열심히 뛰어다녔다. 온 나라 강줄기가 공사판이 되어갈 때, 나는 엉뚱하게도 '즐겁고 자연스럽게 내 컵으로 마셔요 WITH A CUP' 캠페인을 막 시작한 참이었다. 일회용 컵이 아닌 즐겁게 내 컵을 들고 다니자는 메시지를 4대강 사업 반대 시위 현장의 뙤약볕 아래에서 곱씹곤 했다. 김남길, 이문세 같은 대중 스타들이 자기 컵을 들고 카메라 앞에 서서 '내 컵'을 외쳤다.

 "이러지 말아요. 우리 다 강물 먹고 살고 있잖아요. 새벽에 낙동강 줄기 내성천이나 남한강 줄기 여주 은모래사장에 나가보세요. 물 마시러 왔던 고라니와 너구리, 멧돼지, 크고 작은 새들의 발자국이 보이잖아요. 우리도 이 생명들과 함께 이 물 마시고 살아가고 있잖아요. 정말 이러지 말아요."

 우리들의 목소리는 작았고 물론 세상은 바뀌지 않았다. 4대강에 보를 세워 가둔 이 강물이 바로 우리가 먹고 마시는 물이라는 사실을 알리면 사람들도 함께 반대할 것이라 생각했지만, 결국 보는 설치되었고 국민들의 반대도 그렇게 절박하지 않았다. 우리들의 손에는 생수가 들려 있고 집집마다 정수기가 설치되어 있다. 이제 강은 생명의 젖줄도 아니고 수돗물은 끓이지 않고 그대로 마실 수 있는 물이라고 생각하는 이들도 별로 없다. 후쿠시마에서는 재앙이 일어났고 우리나라에서는 사용 연한을 넘기고도 폐기를 미룬 원전들이 꾸역꾸역 계속 돌아갔다. 그리고 연이은 한미 FTA와 지구촌의 먹거리가 밥상으로 밀려들어 왔다. 내게 작은 변화가 생긴 것은 이 무렵부터다.

 2011년 나는 여성환경연대라는 단체의 사무처장 자리에서 물러나 삶의 현장으로 들어가 활동해보자는 마음을 먹었다. 조직이나 직함에 매이지 않고 그동안 하고 싶었던 일을 시작하고 싶었다. 출발은 옥상 텃밭이었다. 2010년에 여성의 일자리 모델을 견학하러 일본 여행을 떠난 적 있었다. 당시 생태적인 삶을 공동체로 풀어내는 다양한 사회적기업가들을 만났는데, 화학물질 과민증 환자들을 위한 음식 정보 제공 서비스, 잡곡 레스토랑, 도시 양봉, 커뮤니티 카페 같은 슬로 비즈니스 현장들이었다. 그중 내게 가장 인상적이었던 것은 아기를 업은 젊은 여성인 후지오카가 운영하는 '기타노 하치도리'라는 마을카페였다. 이 작은 카페의 점심 메뉴는 100년이 넘은 마을의 두부 가게에서 생산한 유부로 만든 유부초밥이었다. 유부의 재료가 되는 콩은 카페 운영을 함께하는 청년들이 직접 농사지었다고 했다. 이들은 '콩 혁명(다이지 레볼루션)'이라는 농사 프로젝트의 참가자들이었다. 일본 식문화의 근간을 이루는 토종 콩을 도시와 농촌 곳곳의 빈 땅에서 공동으로 경작한다고 했다. 유부초밥의 맛은 환상적이었다. 한 입 베어 무는 순간, 농사짓고 생산하고 다시 지역에서 소비하는 자급과 순환의 구조가 명쾌하게 머릿속에 들어왔다.

'내가 키워서 먹어봐야 내가 먹는 걸 누군가 키웠다는 것을 상상할 수 있다.'

어설픈 나의 옥상텃밭은 이런 경험을 계기로 시작되었다.

공동체를 경험하는 공동체, 문래동 옥상텃밭

2011년이 밝자마자 옥상을 찾아다녔고 이내 영등포의 쇠락해가는 문래동 철공단지를 만났다. 이곳에 터를 잡은 젊은 예술가들, 지역 주민들과의 공동 작업을 꿈꾸며 문을 두드렸지만 아무리 낡은 건물일지라도 선뜻 옥상을 내주는 이가 없었다. 옥상은 삶터라기보다 자산에 불과하다는 것을 깨달으며 옥상 청소만 몇 번째 하고 쫓겨나길 반복했다.

가까스로 세 번째 옥상에서 작은 공동체 텃밭을 만들 수 있었다. 시작은 힘들었지만 텃밭에서 맞은 사계절은 많은 배움과 즐거움을 내게 안겨주었다. 우리가 일군 것은 텃밭이었지만 그곳에서 거둔 것은 채소만이 아니었다. 그곳은 공동체적 삶을 기르는 텃밭이기도 했다. 옥상텃밭은 텃밭을 실험하는 공간으로, 말 그대로 생각대로 되는 일은 많지 않았지만 매우 유쾌한 공간이었다. 문래동 철공단지의 가난하고 젊은 아티스트들은 농번기인 봄가을에는 생계 벌이로 정작 안정적으로 경작을 할수 없었다. 그 와중에도 이러저런 이유로 텃밭에 발을 들인 청년들은 텃밭에서 지렁이 집을 만들고 벽화를 그리기도 하고, 이런저런 핑계로 친구들을 초대하여 파티와 난장을 벌였다. 스케줄이 들쭉날쭉한 청년들을 대신해서 동네에서 놀기를 자처하신 명예퇴직자 은행 지점장님, 그리고 아이들에게 숨 쉴 구멍을 만들어주고 싶어 한 인근 아파트 엄마아빠들이 텃밭에 터줏대감으로 자리를 잡았다. 농사는 지역의 철공소 사장님들의 마음도 조금씩 움직였다. 전직 소년 농부를 자처하시는 이분들은 잔소리와 다를 바 없는 각종 훈수와 작은 상자텃밭으로 옥상텃밭과 연대했다.

텃밭에서의 생산 활동은 자급 생활과는 거리가 멀었지만 돈을 쓰지 않고도 즐거운 삶을 터득하는 경험을 하기에는 충분했다. 열심히 일하는 자가 존중받고 땀 흘리는 일이 놀이일 수 있는 곳이 텃밭이다. 즉석에서 수확물로 멋진 식탁을 차리는 것이 가능하고 함께 땀 흘린 이들이 격의 없이 둘러앉아 막걸리를 나눌 수 있는 공간, 자기 오줌을 일주일간 모아서 가져오는 청년이 최고의 환대를 받는 공간, 지식이나 경제력보다는 시간이나 손재주가 많은 이가 환영받는 공간, 밭은 가난하지만절대 누추하지 않은 자급하는 삶의 실험 공간이 되었다. 해를 더해 가면서 이 텃밭에는 점점 꽃이 늘어가고 깃드는 생명도 날로 다양해졌다. 콘크리트 더미 위에 얹혀 있는 작은 공간이지만 위계와 경쟁, 속도와는 구분되는, 다른 공기를 머금은 공간이 되었다.

우리는 텃밭에서 나오는 먹거리를 좀 더 많은 이들과 나누기 위해 서울 홍대 앞의 카페 '수카라'에 납품했고 일부는 '하자센터'가 운영하는 영등포 달시장에 나가 직접 팔기도 했다. 쉽지는 않았지만 성공적이었다. 판매 가격은 생협 채소 가격 정도로 책정되었고, 배달 운임으로 카페 직원들이 만든 음식을 맛보는, 지극히 인간적인 교환도 성립되었다. 장터에서의 판매 역시 수익이 생기지는 않았지만 돈으로 따질 수 없는 보람과 즐거움을 가져다주었다. 동네 주민들이 옥상에서 채소를 어떻게 키우는지 자세히 묻기도 하고 어르신들은 농사짓던 시절의 추억을 펼쳐놓았다. 그리고 많은 분들이 참여 방법을 물어왔고 우리가 준비해 간 지렁이를 분양받아 가며 농사에 관심을 보였다. 경쟁력이라고는 눈 씻고 찾으려야 찾을 수 없는 도시농부들이 이렇게 자신의 이야기를 펼쳐놓을 플랫폼이 필요하다는 생각이 다시금 들었다. 어느덧 옥상텃밭은 도시를 건강하게 만드는 미래에 대한 상상을 키우게 해주었고, 문래동에서 한 강렬한 경험은 다른 옥상텃밭 기획으로 계속 이어졌다. 2012년에는 청년들의 문화공간인 홍대역 부근에 '홍대다리텃밭'을 만들었고 그 이듬해에는 합정동의 한 카페 옥상에 텃밭을 열었다. 옥상텃밭을 통해 청년들이 공동체를 만들어, 직접 플랜트박스를 제작하는 일부터 스스로 농사짓는 법까지 배웠고, '메이드 인 마포 (MIM)'이라는 도시농사 브랜드를 만들어 농사로 자립해보자는 야심 찬 계획도 추진되었다.

어떤 시장이어야 우리가 행복할 수 있을까

문래동 옥상텃밭을 일구던 봄에 일어난 후쿠시마의 원전 사고는 한국 사회도 뒤흔들었다. 일본의 풍요로운 소비는 후쿠시마의 전기와 동북 지역의 풍부한 먹거리에 의존한 것이었다. 그러나 3·11 이후 일본 사회가 오랜 시간 공들여온, 우리나라의 신토불이와 같은 '지산지소(地産地消) 운동'에 커다란 어려움이 닥쳐왔다. 일본 정부의 야심 찬 기획이었던 '마르쉐 재팬 프로젝트'도 난관에 부딪혔다는 소식이 들려왔다. 정부의 지원을 받는 전국의 농부시장 중에서도 가장 잘나가던 '아오야마 파머스 마켓'에 출점하던 수도권의 로컬 농부들 중에도 농사를 포기하는 이들이 속출했다는 것이다. 방사능에 대한 우려 때문이었다. 이때 나온 말이 바로 '우산우소(友産友消)'다. 친구가 생산하고 친구가 소비한다는 말, 우산우소는 지산지소가 불가능해진 일본의 고심을 짐작케 했다. 하지만 얼굴을 아는 소비, 관계에 기댄 소비인 우산우소는 지구화한 먹거리 위험 구조를 극복해가는 대안적 구조의 가능성을 상상하게 했다.

　　나는 옥상텃밭을 인연으로 만난 수카라 김수향 대표를 통해 일본의 생생한 경험을 전해 들을 수 있었고 재일교포였던 그를 비롯해 일본인들이 겪은 후쿠시마의 아픈 경험은 한국에서 직접 대화하며 안심하고 먹는 시장 '마르쉐@'을 만들어가는 데 중요한 계기가 되었다. 2011년 가을부터 나는 옥상농사를 지으면서 시장을 만들기 위한 모금을 시작했다. 그리고 도시에서도 자급의 삶을 누려볼 수 있는 농사 공간과 카페, 시장을 연결하려는 크고 작은 옥상 워크숍도 기획하면서 새로운 시장을 꿈꾸기 시작했다.

　　2012년 봄, 시장을 꿈꾸는 이들이 한자리에 모였다.

　　"어떤 시장을 원하나요?"라는 질문에 수많은 대답이 쏟아졌다.

　　"내가 원하는 시장은 유기농 어쩌고는 아니야. 근력 떨어져서 농약도 못 치시겠다는 우리 할머니와 동네 어른들이 키우는 채소로 맛있는 음식을 낼 수 있는 시장이야."

　　"그동안 가능한 한 유기농 채소로 카페의 음식을 만들어보려고 노력했어요. 그런데 점점 기후·에너지 문제가 심각해지는 상황에서 유기농만으로는 부족하다는 생각이 들어요. 좀 더 가까운 거리에서 알고 먹을 수 있는 안전한 재료를 구할 수 있는 시장, 내가 안심하고 먹을 수 있는 시장이 필요해요."

　　"우리가 지금 먹어야 하는 것은 우리 집 옆 망원시장의 과일 가게, 채소 가게 하시는 분들이 오늘 다 팔지 못하고 남긴 먹거리라고 생각해요. 그런 토마토로 케첩을 만들고 사과잼을 만들어 팔 수 있는 시장이 있으면 좋겠어요."

"옥상에서 농사를 짓고 있는데 그것들도 팔 수 있을까? 우리가 그런 시장을 만들 수 있으면……."

우리들의 대화는 끝이 없었고 먹는 이야기라 신명났다. 생산자와 소비자가 얼굴을 마주하고 대화하며 먹을 수 있는 시장이 우리의 합의점이었고 그 자리에 모인 농부, 요리사, 디자이너, 활동가 들은 그 '대화하는' 시장을 함께 만들어가기로 했다. 이러한 대화의 장을 여는 일에 함께 나서준 이들이 수카라 김수향 대표, '십년 후 연구소' 송성희 대표다. 이들과 나는 시장을 기획할 운영팀을 꾸렸고, 나중에 팀의 이름은 '마르쉐친구들'로 정해졌다. 모험을 벌이기에는 적지 않은 나이인 30대 후반과 40대 중반의 세 여자는 현실을 잊은 채 시장놀이터를 구상했고 치열하게 준비했다. 장시간 마라톤 회의를 하면서 스스로 "우린 참 디테일에 강하다"라고 자화자찬했다. 시장을 만든다는 것은 사람과 사람, 물건과 물건을 연결하는 일이고 모든 관계 맺기에는 세심함이 필요하다는 게 우리의 신념이었다.

대화하는 시장 마르쉐@

2012년 9월에 작은 준비 모임을 거쳐 10월 12일 대학로 아르코미술관 마당에서 첫 마르쉐@이 열렸다. 그간 대화 모임에 참여했던 이들이 출점자로, 공간기획자로, 자원봉사자로 참여하여 서른다섯 팀 정도가 첫 시장을 열었다. 농부들은 자신이 직접 키우거나 요리한 것들을 소개하고, 요리사들은 재료와 조리법을 설명하며 도처에서 즐거운 대화의 꽃을 피웠다. 우리의 시장은 성공적이라는 느낌이 들었다. 첫 '마르쉐@'을 준비하면서 시민들에게 우리를 어떻게 소개할지를 고민하다 '농부와 요리사, 수공예가가 함께 만들어가는 도시형 시장'이라고 정리했다. 그리고 이 시장의 임무를 생산자와 소비자가 직접 대화하는 농부시장 운영을 통해 생산자와 소비자 간의 상호 신뢰 증진, 건강하고 풍요로운 로컬의 식문화 만들기, 자급적인 삶의 기술을 통한 자립, 지역 공동체 활성화라고 정리했다. (많은 이들이 그 의미를 궁금해 했던 '@'은, 시장이 도시 곳곳에 만들어지길 바라는 마음에서 마르쉐 뒤에 싱겁게 붙인 말이다).

마르쉐@은 대화를 통해 진화해왔고, 대화는 마르쉐 디자인의 출발점이기도 하다. 젓가락의 즐거운 움직임을 표현한 마르쉐 체크(시장 공간의 공중에 설치되는 휘장)가 마르쉐의 상징으로 채택되었고, 디자이너들의 열정으로 저작권 대가 없이 누구나 이용할 수 있게 한 다양한 콘텐츠와 '적정기술'들을 기반으로 한 마르쉐만의 집기도 개발되었다. 농부 키트를 만들 때는 시골 장터 할머니들의 바구니를 베꼈고, 뭔가를 더 넣기보다는 빼는 것을 중요하게 생각했다. '일회용품과 쓰레기가 넘친다면 우리의 대화가 즐거울 수 있을까?'라는 질문과 답을 통해 빌려주는 그릇과 설거지대를 착안했다. 빌려준 그릇이 되돌아오면서 시민들과 더 풍요로운 대화가 가능했고 매회 1000여 개 이상의 일회용기를 절약하게 되었다. 하루 종일 시금치 파스타를 만든 요리사의 얼굴도 싱글벙글했다. 몇 년 동안 파스타를 만들었지만 파스타에 왜 시금치가 뿌리째 들어가냐는 질문을 처음 받아봤다는 요리사에게 이 질문은 최고의 찬사 같았단다. 일회용 쓰레기와 함께 어딘가로 버려졌을지 모를 대화, 손님의 생각과 마음이 빈 그릇과 함께 생산자에게 되돌아가는 것. 이것이 마르쉐가 기획한 디자인이었다.

마르쉐@에는 세 유형의 농부들이 있다. 옥상이나 공동체 텃밭에서 수확하는 도시농부도 있고, 지역에 새로 뿌리내리며 다품종 소량 생산을 통해 자급하려는 귀농귀촌형 농부도 있고, 부모 세대의 수확물을 가공·판매하는 농가 자녀들도 있다. 학업을 마치고 부모님의 농장으로 돌아가 기술을 익히며 새로운 유통을 고민하는 이들이 있는가 하

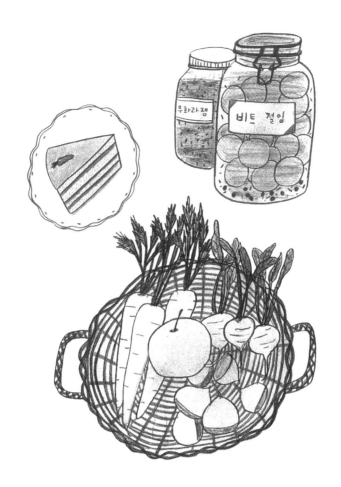

면, 부모님의 작물로 직접 시럽을 만들고 곡물잼이나 건조과일 등을 만들어 제각각의 아름다운 포장지에 담아서 판매하는 이들도 있다. 마르쉐@에서 교환되고 나누어지는 씨앗들 덕분이기도 하고, 다양한 채소와 곡물로 새로운 작업을 해보고 싶은 요리사들의 기대가 반영된 덕분에 이 작은 시장에는 300여 품목이 넘는 농산물이 나오고 있다. 인기 있는 품종 하나가 아니라 저마다 맛과 쓰임이 다르고, 농부가 이어온 씨앗의 역사가 담긴 다양한 품종의 채소들이다. 마르쉐@에서 요리사들은 장터에 참여하는 농부들의 재료로 음식을 만든다. 농가의 토종 콩을 주제로 다양한 메뉴를 개발하고, 사라져가는 자광미, 버들벼, 흑갱 같은 재래종 쌀로 요리를 한다. 케이크에 쓰기 위해 직접 딸기 수확에 나서기도 하고, 손님이 긴 줄을 서서 기다리는데도 재료 하나하나마다 생산자를 소개하는 일을 멈추지 않는 채소버거 요리사도 있다.

수공예가들도 농가의 냉이꽃, 찔레 열매로 공예품을 만들고 농가에서 버려지는 밤 껍질, 양파 껍질로 염색한 생활용품을 만들기도 한다. 낯선 토종 재료와 제철 채소로 전통적인 음식이나 아주 새로운 맛을 부지런하게 소개하는 요리사들 덕분에 손님들에겐 토종농사를 짓거나 익숙하지 않은 채소를 기르는 도시농부도 낯설지 않다. 요리사들의 노력이 농부들의 먹거리만이 아니라 농부와 손님과의 거리를 가깝게 만들어주는 역할을 하고 있는 것이다. 이렇게 농가 재료를 이용한 요리사의 음식을 맛본 사람들은 가을이면 시장에서는 구할 수 없는 개성배추를 찾거나 토종쌀로 지은 맛있는 밥을 기대하며 추수를 기다린다. 또 이런 손님들이 있어서 별난 농부들의 '다른' 농사가 지속될 수 있다.

농부들도 변하고 있다. 수입된 GMO 옥수수 사료가 아닌 로컬 자급 사료로 달걀을 생산하는 농부들은 마르쉐의 요리사들을 초대해 달걀 요리를 배우기도 하고, 지역 농가들과 함께 머리를 맞대고 지역 농산물의 새로운 활용법을 찾기도 한다. 그렇게 만들어진 메뉴가 마르쉐의 농가 요리가 되어 시장에서 팔리기도 한다. 대화 덕분에 농부의 사과는 요리사의 케이크가 되고, 케이크는 수공예가의 꽃 한 다발과 교환된다. 관계를 통해 교환되는 거래는 돈을 많이 벌게 하지는 못했지만 마음은 더 지혜롭고 더 풍요롭고 더 행복해지게 한다.

자급적 삶과 지속가능한 시장

매년 3월이면 농부들을 중심으로 씨앗장이 열리고 모든 농가가 자신들의 땅에서 직접 채종하여 이어가는 씨앗들을 들고 나와 손님들과 나눈다. 그 씨앗을 키워낸 농부의 성공과 실패, 지혜가 함께 전해지는 것이다. 가끔 마르쉐가 'GMO-free'를 선언하고 반대 운동에 더 적극적으로 나서야 하지 않냐는 질문을 받는다. 그런데 유전자가 조작된 식품과 하이브리드 씨앗이 만들어가는 불평등하고 위험한 먹거리의 구조를 바꾸기 위해 지금 할 수 있는 일이 무엇일까. 마르쉐는 농부가 이어온 씨앗의 다양하고 풍요로운 맛의 세계를 많은 사람들이 경험할 수 있기를 바란다. 그것이 우리가 가장 먼저 해야 할 실천으로 생각한다.

마르쉐@에서 처음에 수입 유기농 밀가루로 만든 빵을 자랑하던 요리사들이 어느 날부터 우리 밀가루를 얻으려고 앉은뱅이밀, 금강밀, 토종호밀을 키우는 농부와 방앗간 주인을 찾아다니고 있다. 요리사들은 저마다의 발효종을 벗하며 살아가고 자신의 빵의 재료가 되는 밀과 채소가 자라는 시골로 일터를 옮기는 이들도 생기고 있다. 홍대에서 가장 '핫한' 빵집의 파티셰가 시골의 빵 굽는 카페의 주방을 맡는 일이 생긴 것이다. 아는 사람이 드문 재래종인 조동지 벼의 씨앗을 자연 농법으로 묵묵하게 이어가는 농부가 있는가 하면, 다양한 씨앗을 자기 땅에서 채종하여 자신의 논에 맞춤한 자신만의 씨앗으로 만들어가는 농부도 있다. 그 맛의 차이를 알아채는 요리사와 그 소소한 차이를 즐기는 손님들을 통해 깨달은 것은 다양해야 건강하고 아름답다는 것이다. 우리의 몸과 미의식이 이끄는 대로, 느리지만 자연스러운 그 아름다움으로부터 배우고 발전하는 삶을 선택한 것이다.

시장, 도심 속 공유지

막연하게 요리와 수공예가 좋아 마르쉐에 합류했던 이들 중에는 카페, 레스토랑, 스튜디오 등을 창업하고 자립의 길을 가고 있는 사람들도 있다. 마르쉐@에 오는 손님들과 농산물 꾸러미를 정기적으로 주고받게 된 농부들도 생겼다. 시장 밖의 다른 시장의 가능성을 스스로 만들어가면서 자립하게 된 것이다.

자급하는 삶을 위한 기획은 마르쉐를 만드는 과정에서 등장했던 다양한 일에서도 계속되고 있다. 마르쉐@의 공간 디자인을 책임지던 디자인그룹 '노네임노샵'이 맡았던 작업은 파주 타이포그래피학교의 학생들로 구성된 '키친스카우트' 팀이 이어받았다. 이들 역시 공간 디자인과 마르쉐@의 키트를 발전시키는 일을 통해 디자이너로서의 역량을 계발하며 자신의 일터를 스스로 만들어가고 있다.

마르쉐@은 도시 공간에 대한 대안적인 상상력이기도 하다. 도심의 공원이 일시적으로 거대한 시장으로 변해 시민들에게 생활과 학습, 문화와 휴식의 공간을 제공하는 것이다. 마르쉐@은 점차 '대학로 마로니에공원'과 '예술가의 집' 마당에서, 그리고 명동성당과 서울의 공원들로 시장 공간을 넓혀가고 있다. 농부시장에 대한 제도적 기반이 부재한 한국 사회에서 이러한 공간 실험은 도시와 농사의 새로운 관계 맺기이자, 국가와 자본으로부터 독립적이고 자율적인 공유지를 직접 창출한다는 면에서도 의미가 작지 않다고 생각한다. 2016년엔 도심 공원에서 시민시장을 제한적으로 허용하는 내용을 포함하는 '시민시장 활성화를 위한 지원조례'가 서울시의회 통과를 눈앞에 두고 있다.

하지만 농부시장 마르쉐@은 여전히 다양한 문제에 직면해 있다. 어떻게 해야 1차 농산물이 남지 않고 다 팔릴 수 있을까? 요리사들이 농가 재료를 더 간편하게 이용할 방법이 없을까? 빵은 잘 팔리는데 밥은 팔기 어려운 요리시장을 어떻게 변화시킬까? 1차 농산물을 사서 집밥을 만들어 먹는 손님들을 어떻게 하면 늘릴 수 있을까? 주머니가 가벼운 사람도 장보기가 가능한 방법은 없을까? 근대적 위생 개념과 자급적 생산과 소비의 충돌을 어떻게 건강하게 넘어설까? 예컨대 이런 문제들이다. 개인과 공동체 사이의 적절한 균형 찾기는 마르쉐가 직면한 문제이자 그 대답이다. 판매금의 약 10퍼센트를 기금으로 모아서 다음 시장의 종자돈으로 사용하고, 개장하기 전에 출점자들이 서로 교류하는 시간을 가질 것, 출점자들도 연 1회 이상 자원 활동에 참여할 것 등을 전체 회의를 통해 결정했다. 2014년 8월에는 출점자들 스스로 마르쉐@의 정체성을 농부시장으로 규정하여 농사를 중심 가치로 놓자는 큰 결단을 내리기도 했다. 요리나 수공예가 아니라, 가장 돈 안 되는 농사를 중심에 놓는 것은 아마도 자신들의 공동체에 대한 신뢰와 자신감의 발로일 것이다.

올가을이면 마르쉐@은 네 번째 생일을 맞는다. 마르쉐@ 곳곳에서는 집에서부터 그릇과 장바구니를 챙겨 오는 시민들을 흔히 볼 수 있다. 마르쉐@에서 장바구니를 든 모습은 풍경처럼 자연스럽다. 시장은 사람을 바꾼다. 우리는 지금 어떤 시장을 상상할 수 있을까. 한때 카드 사용 여부를 두고 논쟁도 있었지만, 많은 토론 끝에 우리는 현금만 주고받는 시장을 만들기로 했다. 세상에는 카드를 사용할 수 있는 시장이 너무나 많다. 우리마저 더 많은 소비를 일으키고 불필요한 것까지 충동적으로 사게 하는 시장일 필요는 없다. 세상은 유한하다는 인식을 가지고 필요한 만큼만 쓰는 공간으로 남기로 했다. 물론 계속 고민할 것이다. 시장으로 둘러싸인 지금, 자급의 삶이 결코 쉽지만은 않다. 도시는 더욱더 우리의 삶을 기생하는 삶으로 만든다. 그러나 땅과 씨앗을 지키는 농사, 그런 농산물로 만드는 음식과 손작업으로 작은 삶의 공간들을 하나씩 더 만들어가고 지키는 것, 그런 삶을 담는 시장이 곳곳에서 만들어진다면 조금 더 행복하지 않을까?

삶을
지속하게
하는
예술,
남도
살림문화

김정희 여성학자/(사)가배울 공동대표

남도 문화, 삶에서 피어난 예술

2010년 '가배울'을 시작하고 일하면서 힘이 들 때면 '뭔 오지랖은 넓어서, 이 나이에 왜 일은 벌여가지고 사서 고생하노'라는 소리가 절로 나온다. (가배울은 2010년 임의 단체로 시작한 살림여성주의 문화 단체다. 토종농사를 짓는 강진군 성전면 달마지 마을 꾸러미 사업을 지원하고 있고, 공정여행 원칙을 준수하는 농촌문화답사, 생산지 견학 등도 진행하고 있다.) 그러나 2015년 유엔이 인류의 체질과 평균 수명을 고려해 발표한 나이 분류법에 따르면 50대 후반인 나는 청년기(18~65세) 후반인 셈이다. 새로운 일을 도모해도 되는 시기이니, 연구직을 박차고 나와 삶의 현장에 뛰어든 건 나이에 맞게 행동한 것이다. 청년기 후반을 새롭게 살도록 나를 인도한 것은 2008~2009년 연구 책임자로서 진행한, 당시 문화관광부의 '양성평등 지역문화 확산사업'이다. 이 프로젝트는 연구자로서 2년 동안 전국 10여 군데 지역을 다니며 지역 여성들이 연극, 공연물, 여행 프로그램 등을 창작하고 개발하는 데 컨설팅을 해주고 평가하는 사업이었다. 여행 프로그램 개발에는 당연히 그 지역의 길을 걷는 것도 포함되어 있었는데, 당시 올레길 걷기 열풍과 함께 길에 대한 관심도 자연스럽게 떠오른 상황이었다. 이 사업은 각 지역의 여성 문화와 여성들의 창조성을 확인할 수 있는 기회였다.

사업을 하면서 예상치 못한 만남을 마주하게 되었다. 바로 강진과 강진을 통해 만난 남도였다. 당시 함동정월이라는 여성 국악인의 삶을 연극으로 만드는 강진문화원 사업을 컨설팅 하러 자주 강진을 들락거리게 되었다. 잠재성과 의지는 분명하지만, 연극 대본을 쓰고 지도할 연출자조차 없는 이런 곳에서 완성된 연극을 올리려면 1년으로는 부족하고 2년 연속 사업으로 가야 한다며 문광부 담당자들을 설득하고 연출을 맡을 제자를 내려 보내면서 함동정월 연극 제작 사업을 지원했다. 내 예상이 맞았다. 2년 후 서울 공연에서 할머니 몇 분이 참여한 연극 〈함동정월〉은 대단한 수작이었다. 농사짓는 할머니들이 대본을 다 외

우셨고, 할머니들의 몸에 밴 강강술래 신명은 연극의 마무리에 흥을 더하였다.

　　　남도의 가치는 자연과 발효 맛 문화, 삶 속에 들어와 있는 '살림예술'의 조화로 이루어진다. 2013년 '김치와 김장 문화'가 유네스코 세계무형문화유산으로 등재되었다. 발효에 2년이 걸리는 액젓까지 고려하면 김치는 슬로푸드 중의 슬로푸드다. 합성 조미료로 맛을 낸 액젓이 아니라, 2년 숙성된 액젓으로 김치를 만들어내는 이들이 시골 마을의 할머니들이다. 할머니들이 소박하게 꾸민 마당 꽃밭은 과하지도 모자라지도 않게 그것을 둘러싼 자연의 품에 안겨 있다. 가난해서 시멘트 담을 올릴 수 없어서 살아남은 돌담, 돌담 사이사이로 핀 꽃들과 넝쿨들, 심지어 선인장마저 돌담 사이로 삐죽이 가시 돋은 잎을 뻗고 있다. 항아리를 거꾸로 돌탑처럼 세워 장식을 해놓는가 하면, 유행이 지난 밋밋한 사기 그릇을 마당 한구석에 자그마한 제단처럼 소담스럽게 쌓아놓기도 한다. 그 장식을 보면 '내 자식들 키운 세월의 희로애락이 담긴 저 그릇, 우리 가족의 삶이 담긴 저 그릇들을 차마 내칠 수 없는' 할머니의 심경이 그대로 전해진다. 어렵게 수확한 무농약 쌀자루에다 늘 보고 자란 들판의 새를 직접 그려 넣기도 한다. 쓰지 않은 싸리 빗자루를 벽에 걸어서 멋지게 장식한다. 종이에 그린 일회용이 아니라 사방에 단출하게 수를 놓은 윷놀이 판에다 말을 던지며 윷놀이를 하는 할머니들의 발그스레한 뺨과 표정은 수줍은 소녀 같다. 식당을 하시는 한 아주머니는 식당만 하고 살기에는 삶이 아까워, 그림을 그리고 그 그림을 식당에 걸어두거나 새벽에 춤을 몇 시간 추고 나서야 식당 문을 연다. 예술의 무대는 삶의 한복판과 자연이어야 한다고 믿고 바닷가, 들판, 시장 한복판에서 춤추기를 고수하며 본래 자신들의 것이었던 춤을 농민들에게 되돌려주어야 한다며 여성 농민의 밭으로 달려가 춤을 가르치는 춤꾼이 그곳에는 있다. 시간 가는 줄 모르고 지역에서 나는 흙으로 밤 새워 청자의 상감(象嵌) 작업을 하는 여성 도예가도 있다. 뒤늦게 시작한 문인화로 한 경지를 이룬

문인화가는 이제는 지역 여성 주민들에게 문인화를 가르치는 선생님이 되었고 늦은 나이에 대학의 동양화과에 입학했다. 자기 마당과 주변 산천에서 얻어온 야생의 꽃과 풀, 황토를 전통 방식 그대로 발효시켜 천연염료를 만들어 천연염색을 하며 아이들에게 천연염색을 체험시키고 사회적기업을 세워 지역의 여성 가장, 다문화 가정 여성을 천연염색 전문가로 키워내는 이들도 있다. 농한기에는 한지 공예 한두 작품을 만들어 쌀독으로도 쓰고 함으로도 쓴다(위에서 소개한 사연의 상세한 내용은 졸저《남도여성과 살림예술》2장 참조). 이같이 자기가 사는 곳의 자연, 사람들과 하나가 되는 이러한 예술을 나는 '살림예술'이라 부른다.

공동체의 품위를 지켜준 살림예술

나는 오랫동안 나 스스로를 문화와 예술을 잘 모르는 문화예술 문외한이라고 생각했다. 많은 사람들이 그런 것 같다. 유명한 화가 작품이라고 하는데 무미건조한 무채색이나 한두 가지 단순한 형상의 추상화 앞에 서면 뭐가 뭔지 잘 모르겠고 어떤 감흥도 일어나지 않는데, 이런 걸 사실 그대로 표현하면 예술 문외한임을 드러내게 되니 적당히 느낀 척해 본 적은 없는가? 사실 나는 전문 예술 작품이라 칭하는 작품들에서 이런 경우가 많았다. 내가 보는 순간 편안해지고 빨려들게 되는 작품들은, 실은 예술로서는 배척되고 기능에 그친 것이라고 경시되는 공예품들이었다. 화려한 자개장, 알록달록 예쁜 다양한 한지와 한지 공예품들, 다양한 자태와 색상을 뽐내는 도자기들, 이런 게 더 좋았고 지금도 그러하다. 별다른 감흥을 느끼지 못하는 추상화 대신 새벽녘 정화수를 떠놓고 비나리를 하는 할머니, 푸근한 느낌이 담긴 장독대 그림, 한 땀 한 땀 바느질로 백두산 천지를 수놓은 작품, 할머니들의 정겨운 윷놀이 판, 이런 것들이 내가 좋아하는 예술품이다. 나는 이제 이런 것들을 자신 있

게 '살림예술'이라고 칭한다. 살림예술에 대한 나의 생각이 명료해진 것
은 두 예술 전문가, 김수남과 엘렌 디사나야케(Ellen Dissanayake)에게 힘입
은 바가 크다.

  "아직은 이들이 세상을 보는 눈은 넉넉했고 상상력은 무척 광대
하여 우주를 생각하고 하늘과 땅 위, 땅 아래의 세계를 독창적으로 보
거나 해석하고 있다는 느낌을 준다. 그리고 그들은 그러한 생각을 그림
이나 문자, 조각, 건축 등을 통해 삶의 여러 곳에 드러내고 있었다. 모든
것을 직접 만들고 그리고 쓰며 새기는 일을 하면서 살아가는 이들은 만
능의 예술가라는 느낌을 준다"(김수남, 2004: 291). 현대 예술에서 배제되는
소수민족 예술을 고(故) 김수남 사진 작가는 소수민족의 세계관과 상상
력을 담고 있는 훌륭한 예술 작품이라고 말했다.

그런가 하면 진화예술론자 엘렌 디사나야케는 근대 예술론과 포스트모던 예술론 둘 다를 비판한다. 디사나야케에게 예술은 삶 속에 존재하며 생존에 기여하는 가치를 지니는 것이다. 그가 볼 때 행위와 감상 모두 전문적 교육과 훈련을 받아야만 누릴 수 있는 근대 예술은 일반인들이 이해하기 어렵고, 예술을 느낄 줄 모르는 사람으로 스스로 치부하게 되는 배타적 특성 때문에 보통 사람들에게는 모욕적이다. 그리고 포스트모던 미학은 근대의 고급예술론을 이끈 이들이 대부분 성차별적이거나 인종차별적이었고 정치적으로 보수적이거나 반동적이었으며, '예술을 위한 예술'이 사실은 계급적 이익을 표현하는 개념임을 드러낸다고 보았다. 그러나 포스트모던 미학 또한 한계가 있다고 지적한다. 이 미학은 예술이 지닌 자기초월의 기능을 텍스트 읽기로 깎아내림으로써, 예술에서의 초월 경험은 일반적이며 거기에 생존 가치가 있을 수 있음을 이해하지 못한다는 것이다(디사나야케, 2009: 245~249).

오늘날의 예술은 산업화에 예속되면서 전문적인 예술 산업 영역에서 일하는 예술가, 이를 주로 소비하는 대중으로 나뉘어 있다. 우리는 예술을 향유하기 위해 비싼 입장료를 내고 전문 예술을 감상하러 가거나 아니면 티브이를 통한 수동적 시청 혹은 감상을 할 수밖에 없다. 요즘은 좋은 콘서트, 공연 작품을 안방에서도 즐길 수 있게 되었고 지자체 차원에서 전문 예술 공연을 주민들에게 제공하기도 한다. 그러나 이 모든 것은 수동적인 향유에 그친다. 내가 직접 악기를 연주하고 노래를 부르며 춤을 추는 것은 아니다. 직접 예술 행위를 하기 위해서는 어릴 때 학원 교습을 시작으로 해서 예고, 예술 대학을 거치는 십 수 년에서 20여 년에 이르는 전문 예술가의 대장정에 들어서야 한다. 이렇듯 예술가와 비예술가의 이분법은 확고하다. 들노래 선소리꾼의 구성진 노랫가락을 들으며 그 장단에 맞추어 후렴을 부르고 추임새를 넣는 식의 노동과 예술이 결합된 세계는 사라졌다. 하루하루 이어지는 노동과 삶의 고단함, 작은 앙금에서 비롯되어 불거져 버린, 또는 깊게 팬 공동체 성원들

간의 갈등과 불화, 이 모든 것이 강강술래를 함께 추고 나면 눈 녹듯이 사라지는 경험은 사라졌다. 예술이 품위 있는 공동체의 지속에 기여했던 역할도 사라지고 있다.

전문적인 예술과 소비하는 대중의 이분법이 확고한 산업 예술의 틀 속에서 살아 있는 예술 경험을 하기는 불가능해졌다. 애초에 예술은 어느 특정 집단의 전유물이 아닌, 누구나가 일상 속에서 노래 부르고 춤추며, 이를 통해 삶을 지속할 힘을 얻는 살림예술이었다. 그렇기에 산업예술의 지배적인 구도 속에서도 살림예술 행위는 도처에서 자생적으로 생겨난다. 농촌과 도시 할 것 없이 지역이나 직장에서 이루어지는 다양한 문화예술 동아리들이 그것을 증명한다. 농촌에는 여기에 더해 더 다양하며 오랜 역사를 이어온 마을 단위의 공동체 예술이 있다.

한마디로 살림예술은 그 지역의 흙, 햇빛, 기타 자연적 요소, 그리고 오랜 문화 전통과의 밀접한 연관 속에서 수백 년 이상 발전해온 예술이다. 다시 말하면 우주와 자연, 지역 사회와 연결된 공동체의 창조적이고 문화적인 활동과 의례들은 그 공동체의 장소적 특성, 곧 개성이며 공동체의 생명력이라 할 수 있다.

살림예술은 삶의 예술이기도 하다. 예술은 생존에 기여하는 문화이며, 자연과, 이웃들과 소통하며 살고 싶은 예술가의 생존 욕구, 삶의 욕구를 의미한다. 때문에 삶의 세계를 하찮게 취급하고 무시하는 근대의 '예술을 위한 예술론'이나, 예술을 문화적 텍스트 이상으로 보는 포스트모더니즘과는 다를 수밖에 없다.

살림예술의 미적 기준은 고도의 전문성이 아니라 소통과 일치에 있다. 20여 분 동안 이어지는 강강술래는 관객들까지 무르익게 하여 춤판에 끼게 만드는 집단무다. '문지기, 문지기 문 열어라'를 소리치며 사물놀이의 연주가 시작되면, 기다란 원의 꼬리를 잇고, '강강술래, 강강술래'를 함께 부르며 수십 명이 하나가 되는 강강술래 춤판에 빠져본 경험을 한 사람들은, 춤판에 있는 모든 사람의 몸과 마음을 휘감는 환희의

절정을 잊을 수 없다. 집단적 카타르시스라 할 수 있는 이 감동은 김연아의 아이스쇼 관람이나 세계 최고의 발레 공연도 따라올 수 없는 경지라고 입을 모은다.

살림예술의 최고 전문성은 고도의 전문적인 예술적 기교가 아니라, 예술 활동이 이루어내는 공동체 성원들 간의 소통과 합일의 체험에 있다. 청자 도예가나 문인화가가 흙이 좋아서, 혹은 붓을 쥐고 그림을 그리는 행위 자체가 좋아서 작품 활동을 지속할 때, 이는 작가가 자연, 작품 활동의 삼매(三昧)에 빠지는 것이다. 이런 것 자체가 살림예술이라고 할 수 있다. 이러한 예술 활동이 지역 사회 주민들과 함께 나누는 활동으로 나아간다면 더 높은 차원의 예술성이 실현된다. 그런 점에서 강강술래의 예술성은 가히 타의 추종을 불허한다.

무엇이 우리의 삶을 축복해줄 수 있을까

자연과 인간에게 상생의 힘을 주는 공동체 예술의 압권인 강강술래의 신명을 꼭 한 번은 체험해보길 권한다. 길게 볼 때 한류 문화의 힘은 여기서 나온다고 나는 믿는다. 농촌 마을 문화가 사라질 때, 한류 문화의 힘도 사라질 거라는 걸 명료하게 논증하기는 어렵지만, 내 직관은 그렇다. 성악가 박혜미가 난장뮤지컬 〈샤먼아이〉를 제작하면서 한국의 소리, 무속과 토속에 모정(母情)을 가미한 한국적인 것을 녹아나게 할 때 세계인에게 사랑받을 수 있다고 말한 것과 같은 맥락이다. 후니 킴이 어정쩡한 퓨전이 아니라 전통 한식으로 세계인의 입맛을 사로잡아야 한다고 말하는 것도 같은 맥락이다. 이런 토종 문화가 위태롭긴 하지만 일상의 문화로 영위되고 있는 곳, 이곳이 한국의 산업 근대화로부터 소외된 덕분에 남아 있는 한국의 농촌 마을이다.

2015년 봄, 제주도에서 열린 '할머니와 함께하는 인디언 정화 의례'는 살림예술에 희망을 갖게 해주었다. 이 의례를 주관한 모나 폴라카(Mona Polacca) 할머니와 추장 오스틴(Austin)이 주관한 의례 속의 노래에는 분노를 삭혀낸 슬픔이 평화와 힘으로 담겨 있었고, 그 노래는 곧바로 참가자들의 영혼에 닿았다. 제주도 돌문화공원 선문대 할망 제단을 빙빙 돌며 전 세계에 편재하는 인류 최고(最古)의 살림예술 서클댄스를 추었고, 우리의 서클댄스인 강강술래와 노래로 자연스럽게 이어졌다. 돌문화공원 단장님은 공원이 생긴 이래, 이 공원에서 어떻게 놀아야 하는지를 가장 잘 아는 아름다운 방문자들이라고 기뻐했다. 전 세계 곳곳에 서클댄스를 추는 모임이 있고 한국에도 그런 모임이 있다. 1년에 한 번 600~700여 명이 한 장소에 모여 서클댄스를 추기도 한다. 지구의 조그만 마을들에서 만들어진 이 서클댄스들이 이제 지역을 넘어서 만나기 시작했고, 그 춤을 추는 동안 그 속에는 남녀노소, 빈부, 백인과 유색인, 배운 자와 못 배운 자의 차별이 무의미해진다. 그러면서 우리는 어떻게 살아야 하는지 그냥 몸으로 알게 된다.

근대화에서 배제되고 멸시당하면서 지켜진 살림예술 대동의 춤과 노래, 강강술래가 이제 전 지구적으로 교류하기 시작했다. 군산복합체의 거대한 피라미드를 이 춤과 노래, 의례가 녹여버릴 수 있을까? 비현실적이라고 코웃음을 치는 사람이 있다면, '일단 강강술래를 춰봐', 이렇게 말하고 싶다. 인디언들은 절기마다, 아기가 태어난 지 삼칠일이 되었을 때 아기와 엄마를 축하하기 위해, 아이의 생일에 수시로 노래와 춤을 춘다. 집안의 할머니는 그들이 옥수수에서 발견한 아름다움을 그린 요령을 흔들며 수시로 식구들과 지인들을 축복한다. 우리의 백일잔치, 돌잔치도 그랬다. 이 일상적이었던 어머니, 할머니의 축복을 다시 일상의 삶으로 회복할 때, 이 축복이 무기를 녹여버릴 것이다.

기독교 신자가 되었든 불교 신자가 되었든 상관없이 아침 식사를 준비하기 전 싱크대 앞에서 잠시 '부처님, 예수님, 성모마리아님, 하나님 어머니, 조왕신님, 식구들이 맛나게 아침을 먹고 은혜로운 하루를 열게 하소서' 하고 짧은 기도를 올리는 게 이상한 일일까? 우리 할머니, 할아버지를 통해 어머니 예술문화의 아름다움과 신성함을 체험하고 전수받아야 하지 않을까? 또한 그 어머니 예술문화가 무식한 시골 할머니들의 별것 아닌 문화가 아니고, 또한 하찮은 무당이 지닌 하류 무속 문화가 아니라는 것을 알아볼 준비가 되어 있기는 한 것일까?

유네스코에 등재된 세계무형문화유산인 강강술래를 보존하기 위해 꾸려진 단원이 아니라 마을에서 축제 때 주민으로서 강강술래를 추는 사람들이 사라지게 된다면, 우리에게 어떤 미래가 남을까? '오래된 미래'가 우리의 구원이라는 말은 라다크에만 적용되는 진리는 아니다. 60명의 할머니가 추던 베틀놀이가 30년 만에 할머니들의 자연사로 구성원이 40명으로 줄었다. 군무인 베틀놀이나 강강술래는 20명 이하가 되면 추기 어려워진다. 이 마을살림, 마을농사가 지속되어야 구름 걷힌 파란 하늘과 같은 '여기 지금, 하나됨'을 알게 해주는 마을 살림예술도 지속될 것이다.

강진을 오가며 내가 얻은 선물은 남도의 살림예술이었다. 뒤늦게 거대한 어머니 대지의 한 모퉁이를 발견했다고나 할까. 그런데 이 어머니 대지를 발견한 경탄은 곧 탄식으로 바뀌었다. 한국에서 2007년 10만 5377개였던 마을이 2010년에는 5만 175개로 줄었다고 한다. 한 마을에 아이는 한두 명 있을까말까 하고 아기 울음소리가 멈춘 지 오래다. 농촌이 깡그리 사라지기야 하겠는가만, 지금과 같은 조건이 지속된다면 10~15년 후의 농촌은 어떤 모습이 되겠는가?

공정무역 연구의 일환으로 2006년 6월에 필리핀의 농촌 마을을 다녀온 적이 있다. 공정무역 단체들은 노예나 다름없는 대농장의 일용직 노동자들에게 농사를 가르치고 이들의 생산물을 공정한 가격으로 유럽이나 일본, 한국 등으로 수출한다. 그러나 공정무역은 극히 일부이고 그곳의 대다수 농촌 주민들은 하루 2달러를 받는 노예노동과 다름없는 사탕수수 대농장에서 일용직으로 일했다. 이들은 한국의 농민처럼 농업노동의 전 과정을 통합적으로 이해하고 실행하는 명실상부한 농민이 아니다. 한국의 농민은 농사를 짓기 위해 농대 졸업생의 지도를 받지는 않는다. 아시아나 아프리카의 대농장은 21세기에도 '톰 아저씨의 오두막'에서와 같은 노예노동에서 크게 나아지지 않았다. 이러한 봉건적인 농업노동 시스템이 지배하는 필리핀 사회에서 농촌 주민은 연중 삼모작이 가능한 풍요로운 농업 환경 속에서도 농사짓는 법을 아는 농민이 아닌, 주인이 하라는 일을 단순하게 수행하는 일용직 농업노동자일 뿐이다. 하루 2달러의 일당조차 만성 계절 실업에 시달리면서 철저하게 자급의 힘과 기술을 잃어가는 것이다.

최근 들어 농림축산식품부가 직거래 활성을 강조하고 활성화 의지를 보이면서 대형 기업형 마트들도 직거래 꾸러미를 상품으로 내놓고 있다. 대형 기업의 직거래로 농민에게 돌아가는 수익이 있기나 한 건지, 농민 수익이 있다면 얼마나 되고 지속가능한 건지 의문이 든다. '하림'은 지난 10년(2001~2011년) 동안 정부로부터 2000억대의 지원을 받으며 네 개 지주회사와 58개 계열사를 거느린 국내 최대 축산 기업으로 성장했다. 그러나 이 기간 동안 하림에 닭고기를 공급하는 생산 농가들은 소작농으로 전락했고 하림은 급기야 닭고기 수입 사업까지 벌였다. 노예와 다름없는 필리핀 아시엔다의 일용직 노동자, 거대 축산 재벌과 소작 축산 농가라는 하림과 회원 농가의 구도, 이것이 대기업형 마트들이 지금 어디선가 진행 중인 작업은 아닐까? 기우였으면 좋겠다.

(203)

참고문헌

- 김수남 (2004), 〈모든 이들이 예술가더라 ― 아시아의 여러 민족들〉,《한국의 생명담론과 실천운동》(세계생명문화포럼, 경기 2004 자료집), 생명과평화의 길, 경기문화재단, 291~298쪽.
- 김정희 (2013),《남도여성과 살림예술》, 모시는 사람들.
- 디시나야케, 엘렌 (2009),《미학적 인간: 호모에스테티쿠스》, 김한영 옮김, 예담.

사회적경제에
희망을
거는
이유

김연순 (협)행복중심협동조합지원센터 이사장

'감좋은공방 협동조합' 이야기

옷 지어 입기를 좋아하는 여자들이 있었다. 취미를 넘어서 실력도 쌓고 싶었다. 옷 만드는 전문 교육기관을 찾아가 기본부터 고급 과정까지 이수하면서 배우는 즐거움은 너무나 컸다. 내 손으로 무엇인가를 생산하는 것은 가슴 벅찬 일이었고, 내가 소외되는 힘겨운 노동이 아니어서 무언가를 창작하는 기쁨을 만끽했다. 그녀들은 크리스티안 노스럽의 책《여성의 몸, 여성의 지혜》를 함께 읽으며 몸과 마음은 하나라는 것을, 상품화된 외모지상주의가 여성을 병들게 한다는 것을 절감하면서 여성의 몸을 편안하게 해주는 천연섬유 옷감으로 통치마, 통바지를 만들어보자고 의기투합했다.

20대부터 50대까지 나이대가 다양한 여섯 여자는 먼저 2012년 1월, 사회적경제 조직인 협동조합 준비 모임을 만들었다. 출자금으로 총 550만 원을 모으고, 동네에 허름한 작업장도 마련했다. 재봉틀 석 대와 살림살이도 들였다. 여섯 명 중에 네 명은 재봉틀을 돌리는 생산자, 두 명은 지원 업무를 하는 자원봉사자 역할을 맡았다. 정기적으로 회의를 하고, '협동조합의 7원칙'과 협동조합기본법도 열심히 공부하고, 다른 협동조합 탐방도 다녔다. 그렇게 1년 동안 굴러가던 준비 모임에 뜻을 같이하는 여성 조합원 40여 명이 가세해, 2013년에 마침내 '협동조합 감좋은공방'을 설립했다. 사람에게도 좋고 자연에도 좋은 옷감으로 느낌(感) 좋은 옷을 만드는, 감 좋은 공방! 처음 지어낸 옷은 통치마, 여성용 통바지, 앞치마, 쿠션 겸용 방석, 발매트였다. 발매트는 면 소재와 버려진 청바지를 활용한 업사이클 물품이었다. 천연소재를 쓰는 것이 이 협동조합의 제일가는 원칙이다.

고가의 모피나 가죽 의류, 한 철만 입고 버리는 패스트 패션, 가슴을 조이는 와이어 브래지어, 몸을 너무 꼭 조이거나 통풍이 안 되고 건강에 해로운 소재를 쓰는 옷들이 넘쳐나는 세상에서 감좋은공방은 여성협동조합*이라는 정체성을 충실하게 지켜가려고 한다. 여성의 건강을 위해 천연섬유로 만드는 기능성 속옷 개발에 분투하다가 여름용 잠옷을 개발하는 성과를 올리기도 했다. 2014년부터는 생활협동조합에 여름용 잠옷을 공급할 만큼 성과를 거두었고, 생협을 통해 더 많은 여성들과 연대하는 경험도 쌓았다.

서울시의 2015년 '여성 일자리 정책 수요조사' 자료를 보면 여성들이 원하는 일자리는 전일제가 44.7퍼센트, 시간제가 36.8퍼센트, '관계 없음'이 18.5퍼센트로 나타난다. 시간제 일자리를 희망하는 이유는 육아와 자녀 교육, 그다음이 학업이나 취미 활동 병행으로 나왔다(《서울시 여성 일자리 정책 및 방향》, 서울시 여성가족재단, 2015). 이 통계 수치는 적게 일하고 적게 벌면서 저마다 원하던 일을 해보고 싶어 하는 사람들도 있다는 것을 보여준다. 비정규직 여성 노동자의 비율이 높은 점, 여성들이 임신과 출산, 육아 때문에 정규직 일자리가 위협받는 문화는 반드시 고쳐야 한다. 그러나 모든 사람이 주 5일에 40시간 일하는 것을 목표로 삼을 수는 없다. 그리고 8시간 일하는 정규직만 일자리로 취급해야 할까? 이제 우리 사회도 다양한 형태의 경제 활동을 제도 면에서나 정책 면에서나 존중해야 하는 것 아닐까?

감좋은공방을 예로 들어 설명하자면, 현재 생산자조합원 다섯 명의 근무 형태는 제각각 다르다. 기본 원칙은 주 4일 근무에 1일 5시간 일하는 것인데, 오전 10시에 오는 사람은 오후 3시에 퇴근하고, 오전 12시에 오는 사람은 오후 5시에 퇴근한다. 어린 자녀를 둔 30대 초반 조합원은 아이를 어린이집에 맡기고 출근한다. 건강을 생각하여 매일 오전

---

* 《서울여성협동조합생태계연구》(서울시 여성가족재단, 2013)에 따르면, 여성협동조합은 다음 세 가지 특성 중 한 가지 이상을 가진 협동조합을 가리킨다. 1) 여성들이 소비자나 생산자의 주요 구성원이면서 사회 구성원들의 경제적·사회적·문화적 필요를 충족시키는 곳. 2) 여성주의 가치를 표방하지 않아도 일상적으로 여성주의 가치를 지향하는 곳. 3) 여성들이 생애주기에 따라 유연하게 일할 수 있는 대안적 노동 형태를 제공하는 곳.

에 운동을 하는 조합원은 늦게 와서 늦게 퇴근한다. 주 2일만 근무하는 사람도 있다. 이렇게 각자의 형편에 맞게 일한다.

일한 대가는 어떨까? 물론 급여라고 말하기 어려울 정도로 미미하다. 하지만 조합이사회가 급여를 더 올리자고 해도 정작 당사자인 생산자조합원들이 만류한다. 적자일 것이 불을 보듯 빤하기 때문이다. 적자가 나면 지금처럼 하고 싶은 일을 하면서 즐겁게 일하는 구조는 유지하기가 불가능하다. 많이 벌려면 더 많은 시간을 일해야 하는데, 적게 벌더라도 여유를 갖고 즐기면서 일하겠다는 것이다. 일에 대한 보상이 임금이 전부는 아닐 것이다. 자신이 하는 일의 사회적 가치, 함께 일하는 사람들에 대한 존중, 그 결과 조합원들이 지역 사회에서 얻는 유·무형의 보상도 일하는 데 중요한 동기가 될 수 있다.

우리나라에서도 2012년 12월 1일, 협동조합기본법이 시행되어 다섯 명 이상만 모이면 협동조합을 창립할 수 있게 되었다. 그러면서 많은 여성들이 협동조합, 사회적기업 등 다양한 사회적경제에 관심을 갖게 되면서 지금도 상당수의 사회적경제 조직이 설립되고 있고 또 사라지기도 한다. 사회적경제가 우리 사회의 희망이 될지, 한낱 스쳐가는 유행으로 끝날지 아직은 모른다. 그러나 협동조합의 정체성을 잘 지키면서 운영되는 협동조합이 발달한 유럽 사회를 보면서 우리 사회도 협동조합을 비롯한 사회적경제 조직을 통해 좀 더 희망적이고 따뜻한 사회가 될 수 있으리라 믿는다. 녹록하지 않은 현실 속에서 감좋은공방이 잘 버틸 수 있는 힘 또한 에코페미니즘에 입각한 여성협동조합을 실험한다는 철학이 있기에 그렇다고 나는 말하고 싶다.

나의 협동조합 분투기

나는 20대 초반부터 여성주의에 관심이 있었다. 그리고 결혼을 하더라도 결코 내가 원하던 삶의 형태가 바뀌지는 않을 거라고 확신하며 용감하게 결혼했다. 결혼 뒤 열 달 뒤 첫아이를 낳았고, 새벽에 나가 파김치가 되어 밤늦게 돌아오는 신입사원 남편을 둔 탓에 '전쟁 같은 육아'는 오롯이 내 몫으로 돌아왔다. 그러면서 머릿속으로 알고 있던 여성과 남성 사이의 불평등 구조가 선명한 현실이 되어 나를 갉아먹기 시작했다. 여성주의자라고 믿어 의심치 않았던 남편은 회사를 다니며 자기계발의 길에 들어선 것 같았고, 밤낮이 바뀌어 보채는 아이를 데리고 멍하게 살던 나는 끝없는 나락의 길로 굴러떨어지고 있었다. 아이는 한없이 예쁘고 사랑스러웠지만, 아이 키우며 사는 게 전부라는 생각을 하면 끔찍했다. 나는 무언가 다른 일을 통해 살아 있는 나를 확인하고 싶었다. 그러나 그것이 무엇인지, 어떻게 해야 할지 모른 채, 고통스러운 나날이 이어졌다.

그러던 어느 날, 〈한겨레〉 한쪽 귀퉁이에서 여성민우회라는 단체가 주최하는 '민우여성학교' 광고를 발견했다. 정치, 경제, 여성, 환경 등을 주제로 삼은 강좌로, 평소 신문에서 접하던 존경하는 분들이 강사진을 이루고 있었다. 망설임 없이 신청했다. 아이를 안고 기저귀와 우유병을 잔뜩 집어넣은 가방을 들고 마을버스와 전철을 번갈아 타고 민우여성학교를 다녀오면 몸살이 날 정도로 몸은 힘들었지만 마음은 날아갈 듯 가벼웠다.

민우여성학교의 교육 내용 가운데에는 '유기농산물 직거래, 생활협동조합'이라는 주제도 있었다. 평소에 나는 유기농산물은 돈 좀 있는 사람들이나 먹는 것이라고 여겼다. '대충 먹고 살면 되지, 뭘 그리 먹는 것 가지고 유별나게 구나' 하고 생각하던 터여서 그다지 관심이 없었다. 그러나 이 강의를 통해 나는 또 다른 새로운 세상을 알게 되었다. 유기농산물을 사 먹는 것이 그저 내 가족의 건강만을 위해서만은 아니라는 것을 알게 된 것이다.

벌레를 죽이는 농약을 투입하다 보면 이에 내성을 가진 벌레가 등장하고, 다시 이 벌레를 죽이기 위해 더 강한 농약을 뿌려야 하는 악순환이 이어진다는 사실을 알고 너무도 놀랐다. 벼를 갉아먹는 해충뿐 아니라 익충을 포함한 뭇 생명을 죽이는 이러한 농법은 땅과 농민, 그리고 이렇게 생산한 작물을 먹는 소비자들의 건강까지 위협하는 '죽임의 농법'임을 알게 된 것이다.

유기물이 풍부하게 살아난 땅에서 자란 건강한 농작물을 밥상에 올리는 일, 유기농업은 '생명의 농법'이며 그야말로 생태계가 순환되는 농법이다. 누군가를 살린다는 것, 그것이 사람이건 벌레건, 생명을 살리는 행위는 내게 큰 울림으로 다가왔다. '살림'은 그렇게 내가 앞으로 삶을 살아가는 데 매우 중요한 방향키가 되었다. 농산물만이 아니라 가공식품 역시 많은 문제를 안고 있다는 사실도 알게 되었다. 식품은 '상품'이 되었고, 유통 기간을 늘려 이득을 더 취하려는 가공식품 회사들의 온갖 상술이 극성을 부리고, 방부제를 비롯한 각종 식품첨가물이 소비자들의 건강을 위협하는 사례를 보고 배우며, 나는 먹거리가 돈벌이 수단이 되어버린 현실을 바꿔야겠다는 생각을 하기에 이르렀다. 나는 기업의 단순 구매자로 머무르는 현실을 넘어서서 좋은 식품을 생산하는 생산자들의 지속가능한 삶을 보장하는 '착한 소비'가 뒷받침되어야 한다는 열망을 가지고 생협 조합원이 되기로 했다. 지금으로부터 25년 전, 이 일이 바로 내가 사회적경제에 몸담게 된 출발점이었다.

여성민우회는 내가 강의를 듣기 바로 전해인 1989년에 220명의 여성 조합원들과 함께 출자금 1300만 원을 모아서 유해 식품첨가물을 사용하지 않는 가공식품과 농산물을 취급하는 사업체인 '함께가는생활협동조합'을 출범시킨 상태였다('함께가는생활협동조합'은 그 뒤에 '여성민우회생협'으로 개명했다가 현재는 '행복중심생협'으로 개명했다).

생명을 낳고 기른 경험을 한 나는 환경오염이나 수시로 발생하는 식품 사고에 민감해졌고, 자연 환경을 생태적으로 돌보고 유지하는 데 더 깊이 관심을 기울이게 되었다. 더불어 아이를 건강하게 기르기 위해 안전한 먹거리뿐 아니라 생활 속의 모든 것에 관심을 기울이게 되었다. 살림살이는 빠듯했지만, 아이의 옷이나 신발 같은 것은 주변에서 얻어 쓰더라도 생명을 귀하게 여기는 생산자들이 생산한 유기농산물은 아낌없이 구매했다. 시중과 비교하면 세 배 정도 비쌌다. 그때만 해도 매장이 없어서 일주일에 한 번만 물품을 받을 수 있었다. 게다가 전화로 주문해야 했는데, 그것도 다섯 명이 모여야만 가능했다. 물품이 배달되어 풀어보면 벌레 먹어 구멍 송송 뚫린 열무에, 손가락보다 조금 더 큰 꼬부라진 오이가 배달되었다. 냉장 차량을 이용하지 못해 한여름엔 종종 표면이 미끈미끈해진 두부를 받기도 했다.

　　25여 년이 흘러 많은 변화가 생겼다. 지금은 깔끔하게 정리된 가까운 생협 매장에 가서 언제든지 다양한 물품을 구입할 수 있다. 인터넷으로 주문하면 집으로 일정한 시간에 배달해주기도 한다. 구매할 수 있는 품목도 먹거리는 물론이고 주방용품, 화장품, 속옷, 손수건 같은 생활용품 등 1700여 가지나 된다. 여성들의 땀으로 일군 행복중심생협은 2014년 말 현재를 기준으로 조합원 3만 5000명, 전국 24개 매장, 연 매출 222억 원을 올리는 생협으로 성장했다. 이제는 생협에서 거의 모든 품목의 장보기가 가능하다. 가격도 시중 일반 기업의 유기농산물 전문점보다 저렴하기까지 하다. 가슴이 뭉클하다.

사회적경제, 여성에게 희망이 되려면

　　1830년 프랑스의 경제학자 샤를 뒤누와이에(Charles Dunoyer)가 처음 쓰기 시작한 용어 '사회적경제'는 소유와 이윤, 경쟁으로 사회적 불평등을 낳는 자본주의 시장경제의 야만성을 비판하면서 등장했다. 그러다가 1970년대 이후 경제 위기가 전 세계를 강타하면서 그동안 묻혀 있던 이 개념이 재조명되었다. 시장경제 및 복지국가에 닥친 위기가 새로운

사회운동을 촉발한 것이다. 비공식경제, 민중경제, 연대의 경제, 새로운 사회적경제 등 다양한 명칭으로 불린 이 개념은 제도화된 사회적경제를 쇄신하면서도 애초에 사회적경제가 가졌던 이상을 실현하고자 하는 운동으로 남미와 아프리카 등에서 수렴되기 시작했다. 21세기에 들어와 이 운동은 '다른 세계화를 위한 이념'으로서 세계 시민사회의 공통분모로 자리를 잡아가고 있다. 넓은 의미의 사회적경제는, 인간관계까지 상품화된 사회, 금융자본의 이익 추구를 위해 환경을 파괴하는 사회, 남북 간의 불평등 등 현대의 모든 문제를 해결하고자 한다. 즉, 경제적인 문제뿐만 아니라 정치, 사회, 문화 등 모든 측면에서 인간의 존엄성을 보장받는 사회를 추구한다(김신양,《사회적경제의 이상과 현실》, 사상과성찰, 2011).

　　1990년부터 지금까지 25년 동안 협동조합에서 활동해온 나는 지금도 마을과 젠더와 사회적경제라는 주제에 꾸준히 관심을 갖고 신생 협동조합을 인큐베이팅 하는 일을 통해 수많은 여성들을 만나고 있다. 이들은 협동조합을 통해 하고 싶었던 일을 하면서도 어느 정도 경제 활동이 가능한 삶을 꿈꾸고 있다. 경제적 자립은 여성의 삶에서 중요한 부분이다. 협동조합, 마을기업, 사회적기업 같은 사회적경제 조직들은 여성의 자립과 성평등 의식을 높이는 데 중요한 역할을 한다. 여성협동조합이 지닌 중요성은 더 말할 필요도 없다.

　　협동조합은 최고선도 아니고 만능은 더더욱 아니다. 협동조합을 한다고 해서 직접적인 재정 지원을 받을 수 있는 것도 아니다. 자본을 조성하기도 어렵고 의사 결정도 느리다. 그러나 협동조합은 다른 자본주의 기업에 비해 소득 재분배가 용이하다. 주식회사의 주주는 보유한 주식의 정도에 따라 배당을 받지만, 협동조합은 출자에 따른 배당은 최소화하고 조합원의 참여에 따라, 즉 사업 이용 실적에 따라 배당하는 방식이다. 이런 측면에서 협동조합은 자본주의의 최대 약점인 경제적 불평등을 해소하는 방안임을 알 수 있다. 또한 보유한 주식에 따라 다른 의결권을 부여하는 주식회사와 달리, 협동조합은 1인 1표를 행사한다. 출자좌 수와 관계없이 조합원 누구에게나 발언권이 주어지는 방식이다. 조직의 주인이 조합원이고 조합원의 뜻에 따라 운영되는 협동조합의 의사 결정 방식은 민주주의의 확산에 기여한다.

조합원과 임원 모두가 여성으로 구성된 행복중심생협은 남성 임직원들이 시작한 타 생협과는 다른 성장 과정을 겪어왔다. 초창기 모든 생협에서 조합원 대다수는 여성이었지만 조합원 대표가 남성이거나 임원진에 남성이 대거 포진되어 있었다면, 행복중심생협은 지난 25년 동안 조직 활동과 사업에서 조합원의 대다수인 여성이 중심이 되어 책임지고 운영해왔다. 그러면서 자연스럽게 조직 운영과 경영 능력을 갖춘 수많은 여성이 배출되어 사회를 변화시키는 데 기여해왔다.

반면 그동안 겪은 어려움도 결코 만만치 않았다. 이른바 '생협 업계' 4위인데도 다른 생협과는 비교할 수 없을 정도로 매출 규모가 작다. 다른 생협이 매장을 열어 빠르게 성장하는 동안 행복중심생협은 천천히 느리게 성장해왔다. 누구나 쉽게 이용할 수 있는 매장이 동네에 생기면 가까운 생협을 이용하게 마련이며, 매장 개수가 사업 확대에 결정적인 역할을 하는 것이 사실이다. 그러나 행복중심생협은 사업 규모를 키우는 대신 여성들의 협동과 가치 확산에 더 집중해왔다.

사회적경제 영역이 여성들의 가치를 확산하고 인간적인 경제를 만들기 위해 넘어야 할 산은 여전히 많다. 특히 여성들만의 '그림자노동'으로 여겨졌던 돌봄과 살림 영역에서 다양한 협동조합의 실험과 노력이 시도되고 있다. 그러한 시도에 대한 지지와 격려, 연대가 절실하다. 이제 막 사회적경제 영역에 발을 들여놓은 다양한 신생 여성협동조합—여성 1인가구를 위한 식당과 카페를 운영하는 '그리다협동조합', 차별에 반대하는 인형극을 공연하는 다문화협동조합 '모두', 가구 공방 '메리우드협동조합' 등등—을 위한 지원 역시 중요한 과제다.

협동조합은 폭주하는 자본주의의 대안으로서 기대의 시선을 받고 있다. 그러나 이름만 협동조합이고 실제로는 협동조합의 가치와 무관한 곳도 많다. 더욱이 다른 협동조합을 경쟁 상대로 여겨 배타적인 태도를 넘어 음해하는 경우까지 종종 보인다. 협동조합에 대한 학습 없이 판매에만 골몰하다 보니 협동조합의 가치나 철학이 부재한 탓이다.

마을에는 애초부터 공동체적 삶을 지향하는 여러 여성들의 다양한 활동이 있었다. 여성들이 이러한 공동체적 가치의 힘을 믿고 성장주의가 아닌 일상의 경제, 살림의 경제로 마을을 앞으로도 바꾸어나가야 할 것이다. 서로 경쟁하고 뺏는 경제가 아닌, 서로를 살리고 돕는 경제, '고장 난 자본주의'가 아닌 사람이 중심인 따뜻한 경제, 삶에서 필요한 것들을 만들어내고 서로 공유하는 경제, 돈이 아닌 생명을 소중히 여기는 새로운 경제를 우리 여성들이 만들어가야 할 것이다.

에코페미니즘을
삶의
철학으로!

이상화 이화여자대학교 철학과 명예교수

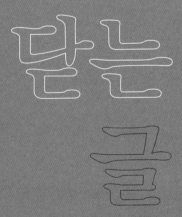

생태 위기에 맞설 대안은 없는가?

이 글은 현재의 지배적인 패러다임 속에서는 '생태 위기'로 대표되는 '삶의 지속성을 위협하는 위기들'을 해결하기 어렵다는 문제의식에서 출발한다. 우리는 지구온난화, 쓰나미, 황사, 이상기온 등과 같은 자연재해와 생태계 질서의 교란을 직접 경험하면서 생태계 내 무수한 생명의 생존이 위협받고 있음을 절감하고 있다. 그리고 최근 세계 도처에서 속발하는 금융 위기와 국가 도산 및 경제 붕괴의 위험은 신자유주의 세계 경제 체제가 과연 궁극적인 경제 체제인지 의문이 들게 한다. 급증하고 있는 자살과 범죄, 심화되는 빈부 격차 등 많은 사회적 문제들도 이 사회의 심각한 병폐를 드러내고 있다.

이러한 총체적 위기 상황에서 '지속가능성'은 인간 생존을 위해 꼭 달성해야 하는 목표이자 과제가 되었다. 이 개념이 가진 근본적인 문제의식은 '지속가능한 발전'이라는 의제에서 출발하여 환경과 경제 발전의 상관관계에 국제적 관심을 불러일으키면서, 언론인, 정부기구의 관리자, 기업가 들로 하여금 새로운 관점에서 환경문제를 바라보고 논의하도록 촉구했다. 이렇듯 이 개념은 지배적인 성장-발전 패러다임의 한계와 문제점을 드러내는 개념 틀로 각광을 받았다. 그러나 지난 20여 년 동안 이 개념을 둘러싼 논쟁과 정책 입안 및 실행 과정을 볼 때 그것이 현재의 위기를 해결할 대안적 패러다임이 되기는 어렵다는 것을 여실히 보여준다. 왜냐하면 지속가능한 발전을 추구하는 가치관에서는 자연을 인간이 사용할 수 있는 자원 혹은 재화로 간주하는 인간 중심적 세계관, 곧 성장을 지향하는 경제적 사고방식이 핵심적인 전제로서 자리 잡고 있기 때문이다.

이같은 지배 패러다임의 제한적 변형만으로는 당면한 위기들을 해결할 수 없다. 우리는 근본적인 패러다임의 전환을 요구하는 시대적 요청을 목도하고 있다. 그런데 선전 구호처럼 회자되는 '패러다임 전환'

은 신념 체계만 바꾼다고 되는 것이 아니다. 이는 당면한 과제들을 문제로서 포착하고 이를 해결하고자 하는 개념의 틀, 인식의 틀, 실천 체계의 집합, 나아가 분위기의 전환까지 포괄하는 근본적인 혁신을 통해서만 가능하다(밀브스, 2001). 기존의 지배적 패러다임에서 통용되었던 개념 틀과 인식의 틀, 가치 체계 및 실천 양식을 탈피하지 않는 한 기존 패러다임에서 이미 실패한 문제 해결 방식을 거듭 답습하는 결과를 가져올 가능성이 높다. 따라서 그 패러다임에 명시적으로 혹은 암묵적으로 내포된 규범적 전제들에 근본적으로 문제를 제기해야만 새로운 패러다임으로의 전환을 이끌어낼 수 있다.

그렇다면 '지속가능한 발전' 담론에 내재하는 필연적인 한계를 극복하려면 어떤 패러다임이 필요한가? 우리는 에코페미니즘을 대안 패러다임이라고 믿는다. 에코페미니즘은 여성주의와 생태주의를 결합한 것으로, 경쟁과 성장제일주의 패러다임을 비판하는 동시에 여성을 포함한 모든 인간에게 내재한 보살핌 행위와 경험, 자연과 타자에 대한 이해, 관계 지향성 등을 강조하면서 전 지구적 위기를 여성주의 패러다임 안에서 인식하고 해결하고자 하는 이론이자 실천이다.

이 글에서는 에코페미니즘 이론이 출현한 역사적 배경과 그 형성 과정, 주요 논쟁점과 이론적 전략을 개관하고, 한국을 비롯한 아시아 지역의 특수성 속에서 그 맥락을 짚어보고자 한다. 그리하여 다양한 지역에서 '복수'의 여성들이 저마다 구체적인 삶의 맥락과 문제에 따라 이론과 실천을 구성하는 현장성에 기초하여 구성되는 에코페미니즘에 깃든 대안으로서의 가능성을 적극적으로 모색해보고자 한다.

에코페미니즘의 등장

에코페미니즘은 1970년대 초반 서구 및 아시아 지역에서 일어난 일련의 사회운동 및 비판적 담론과의 밀접한 연관성 속에서 등장했다. 인간 중심적인 근대 과학기술에 대한 반성, 자본의 이윤 증식을 위한 성장 중심의 개발에 대한 회의, 산업주의가 초래한 재앙에 대한 생태주의의 비판, 경제적 제국주의에 대한 제3세계의 대항, 핵무기 개발에 반대하는 평화운동 들이 그 시대적 배경이라고 하겠다. 특히 페미니즘 제2의 물결 시기, 평화운동에 참여했던 여성들이 군사주의와 성차별주의, 인종차별주의, 계급주의와 환경 파괴 사이의 상호 연관성을 인식하기 시작하면서 에코페미니즘이 싹트기 시작했다(Sturgeon, 1997). 에코페미니즘의 출발은 일차적으로 페미니스트들에 의해 주도되었으나, 환경주의자, 대안적 영성운동가, 동물권리 보호운동가를 비롯한 다른 진보적 운동에 참여하는 사람들이 여기에 합세했다.

　'에코페미니즘(ecofeminism=ecology+feminism)'은 프랑스 작가 프랑수아즈 도본(Françoise d'Eaubonne)이 1974년 〈여성주의냐, 죽음이냐〉라는 글에서 지구 안에 사는 인간의 운명이 심각한 위험에 처해 있다고 경고하며 처음으로 사용한 용어다(d'Eaubonne, 1980). 이 글에서 도본은 자연 파괴와 가부장제적 사회 구조를 연결시켜서 이해하고, 이 문제를 해결하기 위한 유일한 대안은 남성 중심주의가 낳은 억압과 지배를 종식시킴으로써 여성의 잠재력이 생태계의 위기와 혼란으로부터 인류의 생존과 미래를 보장하는 생태학적 혁명을 이루게 하는 것이라고 주장한다. 에코페미니즘에서 지향하는 생태학적 혁명이란 인간과 자연의 관계, 또 여성과 남성 사이의 성별 관계를 새롭게 재구성하는 것을 의미한다. 북아메리카 대륙의 경우도 반핵·반전·환경·레즈비언 운동 안에서 에코페미니즘이 태동했으며, 그 이후 차츰 에코페미니즘이라는 용어는 여성 억압과 생태 위기의 상관관계를 평가하는 데 유용한 도구가 되었다.

　1980년대에 이르러서는 다수의 학술대회와 에코페미니스트 저작의 대중적 성공이 학문으로서 성장의 발판을 마련했다. 특히 철학과 신학, 종교학 등에서 에코페미니즘에 대한 논의가 활발하게 일어났다.

에코페미니스트의 사유와 행동에서 중심을 차지한 주제는 군사주의, 성차별주의, 인종주의, 계급 갈등, 환경 파괴의 상호 연관성에 대한 비판적 분석이었다. 에코페미니즘은 이처럼 구체적인 삶의 문제와 생태문제, 정치사회적 관심을 통합시키려는 여성들의 협력적인 노력을 반영한다. 이러한 여러 다양한 억압들의 상관관계에 대한 논의는 자연스럽게 비서구 국가들, 특히 '개발도상국'과 '저개발국가'의 여성들의 경험과 관점을 이론화 작업에 포함시켜야 한다는 인식에 이르게 되었고, 에코페미니즘은 페미니즘의 제3의 물결이 등장하던 시기인 1980년대 후반부터 1990년대에 이르러서 뚜렷하게 부상하기 시작했다(Diamond 외, 1990: ix; Moore, 2004: 227~239).

에코페미니즘의 주요 논제

이와 같은 역사적 배경에서 구체적인 사안들을 바탕으로 형성된 에코페미니즘은 일관성 있고 정합적인 사유 체계나 이론 체계로 정리될 수 있는 성질의 사유는 아니다. 에코페미니즘은 성별과 자연 혹은 여성과 환경뿐만 아니라 가부장적 역사 분석, 영성을 포함하여 인종차별과 계급주의, 제국주의, 이성애주의 등 그 밖의 모든 형태의 억압에 도전한다. 이러한 의미에서 에코페미니즘은 여러 가지 실로 짠 직물에 비유되기도 한다. 〔이러한 의미 규정의 대표적인 서술은 다음과 같다. "에코페미니즘은 여성의 지배와 '자연'의 지배 사이의 관계만을 다루는 것이 아니다. 에코페미니즘의 이론 영역의 매개변수의 광범위함과 다양성은 '각양각색의 실로 끊임없이 새로운 직물을 짜는 베틀'로 비유되기도 하고, 돌릴 때마다 다른 무늬의 조합을 볼 수 있는 만화경이라는 메타포로 표현되기도 한다. 에코페미니즘은 인간의 인간에 대한 지배뿐만 아니라 인간 외적 지배까지도 포괄한다는 의미에서 지배의 다수성과 상관관계에 천착한다. 그런 의미에서 에코페미니즘은 비판적인 사회·정치 이론에서 다루는 모든 주제에 대한 이론이 될 수 있다"(Cudworth, 1995: 2).] 그러나 전반적으로 에코페미니즘 이론들은 서구 및 아시아의 자본주의적 가부장제 사회가 불평등한 성별 관계에 여성을 종속시켜 착취하는 방식과 자연을 지배하고 이용해온 방식의 상관관계를 인식하고 문제화한다. 이러한 문제의식을 가지고 이들이 주장하는 여성주의와 생태주의의 결합의 필요성은 다음과 같은 두 가지 테제로 정리될 수 있다.

첫째, 생태학이 자연 세계를 구성하는 구성 인자들 사이의 관계에 대한 연구(학문)임을 주지할 때, 우리는 자연 세계의 일부분인 인간들 사이의 관계를 생태학의 대상으로 포함시켜야 한다. 따라서 여성에 대한 남성의 지배를 종식시키고자 하는 여성주의의 과제는 생태적 문제로 간주되어야 한다. 이러한 맥락에서 에코페미니즘은 사회적이고 문화적인 문제를 생태적 문제로 인식한다.

둘째, 생태문제는 기존의 지배적인 사회 구조에서 해결되는 것이 아니라, 평등한 관계를 촉진하고 육성하는 전 사회적 변화가 있어야 비로소 해결할 수 있으며, 그러한 변화가 생태적으로 건강한 사회의 전제 조건이다. 따라서 생태 파괴 문제는 곧 여성주의의 문제이므로, 여성주의는 환경의 지속가능성과 같은 생태주의 이슈를 포괄해야 한다. 여성주의는 여성의 삶과 역사에 가해지는 가부장제의 폭력과 전횡을 문제 삼으며 출발했지만, 모든 종류의 억압을 극복하는 것을 궁극적 목표로 삼는다. 그러므로 여성주의는 인간의 인간에 대한 지배와 억압뿐만 아니라 비인간/자연에 대한 지배와 억압 관계를 해명하고 그것을 정당화하는 이데올로기를 폭로하며 인간 생명이 아닌 자연 생명을 보존하기 위한 투쟁까지도 받아들여야 한다.

이처럼 여성 억압과 생태 파괴는 인간과 인간, 인간과 자연 간에 위계적인 관계가 지배적인 것으로 존속되는 사회에서 기인한다는 점에서 상호 연관성을 지닌다. 이러한 연관성에 대한 이상의 테제를 바탕으로, 에코페미니즘의 주된 논쟁점을 경험적 영역, 개념적(상징적) 영역, 인식론적 영역으로 구분하면 다음과 같이 정리할 수 있다(이러한 구분 방식은 Eaton, 2003: 2~3에서 빌려왔다).

첫째, 에코페미니즘이 경험적 영역에서 제기하는 주요 주장은, 세계 대부분의 지역에서 벌어지는 환경 파괴와 환경오염이 남성보다는 여성에게 더 크게 영향을 미친다는 것이다. 반다나 시바는 자본주의 경제성장을 위한 개발이 "스스로를 재생하는 자연의 일을 무시하고, 기본적인 생명 유지에 필요한 형태로 생계 물자를 생산하는 여성의 일을 무시하는" 악개발과 다름없다고 지적하면서, 여성이 가난할수록 환경 파괴의 부담은 더 커진다고 역설한다(Eaton, 2003: 2~3; 시바, 1998: 94). 다시 말해, 노동의 성별 분업으로 자연의 일차적 산물을 채집하고 가공하는 빈도가 높은 여성이 환경이 오염되고 생태계가 파괴되면서 초래되는 부정적인 영향을 남성에 비해 더 심각하게 받는다는 것이다. 이러한 주장은 특히 가족 구성원의 양식과 건강에 일차적으로 책임이 있다고 간주되는 저개발국가 여성들의 경험에 비추어 제기되었다. 환경 악화는 저개발국가의 여성들이 땔감과 음식, 물과 같은 기초적인 생활 자원을 마련하는 것을 점점 더 어렵게 만든다. 여성의 경험을 바탕으로 한 에코페미니스트들의 이러한 주장은 사회정치적 구조에서 기인하는 빈곤의 여성화와 환경문제의 연관성을 분석하고 담론화한다.

둘째, 개념적·상징적 영역에서 제기되는 에코페미니즘의 논점은, 서구의 역사와 세계관은 위계적 이분법에 견고하게 뿌리내린 지배의 논리라는 비판이다. 서구화와 경제 근대화를 경험한 아시아 지역은 이분법적 개념 틀로 여성을 육체·대지·자연·물질성과 동일시하고, 남성을 이성, 하늘, 초자연적이고 탈육체적인 정신과 동일시한다. 이러한 이성/감성, 정신/몸, 문화/자연, 하늘/대지, 남성/여성이라는 이분법은 전자, 즉 남성적인 것에 우월성을 부여함으로써 후자, 즉 여성적인 것에 대한 가부장제적인 지배를 승인하고 정당화한다. 가부장제적인 종교적·철학적·과학적·문화적 상징들은 남성이 여성과 자연을 지배하는 것이

'자연스러운 것'이라는 담론을 유포함으로써 이러한 세계관을 한층 더 강화한다. 또한 성적 규범이나, 교육, 경제적 통제, 거버넌스를 비롯한 사회 제도와 구조는 이러한 지배 논리를 반영한다. 이러한 맥락에서 에코페미니즘은 여성의 억압과 자연의 억압은 서로 분리되지 않고 연결되어 있음을 강조하며, 억압의 종식을 위해 생태적 사유와 여성주의의 결합이 필요하다는 문제의식을 출발점으로 삼는다.

　　마지막으로, 인식론적 의제와 관련된 에코페미니즘의 논제는, '여성들이 환경문제를 해결하는 데 유용한 지식과 전문성을 좀 더 많이 가지고 있는가?'라는 물음에서 출발한다. 이 물음은 여성과 자연의 연관성 혹은 친화성을 착안점으로 삼으며, 이러한 인식론적 논의는 다양한 논쟁으로 갈라진다. 한편으로는 실제적이고 실용적인 측면에서 여성의 인식론적 특권을 부각하는 갈래가 있다. 여성들은 지구 생태계에 대하여 남성보다 지식을 더 많이 소유하고 있으며, 그렇기 때문에 '인식론적 특권'을 가지고 있다는 주장이 여기에 해당한다. 예컨대 많은 지역에서 여성들이 땅을 관리하고 경작하는 임무를 맡고 있고 남성들보다 더 많은 농사 지식을 가지고 있다. 여성들이 지닌 이러한 인식론적 특권이 에코페미니즘의 의제가 되는 핵심적인 이유는 단순히 지식 차원에서 여성의 우월성을 강조함으로써 기존의 위계 질서를 상하 역전시키기 위함이 아니다. 이는 여성들이 생태계의 위기와 파괴를 초래하는 지배적인 패러다임을 대체할 수 있는 실천적이고 지성적인 생태주의적 패러다임을 창출하는 데 좋은 위치에 있음을 긍정적으로 가치화한다.

　　다른 한편, 여성의 인식론적 특권을 여성과 자연의 친화성에 근거하여 옹호하는 갈래가 있다. 이러한 관점은 여성이 남성보다 자연/대지에 가까운 생태감수성을 지니고 있으며, 비폭력적이고 관계 지향적인 기질을 본유적으로 가지고 있다고 본다. 일반적으로 이러한 입장은 여성-자연 본질주의로 범주화된다. 그런가 하면 여성과 자연의 친화성을 부각하면서도 그 특성이 여성 본유의 본질에서 기인하는 것이 아니라 여성의 사회적 역할을 통해 구성된 것이라는 주장이 있다. 여성들이 농사일이나 자연환경과 관련하여 전문성을 얻은 것은 여성이 삶과 생활 속에서 맡은 역할과 경험에서 기인한다고 보는 것이다. 이처럼 여성-자연 본질주의를 둘러싼 오랜 논쟁은 에코페미니즘 이론의 형성과 발전에서 핵심적인 자리를 차지했다. 현재 본질주의와 구성주의 입장은 지난한 논쟁을 거쳐 양자택일식 대립을 넘어 다수의 대안적 전략을 생산하는 방향으로 수렴되는 추세를 보인다.

여성의 생태감수성을 재가치화하려면

여성은 자신을 완전하게 자연적인 존재로, 혹은 그와 정반대인 초월적 존재로서보다는 '중간자적 존재'로서 사유한다. 종종 여성의 재생산 기능은 자연의 순환 구조를 초월하지 못한 열등함의 징표로 의미화되어 수동적인 자연·육체·감정의 영역과 동일시되었다. 초월적 원리는 모든 잡다하고 현상적인 것에 대하여 절대 불변하는 고정된 준거점으로서 존재의 근원, 인식의 확실한 척도, 행위의 도덕적 법칙 등과 같은 척도를 제공함으로써 동일성과 보편성에 특권을 부여한다. 이와 동시에 '차이'를 바람직하지 않으며 극복되어야 하는 것으로 평가 절하한다. 이에 반해 자신을 '중간자적 존재'로 본다는 것은 인간뿐만 아니라 신과 자연까지도 초월적 존재자로 보는 대신, 지상에 살아 있는 내재적 존재로서 바라보는 관점으로 전환하는 것을 의미한다. 그리고 이러한 전환에서 차이와 다양성의 정치학이 설 자리가 생긴다.

이러한 맥락에서 내재성의 재가치화는 '대지에 기반을 둔 영성'의 회복과 연결된다. 이른바 '영적 에코페미니스트' 중 한 사람인 샬린 스타호크(Charlene Starhawk)에 따르면, '대지에 기반을 둔 영성'은 내재성 (immanence)과 상호 연관성(interconnectedness), 공동체(community)라는 가치에 뿌리를 두고 있다(스타호크는 '영성'이라는 추상적인 말 대신에 '대지에 기반을 둔 영성(earth-based spirituality)'이라는 용어를 쓰는 이유를 이렇게 설명한다. "(에코페미니즘이) 암묵적인, 혹은 때로는 명시적인 영적 토대를 가지고 있는 운동이기는 하지만, 거의 대부분 '영성'이라는 용어를 사용하면 물질적인 것의 반대 개념으로 오해를 살 수 있다." 스타호크는 또한 '대지에 기반을 둔 영성'은 '영혼 또는 정신과 물질'을 이원론적으로 구별하는 사유 체계와는 관계가 없음을 분명히 한다(Starhawk, 1989: 174)).

많은 경우 에코페미니즘은 '이교적 영성(pagan spirituality)', 여신 숭배와 관련이 있거나, 사회적 변화가 단순히 경제적·정치적 구조의 변화가 아니라 의식 및 문화 차원에서의 변화, 즉 개인적 변혁과 변화를 통해 가능하다는 시각과 동일시되었다. 그러나 초월적인 신성이나 '영성'보다는 내재적 영성에 대한 강조가 개인의 영적 수양을 통해 제반 사회적 모순을 극복할 수 있다는 의미로 해석되어서는 안 된다. 여성주의 정치학의 맥락에서 볼 때 이는 지배적 패러다임에서 그동안 경시되고 비하된, '대지에 기반을 둔 영성'의 가치와 의미를 복권시킴으로써 정치적 균형을 회복하고자 하는 전략적 의미로 해석되어야 한다.

에코페미니즘에서 '대지에 기반을 둔 영성'을 강조하는 것은 여성이 생명을 출산하는 일, 생명을 유지하고 돌보는 일의 가치를 인정하고 재가치화하려는 의도를 함의한다. 스타호크는 자연과 여성의 밀접한 연관성이 생명의 산출과 생명의 순환에 있다고 주장한다. 이 주장에 따르면, "대지에 기반을 둔 영성은 탄생, 성장, 쇠퇴, 죽음, 재생이라는 생명의 순환을 찬양한다. 이러한 생명의 순환은 계절의 순환이나, 달의 주기, 혹은 인간이나 식물이나 동물을 막론하고 모든 생명체의 삶에서 나타난다. 이러한 생명의 순환은 지구의 살아 있는 몸을 이루는 상이한 공동체들 간의 균형을 확립하고자 하는 목적을 가지고 있다"(Starhawk, 1989: 175). 이는 자연과 자연의 순환에 대한 여성의 생태적 이해와 감수성이 보존되고 촉진되어야 한다는 주장과 연결된다. 이와 더불어, 생명과 건강을 돌보고 병을 치유하는, 여성들의 체험으로 습득된 지혜와 지식의 가치를 인정해야 한다는 주장과도 연결된다.

그뿐 아니라 영성의 재가치화는 기독교 이외의 종교적이거나 영적인 것을 이교 혹은 우상 숭배라며 평가 절하하는 서구의 초월적 영성 이해를 비판한다는 함의를 가지고 있다. 식민지의 토착종교를 기독교 유일신의 지배 아래에서 말살한 서구 제국주의의 역사는 정치적인 것과 영적인 것 사이에 존재하는 밀접한 영향 관계의 한 단면을 보여준다. 이처럼 남성적인 초월적 영성에 의해 소외된 여신들의 내재적 영성, 즉 여성적인 성스러움과 평등을 공인하는 영성으로의 회귀는 정치적 비판으로서 효과적인 전략이 될 가능성이 충분히 있다.

여성주의 지역 공동체 만들기[*]

생태주의와 여성주의는 서구 근대의 개인주의와 기계적 세계관에 비판적인 태도를 취한다. 그리고 이러한 비판을 바탕으로 부분과 전체, 인간과 자연 간의 대립적 이분법을 극복하고 통합적인 세계 이해 속에서 존재자들 사이의 상호 연관성과 상호 의존성을 인식하는 것이 지배적인 패러다임을 극복하기 위한 존재론적 선결 과제라고 본다.

생태주의 전체론(holism)의 근저에는 지구상의 모든 존재자가 상호 연관되고 상호 의존한다는 세계관이 놓여 있다. 이 세계관에서는 다양한 존재자들이 인간 공동체뿐만 아니라 생태 공동체의 형태로서 공존한다. 이러한 생각을 바탕으로 삼은 공동체는 자연과 인간의 내재적 가치를 인정하는 가운데, 모든 인간의 정체성이 성별, 계급, 인종, 성적

---

[*] 이 소주제에 대한 서술 중 일부는 2008년 10월 30일 아시아여성학센터가 주관한 '지속가능한 미래를 위한 국제 심포지엄'에서 '지속가능한 패러다임과 여성주의'라는 제목으로 필자가 구두 발표한 발제문을 요약·정리한 것이다. 위 국제 심포지엄 자료집, 3~11쪽 참조.

지향 등 다수의 사회적 위치에 의해 중층적으로 결정되는 복수의 것임을 부정하지 않는다. 이러한 공동체에서 공동체 의식은 구성원들의 공통된 언어, 종교, 역사 등 동일성에 기반을 둔 것이 아니라, 서로 다른 개인과 집단이 개별성을 존중하고 관용과 공감을 바탕으로 함께 어울려 살아가면서 생성되는 관계 맺음에 바탕을 둔다. 이러한 관계 맺음의 지평에서 구성원들은 스스로를 전체론적 공동체 속의 존재로 이해하므로, 전 지구적 생태 공동체의 자원을 공정하게 분배하는 것이 살아 있는 '전체'의 장기적 번영에 중요하다는 사실을 인식한다.

다른 한편, 여성주의는 경쟁과 성장의 패러다임을 비판하면서 약자를 돌보는 행위와 경험, 보살핌을 통해 생겨나는 자연과 타자에 대한 이해, 관계 지향성 등을 강조한다. 나는 경쟁 중심의 획일적인 현 지배 패러다임에 대항할 패러다임은 구체적인 삶의 맥락에서 저마다 다양한 방식으로 사회화된 돌봄의 공동체를 만들어나가는 여성들의 실천을 통해 가능하다고 생각한다. 물론 여성의 보살핌 노동이 기존의 성별 분업을 영구히 고착시킬 위험을 극복할 방안은 필요하다. 보살핌 노동은 절대적으로 도움이 필요한 아이들이나 노인들, 사회적 약자들을 위해 반드시 필요한 노동이지만, 가정 내에서 여성 개개인의 사적 노동으로 수행되어야 하는 것으로 간주된 성별 분업의 역사적 맥락을 간과해서는 안 될 것이다. 따라서 우리는 '보살핌'이라는 개념을 근대적 가부장제 핵가족 내의 문제에서 공동체의 의제로 전환시킬 필요가 있다. 그리고 이러한 전환, 곧 대안적 가능성은 '보살핌 공동체의 지역적 정치화'를 통해 타진해 볼 수 있을 것이다. 여성주의 정치학에서는 보살핌 노동을 낭만화된 희생적 모성의 역사적 맥락으로부터 해방시켜서 지역에서의 의사 결정, 지역에서의 생산과 소비, 지역에서의 설계라는 지역 원칙의 공동체 정치학에 접속시키면 여성주의 정치학의 잠재력을 높일 수 있을 것이다.

이렇듯 '지역'이라는 개념은 문명 대 자연이라는 이분법에서 우리를 벗어나게 해준다. 우리는 자연을 언제나 지역적으로 특수화한 상태로, 다시 말해 구체적인 인간의 일상과 복합적인 상호작용 중인 상태로 경험한다. 따라서 지역의 개념은 순수한 자연과 문명의 범주적 경계가 허구임을 드러내는 효과를 발휘한다(Sandilands, 1998: 240 이하). 그뿐 아니라 '지역적인 것'은 전 지구적인 동일성과 동질성이라는 관념에 균열을 낼 수 있는 개념이다. '지역'을 추상적으로 동일화된 단위적 공간이 아니라, 그 자체로서 부단히 차이와 의미가 생성되는 공동체적 구성물로 파악할 때, 지역적 차원에서 다양한 지속가능성과 보살핌의 개념을 새롭게 구성해낼 수 있다. 또한 '지역성'에 바탕을 둔 여성주의적 보살핌 공동체는 지역의 다양성과 차이를 사장하지 않고도 지역 구성원의 다양성과 차이를 존중하면서, 특정 지역의 지정학적 위치와 환경에서 생겨나는 특수한 문제들을 풀어나가는 데 효과적일 수 있다. 요컨대 지역의 보살핌 공동체는 지역 사회에서 필요에 따라 고안되고 창출되는 대안적 시스템을 구축함으로써 그것이 경제적·사회적 가치로서 자리 잡게 하는 정치학적 전략이 될 수 있다. 이는 자본주의적인 발상으로 경제성에 가치를 둔 사회안전망을 구축하는 대신, 새로운 사회적 관계성을 만들어나감으로써 유·무형의 가치를 창조할 수 있는 것이어야 한다.

(227)

전 지구적인 것과 토착적인 것 재고하기[*]

현재 우리는 그 전례를 찾아보기 힘든 거센 지구화의 물결을 경험하고 있다. 일반적으로 '지구화(globalization)'는 경제적·문화적 재화의 흐름이 단일 국가의 국경과 경계를 넘어 자유롭게 유통되는 현실을 규정하는 개념으로, 신자유주의 경제 체제와 자본주의 소비문화의 전 지

---

[*] 이 부분은 졸고 〈지구화 시대의 지역 공동체와 여성주의적 가치〉를 요약한 것이다(한국여성연구원 편, 《지구화 시대 여성주의 대안가치》, 푸른사상, 2005, 15~55쪽).

구적 확산 현상을 서술할 때 사용된다. 각국의 경제적·정치적·사회적·문화적 변동이 전 세계 차원의 유기적인 관계망 안에서 이루어지고 있기 때문에 독립적인 단일 국민국가라는 개념은 이미 지나간 시대의 무의미한 유물인 양 여겨지기도 한다. 이처럼 지구화는 일견 단일한 표준화의 과정으로 보인다. 그러나 지구화에 대한 위의 다층적 정의에서 볼 수 있듯이, 지구화는 지역적 다양화라는 다른 얼굴도 보여준다. 달리 말하면 국가, 집단, 이민족 사이에 종교를 비롯한 서로 다른 문화가 다양한 방식으로 폭넓게 교류됨으로써 이전에는 두드러지지 않았던 다양한 문화의 공존이 가시화되고, 문화 충돌을 비롯한 다양한 갈등이 증폭되는 측면이 있다는 뜻이다.

　　많은 에코페미니스트들이 지적하듯이, 초국적 기업과 자본에 의해 추동되는 경제의 지구화는 가난한 나라 원주민들의 토착지식과 자원을 약탈하고 그들의 삶의 기반을 무너뜨린다. 다른 한편으로 세계화는 예전에는 상상할 수 없을 정도로 신속하게 전 지구적 연대를 조직할 가능성을 열어준다. 통신기술의 발달이 그 어느 시대보다도 효율적이고 지속적인 네트워킹 능력을 창출함으로써, 전 세계 여성과 단체가 용이하게 소통하고 연대하도록 해준다. 예컨대 인터넷은 더 많은 여성들에게 서로 아이디어를 교환하는 기회를 제공하고, 지구의 구석구석에서 제기되는 여성주의 이슈를 세계적인 이슈로 부각되게 해준다. 그동안 서구에서 주도한 페미니즘 운동은 크게 비판을 받아왔고, 사회적 위치가 제각각 다른 여성들의 경험과 조건들 사이의 차이를 인정해야 한다는 요구가 강하게 제기되었다. 이러한 흐름 속에서 '서구 에코페미니스들이 제시한 이론과 개념이 과연 비서구 토착 여성들(indigenous women)의 공동체에 적용 가능한가?'라는 문제제기가 이루어졌다. 캐런 워런은 에코페미니즘이 때로는 서로 경합하고, 때로는 서로 모순을 보이는 다양한 관점을 아우르는 포괄적인 용어라고 보면서, 에코페미니즘의 여성/성별과 환경이라는 주제는 다수의 이질적인 지적 전통에서 출발하여 이론화한 것이라고 지적한다(Warren, 1987: 3~20).

사실 서구 에코페미니즘 이론에서 핵심적인 역할을 하는, 여성과 자연의 친화성에 대한 가설이 모든 문화에 적용되는 것이 아님을 보여주는 사례가 지구 곳곳에서 나타났다. 이러한 양상은 '토착적인 것'이라는 개념이 '에코페미니즘의 일반적인 개념적 도구가 될 수 있는가?' 하는 논의를 촉발시켰다. '토착적인 것'을 발굴하고 드러내는 것 자체는 '대안'이 될 수 없기 때문이다. 종종 사람들이 토착적인 것을 '산업화되지 않은' 혹은 '변질되지 않은' 생태적 문화의 기호로 여기는 것과 달리, 실제로 제3세계 지역들에서 토착적인 것으로 여겨지는 활동이 국가나 자본에 의해 관광 상품으로 전락하는 등 여러 형태로 변질되는 과정을 겪는다. 그래서 1980년대 후반부터 1990년대에 와서 에코페미니즘 이론은 토착민 여성들과 제3세계 여성들이 살아가는 종교적·문화적 맥락의 특수성을 사상한 채 그들을 이상화하고 낭만화하는 위험을 안고 있다는 비판을 받기도 했다.

그러나 이러한 낭만화와 이상화가 불러일으킬 위험성은 경계해야겠지만, 전 지구적 대항문화의 생산과 연대의 실천에서 볼 수 있듯이 토착지식의 가치를 이해하고 그것의 보존에 대한 논의를 이론적 일반화를 위한 논변의 도구가 아니라 국제 정치의 담론으로서 이해할 때, 비로소 새로운 정치학을 생산할 수 있다고 나는 생각한다(Warren, 1987: 139). 예컨대 나는 '토착적 여성'이라는 범주를 정치적으로 전략적 혁신을 위한 개념적 도구로 이해하자는 입장을 받아들임으로써 아시아 여성주의 지식 생산에 활용할 여지가 있다고 생각한다(Starhawk, 1989: 174). 이러한 전략적 혁신으로 '토착적 여성'들이 해당 지역의 특수성과 관련한 인식론적 특권을 바탕으로 새로운 에코페미니즘의 담론 생산과 실천에 참여할 때, 아시아 여성주의가 현장의 목소리를 생생하게 대변하는 이론으로 거듭날 수 있다고 본다.

토착지식을 무조건 낭만적으로 보는 서구 중심의 사고와 자본주의적 세계화의 결합은 진정한 토착지식을 생산하고 구체적인 삶의 맥락을 존중하는 공동체를 만들어나가는 데 한계를 보일 수밖에 없다. 그러나 다른 한편으로, 전 지구적 연대를 바탕으로 하는 대항문화와 실천 역시 '글로컬(glocal)'의 흐름 속에서 이루어지고 있다. 1970년대 이래로 여성주의자들이 성취한 성공적인 지구적 연대의 대표적인 예로 공정무역을 들 수 있다. 아시아의 공정무역과 생활협동조합운동 단체들은 생산지와 생산자 중심의 공정임금, 협동적 작업 조직 등의 원칙을 바탕으로 생산자의 권리를 강화하는 관점에서 토착지식과 생산물을 거래하고 있다. 이러한 공정무역은 생산 관계뿐만 아니라 사람과 사람이 만나는 관계를 강조하며, 소비자들이 다른 토착지역의 문화를 이해하고 교류할 수 있는 프로그램을 개발함으로써 새로운 연대를 창출하는 효과를 낳고 있다. 또한 이는 소비자가 사는 지역의 생협과 연계함으로써 생태적·여성적 이슈들을 삶의 양식에 녹여내고, 소비자들에게 생산자가 사는 지역에 대한 관심을 환기시킴으로써 현장의 정치적 실천을 낳는 네트워킹을 촉진하여 대안 현장에서 담론적·실천적 공간을 창출하고 있다(공정무역과 관련해서는 김정희, 2006: 109~145 참조).

아시아 에코페미니스트에게 남겨진 과제

많은 여성주의자들과 에코페미니스트들이 생태 파괴와 여성 억압이 서로 연관되어 있다는 생각에는 동의하지만, 어떻게 연관되어 있으며, 그 근거가 무엇인지를 설명하는 데에는 상이한 시각을 보였다. 서구 에코페미니즘은 여성과 환경에 대한 다양한 이론 모델을 가부장제 비판과 접목하여 발전시켜왔지만, 그러한 흐름이 모든 형태의 억압 체계와 그 작동 방식을 적절하고 명확하게 설명할 수 없음은 지극히 당연한 일이다. 가부장제는 여성들이 남성들에 의해 지배되고 억압받는 성

에코페미니즘을 삶을 철학으로!

별 억압 관계에 기반을 둔 사회 체제로, 시공간에 따라 작동 양상이 변화하는 역동적인 지배 체계다. 가부장제는 상이한 형태의 차이들, 즉 계급, 신분, 나이, 능력, 성, 지역성 등과 복잡하게 얽혀 있다. 따라서 복수의 사회적 지배에 내재된 본성을 포착하려면 그 억압의 정도와 수준에 따라 지배의 맥락이 어떤 차이를 보이는지 적절하게 분석하고 설명할 수 있는 다중적인 개념 틀을 계발해야 한다(Cudworth, 1995).

에코페미니즘은 어떤 단일한 개념 틀을 공유한다기보다는 실천 측면에서 열려 있는, 유연한 정치적·윤리적 연대이자 동맹이라고 볼 수 있다. 동시에 이러한 현장을 밑바탕으로 삼아, 이론 영역에서 부단히 생성·발전하는 다양한 이론과 담론의 집합이기도 하다. 나는 서구 에코페미니즘의 이론과 실천으로부터 전 지구적으로 적용되는 보편타당성을 이끌어낼 수는 없으며 그러기를 기대해서도 안 된다고 생각한다. 다시 말해, 구체적인 현장에서 여성들의 다양하고 이질적인 경험을 체현한 지식을 생산해야 한다고 주장하면서 서구 에코페미니스트들에게 그들의 경험과 맥락을 떠나 보편타당성을 가진 이론을 요구하는 것은 모순이라고 본다. 따라서 비서구 여성들, 특히 아시아 여성들은 자신들의 지역성과 구체적인 삶의 조건 및 경험에 기초하여 여성·환경과 관련한 여성주의 지식을 생산하고 이론을 만들어가야 할 것이다. 또한 여성들이 적극적이고 능동적인 행위자로서 참여하는 에코페미니스트 공동체를 세우기 위해 실천 방안을 모색해야 할 것이다.

참고문헌

• 김정희 (2006), 〈필리핀 네그로스 지역의 공정무역과 여성〉, 《여성학 논집》, 제23집 2호, 이화여대 한국여성연구원.

• 밀브스, 레스터 W. (2001), 《지속가능한 사회—새로운 환경 패러다임의 이해》, 이태건·노병철·박지운 옮김, 인간사랑.

• 시바, 반다나 (1998), 《살아남기, 여성, 생태학, 개발》, 강수영 옮김, 솔.

• 이상화 (2005) 〈지구화시대의 지역 공동체와 여성주의적 가치〉, 한국여성연구원 편, 《지구화시대 여성주의 대안가치》, 푸른사상.

• 이상화 (2008), 〈지속가능성의 패러다임과 여성주의〉, 《지속가능한 패러다임과 아시아 보살핌 공동체》(지속가능한 미래를 위한 국제 심포지엄 자료집).

• Cudworth, Erika (1995), *Developing Ecofeminist Theory, The Complexity of Difference*, New York: Palgrave Macmillan.

• Diamond, Irene & Gloria Orenstein (1990), *Reweaving The World, The Emergence of Ecofeminism*, San Francisco: Sierra Club Books.

• Eaton, Heather & Lois Ann Lorentzen (ed.) (2003), *Ecofeminism & Globalization: Exploring Culture, Context, and Religion*, Rowman & Littlefield Publishers Inc.

• d'Eaubonne, Françoise (1980), "Feminism or Death," in Elaine Marks & Isabelle de Courtivron (eds.) *New French Feminisms: An Anthology*, Amhest: University of Massachusetts Press.

• Moore, Niamh (2004), "Ecofeminism as Third Wave Feminism? Essentialism, Activism and the Academy", in Stacy Gillis, Gillian Howie & Rebecca Munfford, *Third Wave Feminism, A Critical Exploration*, Palgrave Macmillan.

• Sandilands, Catriona (1998), "The Good-Natured Feminist: Ecofeminism and Democracy," in David V. Bell (ed.), *The Political Ecology Global and Local*, London: Routledge.

• Starhawk, Charlene (1989), "Feminist, Earth-based Spirituality and Ecofeminism," *in* Judith Plant (eds.) *Healing the Wounds: The Promise of Ecofeminism*, Philadelphia: New Society Publishers.

• Sturgeon, Noël (1997), *Ecofeminist Nature: Race, Gender, Feminist Theory, and Political Action*, New York: Routledge.

• Warren, Karen (1987), "Feminism and Ecology," *Environment Review* 9, no.1(spring).